Inhalt

VORWORT

Warum wird dich dieses Buch bereichern?

Dieses Buch ist keines der üblichen, meist schwer lesbaren Sachbücher über Geld, die du vielleicht schon oft in der Hand hattest. Es geht mir nicht darum, einfach nur ein weiteres Finanzbuch zu veröffentlichen. Bücher dieser Art sind schon zu genüge auf dem Markt. Die große Anzahl an Finanzbüchern offenbart vielmehr die offensichtliche Unzufriedenheit der Sparer mit dem gegenwärtigen Zustand der Zinslosigkeit. Denn die Abschaffung des Zinses mündet beim Großteil der Sparer *unausweichlich* in eine Vermögensvernichtung auf Raten. An diesem Umstand erkenne ich den innigen Wunsch der Sparer nach Aufklärung und finanzieller Bildung. Die Bürger sind auf der Suche nach Antworten auf die immer noch vielen offenen Fragen zum Thema Wirtschaft und Geldanlage. Das ist nicht nur notwendig, sondern vor allem von weitreichender Bedeutung, vorausgesetzt, die eigene finanzielle Gesundheit liegt einem wirklich am Herzen.

In dieser Situation befand ich mich schon vor knapp zwei Jahrzehnten. Ich hörte mir im Alter von 22 Jahren einen Vortrag zum Thema Geld an, um Antworten zu finden. Der Inhalt hat mich zutiefst schockiert und gleichzeitig völlig begeistert. Das dort präsentierte Gedankenkonstrukt verwirrte mich und beschäftigte mich anschließend Tag und Nacht. Die erhaltenen Informationen waren für mich gänzlich neu und änderten meine Einstellung zum Thema Geld und Wirtschaft grundlegend. Im sechsten Semester meines Studiums der Betriebswirtschaft mit Fachrichtung Marketing und Banken war ich fest davon überzeugt, dass mir niemand etwas vormachen könnte und ich die Welt der Finanzen doch viel besser verstünde als Otto Normalverbraucher. Schnell durfte ich feststellen, dass ich nicht nur selbst zu dieser Sorte Mensch gehörte, sondern zudem noch über sehr viel weniger Lebenserfahrung verfügte als die allermeisten anderen Menschen hierzulande. Denn bis zu diesem Zeitpunkt hatte ich außer der Schule, der zehnmonatigen Wehrpflicht und meinem halbfertigen Studium nicht viel zu bieten. Ich war also noch nicht einmal ein fleißiger Sparer, der in Lohn und Brot stand, seine Familie versorgte und regelmäßig Geld zur Seite legte. Das tat bis zum Ende des Studiums meine Mutter für mich. Nach bestem Wissen und Gewissen hatte sie zusammen mit meinem Vater einige Tausend Euro für mich auf einem Sparbuch angelegt. Des Weiteren besaß ich schon in jungen Jahren einen Bausparvertrag, in der Annahme meiner lieben Eltern, ich würde bestimmt einmal bei ihnen um die Ecke ein Haus bauen. Einige Tage nach der Veranstaltung löste ich meine veralteten und wenig rentablen Sparformen auf und wandelte sie mithilfe eines Profis in ein modernes, sicheres und ertragreiches Vermögenskonzept um – falls man mit meinen wenigen Tausend Euro überhaupt von einem Vermögenskonzept sprechen konnte. Nach einigen Unterhaltungen und einem weiterführenden Gespräch mit einem Finanzvertrieb war mir klar, dass ich in dieser Branche meine berufliche Heimat finden würde.

In der Zwischenzeit wuchs tief in meinem Herzen der Wunsch: *Das muss jeder wissen!* Warum? Mir gefiel der Gedanke, dass sich wirklich jeder durch mehr Wissen in die Lage versetzen konnte, mehr aus seinem Geld zu machen. Ich war der Meinung: Wenn alle Bürger das wüssten, was ich jetzt wusste, hätten sie bald ein moderneres Verständnis von Geld und würden ihr Geld auf die richtige Art und Weise anlegen. Dann könnten sie vielleicht ein wenig sorgloser in ihre finanzielle Zukunft schauen. Denn Geldsorgen und Existenzängste lähmen uns in unserem Handeln und zerstören Kreativität und Schaffenskraft. Die meisten von uns sind so tief in ihrem Alltag und im bekannten »Hamsterrad« gefangen, dass sie ihr einzigartiges Talent und Potenzial gar nicht mehr wahrnehmen und zur Geltung bringen können. Das leidige Thema Geldanlage endlich einmal vernünftig anzupacken und diese mentale Hürde zu überspringen, wäre ein Segen für die Gesellschaft. Es würde in jedem von uns neue Kräfte freisetzen. Zudem würde es jedem Einzelnen mehr Gelassenheit geben und der heimischen Wirtschaft einen Schub verleihen. Eine nicht unerhebliche Nebenwirkung wäre eine gerechtere Verteilung des Vermögens zwischen Arm und Reich.

Mit dieser Einstellung machte ich mich damals ans Werk, die »frohe Botschaft« zu verkünden. Wenn selbst ich, der damals Wirtschaft studierte, von alldem nichts gewusst hatte, wie musste es dann denen ergehen, die sich fast nie tiefer mit den entsprechenden Themen auseinandersetzen? Ich hielt es für dringend notwendig, dass sich alle Sparer in diesem Land die werthaltigen Informationen über Wirtschaft und Geldanlage besorgten. Welche Konsequenzen sie dann daraus ziehen würden, sollte ihnen selbst überlassen bleiben. Aus diesem Grund organisierte ich Vorträge, wie besessen von der Idee, die ganze Welt zum finanziellen Aufbruch zu bewegen. Ich stellte Dutzende von Personengruppen zusammen, die dasselbe taten. Anfänglich wurde ich dafür belächelt und musste mir Sätze anhören wie zum Beispiel: »Was willst du Grünschnabel mir schon zum Thema Finanzen erklären, was ich nicht schon weiß?!« Ich ließ mich aber nicht davon abbringen, da ich mir hundertprozentig sicher war: Entsprechende Wissenslöcher zu stopfen würde der sinnvollste und sicherste Weg für die von uns beratenen Menschen sein, sich ihren ersehnten Lebensstandard auch leisten zu können.

Nach wie vor bin ich davon beseelt, den Sparern in diesem Land zum finanziellen Aufbruch zu verhelfen. Denn Informationen schaden immer nur demjenigen, der sie nicht hat. Außerdem glaube ich fest daran, dass jeder Einzelne durch ein fundiertes finanzielles Wissen auch verstärkt darauf vertrauen kann, die richtigen Entscheidungen zu treffen. Wer sich mit gesundem Menschenverstand informiert, zum Beispiel mithilfe von Vorträgen, Seminaren, Webinaren oder Büchern, und wer zugleich auf sein Bauchgefühl hört, kann seine Lebensqualität signifikant steigern. Aus diesem Grund haben bis heute schon über 30.000 Teilnehmer meine Geldseminare besucht. Geld zu verdienen macht Spaß, aber Geld zu verdienen und dabei einen außergewöhnlichen Nutzen zum Wohle aller zu stiften, macht noch viel mehr Spaß.

Aus den unzähligen positiven Rückmeldungen meiner Teilnehmer und aus diversen Gesprächen entstand die Idee, das Wissen aus knapp zwei Jahrzehnten in einer einfachen, verständlichen und amüsanten Form in einem Buch zusammenzufassen. Du fragst dich vielleicht jetzt schon, warum du überhaupt zu diesem Buch gegriffen hast, einen Kauf und die spätere Lektüre in Erwägung ziehst. Zugegeben, die Zweifel sind berechtigt, denn Zeit ist Geld. Ich bin nach rund eintausend Seminaren, Vorträgen und Tausenden von Einzelgesprächen der festen Überzeugung, dass jeder das Recht auf eine gute finanzielle Bildung hat. Die Bürger sollten mündig genug sein, eigenständig wichtige finanzielle Entscheidungen zu treffen, ohne irgendeinem Berater vertrauen zu müssen. Denn als Sparer haben sie leider schon zu oft falschen »Beratern« vertraut und sind damit heftig auf die Nase gefallen. Tausende von Euros sind dabei in andere Hände gewandert. Dieses Buch soll dein Wegbereiter sein zu einem hinreichend guten Verständnis der Wirtschaft und Geldanlage. Zugleich erhebt es den Anspruch, ein praktischer Wegbegleiter zu sein, wenn es darum geht, das Gelernte in die Tat umzusetzen.

Unabhängig davon, welche Erfahrungen du bereits gemacht hast, lade ich dich herzlich dazu ein, die Vergangenheit ruhen zu lassen und eine neue Perspektive einzunehmen. Du wirst in diesem Buch das Thema Geld absolut praxisorientiert und auf das Nötigste beschränkt erklärt bekommen. Gleichgültig, wie viele Bücher zu diesem Thema schon geschrieben wurden oder noch geschrieben werden: Entscheidend ist, dass du gewillt bist, dir endlich genau die Informationen zu besorgen, die dir zustehen und sie dir so erklären zu lassen, dass du sie nachvollziehen kannst. Winke bitte nicht vorschnell ab mit Argumenten wie zum Beispiel, »Ich kenne doch schon alles«, »Ich vertraue niemandem«, »Ich habe für sowas keine Zeit« oder »Ich habe keine Lust auf das Thema Finanzen«. Wer immer nur das tut, was er bisher getan hat, wird auch immer nur das bekommen, was er bisher bekommen hat. Strebe in Sachen Wirtschaft und Geldanlage nach Mündigkeit und schaffe dir den Wohlstand, den du wahrlich verdient hast. Du kannst dabei nur gewinnen.

Dieses Taschenbuch wird dich finanziell auf ein höheres Level heben. Es richtet sich an alle, die ihre finanzielle Bildung als schlecht einstufen oder sich ungern mit dem Thema Geldanlage beschäftigen. Darüber hinaus profitieren auch Sparer mit ein wenig Finanzbildung vom Inhalt dieses Buches. Und alle, die denken, über Geldanlage gut informiert zu sein, dürfen ihr Wissen gerne durch diese Lektüre auf den Prüfstand stellen und ihre Kenntnisse in diesem Themenbereich vertiefen.

Der Lerninhalt in diesem Buch ist in eine leicht lesbare und amüsante Geschichte mit vielen Bildern eingebettet. Sie handelt von Fred und Susi, einem sympathischen Ehepaar, das durch einen Besuch von Oma Frieda wachgerüttelt wird. Die bislang recht zufrieden lebenden Ehepartner und Eltern zweier Kinder müssen erfahren, dass Oma Frieda von ihrer Mini-Rente nicht leben kann und wahrscheinlich sogar ihr geliebtes Haus verkaufen muss. Fred analysiert daraufhin eines Morgens seine eigene Situation und die seiner Frau Susi. Er stellt fest, dass sie in 24 Jahren genau vor demselben Problem stehen werden. Das totgeschwiegene und nicht präsente Thema Altersarmut wird sie mit voller

Härte treffen. Völlig geknickt und ratlos verfallen Fred und Susi in Schockstarre und bleiben tatenlos.

Die resignierte Einstellung ihrer Eltern bleibt den beiden Kindern Berti und Fritz nicht verborgen. Schließlich haben die beiden das deprimierende Gespräch ihrer Eltern über ihre aussichtslose Lage hautnah mitbekommen. So beschließen sie, ihren Eltern zu helfen und das Ruder auf ihre eigene unvoreingenommene Weise selbst in die Hand zu nehmen. Es beginnt eine abenteuerliche Reise auf der Suche nach Antworten mit emotionalen, witzigen und inspirierenden Dialogen. Bleib also aufmerksam und verfolge die Mission »Wie die müden Sparer Fred und Susi ausgeschlafene Geldanleger werden«. Denn diese Geschichte wird dein Leben spürbar beREICHern.

Viel Spaß bei der Lektüre!
Sandro Fetscher

Danke!

Dieses Buch widme ich meiner geliebten Mama, die 2011 verstarb. Sie legte den Grundstein für meine finanzielle Zukunft und hat mir beigebracht, immer einen Teil meines Geldes zur Seite zu legen und fleißig zu sparen. Ich kann mich noch gut daran erinnern, wie sie immer zu mir sagte: »Gib nicht alles aus. Wer weiß, ob du das Geld nicht irgendwann mal brauchst.« Diese Worte habe ich nie vergessen, und sie haben für mich bis heute Gültigkeit.

Für mein Denken und Handeln bin ich meinem Vater sehr dankbar. Von ihm habe ich gelernt, ein Rebell zu sein und mein eigenes Ding durchzuziehen – unabhängig davon, was andere sagen und denken. Meine Affinität zur Börse wurde schon in jungen Jahren stark von ihm geprägt, auch wenn ich mich erst später wieder damit befasst habe.

Des Weiteren möchte ich mich bei allen bedanken, die mir geholfen haben, meine Ideen in eine für den Leser verständliche Form zu gießen, allen voran Stefan Häußler, der meine Ideen in eine bewundernswerte und bildhafte Sprache übersetzte. Ich habe ausgiebig von seinem langjährigen Knowhow profitiert und bin sehr dankbar, dass er mir geholfen hat, den nötigen Feinschliff am Manuskript vorzunehmen. Darüber hinaus sind ihm alle mitspielenden Personen und Abbildungen ausgezeichnet gelungen und stellen aus meiner Sicht eine Bereicherung der Geschichte dar.

Zu guter Letzt möchte ich meiner wunderbaren Frau danken, die mir auch in den intensiven Schreibphasen den Rücken freigehalten und mich zu jeder Zeit unterstützt hat. Pure Inspiration und Motivation erhielt ich von meinem kleinen Sohn. Er begegnet mir täglich voller Energie, Lebensfreude und Ideenreichtum und zeigt mir, dass Kreativität keine Grenzen hat. So kann ich immer wieder Kraft schöpfen und neue Ideen zu Papier bringen.

Die Personen

Fred
43 Jahre

Susi
Freds Frau, 43 Jahre

Oma Frieda
Susis Mutter, 67 Jahre

Berti
Fred und Susis Sohn, 16 Jahre

Fritz
Fred und Susis Sohn, 14 Jahre

Leo Lebemann
Freds alter Schulfreund

Reiner Redlich
Nachbar

Rudi Rastlos
Rasender Reporter

Felix von Freudenreich
Unternehmer und Millionär

Professor Money
Coach für Glück und Geld

KAPITEL 1

Das böse Erwachen

Der stürmische Besuch von Oma Frieda

Während Fred, seine Frau Susi und ihre beiden Söhne Berti und Fritz in ihrer Doppelhaushälfte gemütlich am Esstisch sitzen, platzt Oma Frieda plötzlich völlig aufgelöst zur Hintertür herein.

»Was ist denn passiert, Mama?«, fragt Susi.

Oma Frieda, die vor Kurzem zu arbeiten aufgehört hat und mit 67 Jahren in Rente gegangen ist, erwidert mit bebender Stimme:

»Ich kann es gar nicht fassen: Ich habe 40 Jahre geschuftet wie eine Irre, eine Tochter großgezogen, immer brav in die Rentenkasse eingezahlt und dann sowas.« Schockiert knallt sie ihrer Tochter Susi ihren Rentenbescheid auf den Tisch. »Schau selbst, was soll ich dazu noch sagen? Es ist einfach unglaublich. Das ist der Dank für 40 Jahre harte Arbeit. Ich hatte die Zahlen während der ganzen Jahre nie ernst genommen, weil ich es nicht glauben konnte. Und nun ist es amtlich!«, schimpft sie.

Tochter Susi greift nach dem Blatt des Elends und sieht die fett gedruckten Zahlen. 778 Euro Rente. Oma Frieda, mittlerweile kochend vor Wut, knurrt: »Und diesen Betrag muss ich dann wahrscheinlich auch noch versteuern. Die lästigen Sozialabgaben werden mir dann ja auch noch abgezogen! Unterm Strich bleiben mir dann vielleicht gerade einmal 650 bis 700 Euro. Wie soll ich denn davon leben?«, fragt sie in die Runde. »Ich muss doch schon 400 Euro Nebenkosten für mein Haus bezahlen.« Verzweifelt schlägt sie die Hände über dem Kopf zusammen und murmelt vor sich hin: »Ich habe keine Ahnung, wie ich das schaffen soll!«

Fred steht auf, nimmt seine Schwiegermutter in den Arm und sagt tröstend: »Aber du hast doch noch eine Lebensversicherung, die letztes Jahr fällig wurde, oder?« Oma Frieda antwortet: »Ja, das Geld habe ich bekommen. Ursprünglich hätte ich 100.000 Euro bekommen müssen, ausgezahlt haben sie mir aber nur 60.000 Euro. Angeblich wegen der Krise und dem Wegfall der Zinsen. Mit diesem Geld habe ich allerdings endlich das alte Bad renovieren und die alten Holzfenster ersetzen lassen. Das war schon längst überfällig.«

»Das Geld ist also weg?«, fragt Fred.

»Ja«, erwidert Oma Frieda. »Bis auf den letzten Cent. Und spätestens in ein paar Jahren sollte ich das Dach neu decken und die Küche machen lassen. Ich weiß nur nicht, wie ich das alles bezahlen soll. Wenn ich nicht im Lotto gewinne, kann ich mir das nicht leisten!«

»Und wie viel Geld hast du noch auf dem Sparbuch?«, fragt Susi.

Oma Frieda antwortet: »Mein Sparbuch rühre ich nicht an, da habe ich noch 10.000 Euro Guthaben für Notfälle und kleine Busreisen nach Italien. Ansonsten bekomme ich nur noch eine kleine Rente von 180 Euro monatlich aus der betrieblichen Altersvorsorge. Dummerweise bleiben mir nach Abzug der gesetzlichen Kranken- und Pflegeversicherung nur noch rund 150 Euro übrig. Dass ich auch für die betriebliche Rente noch Krankenversicherungsbeiträge zahlen muss, die von der späteren Rente abgezogen werden, hat beim Abschluss damals niemand erwähnt. Typisch Versicherungsvertreter!«, schluchzt sie.

»Und wie viel mir mein Ex-Mann hinterlassen hat, wisst ihr ja. Na ja, wenigstens konnte ich mit den 200.000 Euro das Darlehen für mein kleines Häuschen ablösen und es somit behalten. So, jetzt muss ich erst mal in Ruhe darüber nachdenken – hier kann mir eh keiner helfen. Aber mein Haus verkaufen und in eine kleine Wohnung ziehen, das will ich auf gar keinen Fall. Schließlich lebe ich doch schon über 30 Jahre dort«, sagt sie traurig. Als sie Fred und Susis Haus verlässt, murmelt sie missmutig vor sich hin: »Und meinen wunderschönen Garten – den gebe ich nie wieder her!«

> **MERKE:**
>
> Die Rente aus der betrieblichen Altersvorsorge und der gesetzlichen Rente ist ab 2040 zu 100 Prozent steuerpflichtig. Es gilt lediglich ein steuerfreier Grundfreibetrag von aktuell 9.168 Euro (Verheiratete 18.336 Euro, Stand: 2019). Darüber hinaus werden für alle pflichtversicherten Rentner die Beiträge zur Kranken- und Pflegeversicherung abgezogen (Sonderfälle ausgenommen). Diese sozialen Abgaben betragen circa 11 Prozent der gesetzlichen Rente und circa 18 Prozent der Rente aus der betrieblichen Altersversorgung.

Fred auf der Suche nach seinen Zahlen

Am nächsten Morgen wacht Fred bereits um 4:50 Uhr schweißgebadet auf. Die ganze Nacht hat er so gut wie keinen Schlaf gefunden. Immer wieder ging ihm die missliche Situation von Oma Frieda durch den Kopf. Vor allem führen ihn diese Gedanken zu seiner eigenen Lage. Was ist, wenn Oma Frieda zum Pflegefall wird? Eine Unterbringung im Pflegeheim kostet 3.000 bis 4.000 Euro jeden Monat. Was ist, wenn das Dach oder etwas anderes am Haus zu reparieren ist? Wer soll das bezahlen? Muss er später etwa auch sein mühsam erspartes Haus verkaufen, um über die Runden zu kommen? Wird seine Lebensversicherung für ein späteres Auskommen reichen? Unzählige Fragen lassen ihn nicht zur Ruhe kommen.

»Oh je, ich habe keine Ahnung. Aber ich will auf keinen Fall in die gleiche Situation kommen wie meine Schwiegermutter Frieda«, denkt er.

Von diesen Gedanken gequält beschließt er um 5:20 Uhr aufzustehen und der Sache auf den Grund zu gehen. Mit kaltem Schweiß auf der Stirn schleicht er sich in die Küche und macht sich erst einmal eine Tasse Kaffee. Motiviert, aber immer noch mit einem etwas mulmigen Gefühl holt er seine drei dicken Versicherungsordner aus dem Schrank und breitet sie auf dem Küchentisch aus.

»So, nun schauen wir mal, was wir finden. Es wird schon nicht so schlimm sein«, denkt er. Nachdem er angefangen hat zu blättern und sich zu orientieren, findet er Susis Renteninformation aus dem letzten Jahr. Darin steht, dass Susi in 24 Jahren, wenn sie 67 Jahre alt ist, monatlich rund 400 Euro Rente bekommen soll. Fred seufzt und notiert sich die Zahl auf einem Blatt Papier. In einem anderen Ordner findet er gleich auf der ersten Seite seine eigene Renteninformation. 1.100 Euro. »So wenig«, denkt Fred. »Das ist weniger als die Hälfte meines jetzigen Nettolohns.« Ernüchterung macht sich breit. Er hat ja bereits geahnt, dass er weniger Geld bekommen wird, wenn er mal in Rente ist, aber nur 1.100 Euro? Knurrend schreibt er auch diese Zahl auf.

Nun blättert er weiter und stößt auf seine Lebensversicherung. Nach einer Weile findet er die aktuelle Versicherungsmitteilung. Es dauert ein bisschen, bis Fred die vielen Zahlen auf dieser Seite richtig interpretieren kann. Auf dem Zettel steht: »Ablaufleistung von 120.000 Euro in 24 Jahren«. Das ist der Betrag, den Fred mit 67 Jahren bekommen wird, wenn alles so weiterläuft wie bisher. Jetzt führt ihn sein Blick zum Datum des Schreibens: 2007. Die Mitteilung ist also schon einige Jahre alt. Fred wühlt sich weiter durch die Unterlagen. Es scheint so, als ob weiter hinten im Ordner die aktuellen Mitteilungen abgelegt wurden.

»Das war bestimmt Susi«, murmelt er vor sich hin. »Die hat eben ihre eigene Logik. Das soll einer verstehen.« Nun findet er das aktuelle Schreiben. Die prognostizierte Auszahlung beträgt allerdings nur noch 90.000 Euro. Diese Zahl schockiert Fred. Er versteht nicht, warum er in diesen ganzen Jahren 30.000 Euro verloren hat. Der Vertrag scheint dem von Oma Frieda zu ähneln. Sein Versicherungsvertreter hat ihm damals erzählt, eine Kapitallebensversicherung sei sicher und er bekomme einen garantierten Zins.

Da er auch nach längerer Überlegung keine Antwort auf die Frage nach dem hohen Verlust findet, nimmt er mit betrübtem Gesicht die Zahlen einfach zur Kenntnis und schreibt sie mit einem Fragezeichen versehen auf. Im dritten Ordner, der schon etwas mitgenommen aussieht, entdeckt er einen Bausparvertrag. Er schaut erst einmal wieder auf das Datum und stellt fest, dass hier die aktuellen Mitteilungen oben und die älteren weiter unten eingeordnet sind. Also anders als bei der Lebensversicherung.

»Komisch«, denkt er. »Einmal so herum und einmal anders, wo ist da die Logik?« Woran sich Fred zu diesem Zeitpunkt nicht mehr erinnert: Er selbst hat die Mitteilungen vor drei Jahren falsch eingeordnet, und Susi hat damit gar nichts zu tun. Würde er jedoch Susi beschuldigen, wäre der nächste Streit vorprogrammiert. Denn die beiden haben seit einiger Zeit eine etwas angespannte Beziehung.

Nach diesem gedanklichen Exkurs schaut er auf das aktuelle Guthaben. 10.000 Euro. »Na ja«, denkt Fred, »das ist ja zumindest mal besser als nichts.« Die vorhandenen 10.000 Euro auf dem Sparbuch hat Fred natürlich auch noch im Hinterkopf.

Jedoch müssen Fred und Susi auch noch ihr Haus bis zum Rentenalter abzahlen. Das erfordert noch einiges an Schweiß und Arbeit, da sie recht knapp kalkuliert haben. Nach guten zwei Stunden Recherche fühlt sich Fred erschlagen von den vielen Zahlen, legt seinen Kopf auf den Küchentisch und schläft wenige Minuten später neben seiner noch vollen Tasse Kaffee ein.

Eine Stunde später wacht Susi alleine im Bett auf und fragt sich, wo Fred ist. Am Wochenende schläft Fred für gewöhnlich immer länger. Sie steht auf, geht in die Küche und findet ihren schnarchenden Mann über einem Berg von Zetteln und Versicherungsordnern am Küchentisch. Sie tippt ihn vorsichtig an. Einmal. Zweimal. Dreimal. Keine Reaktion.

»Hallo Fred, aufwachen!«, ruft sie.

Fred öffnet seine Augen und richtet sich langsam auf. »Guten Morgen Susi«, erwidert er verschlafen.

»Was ist denn mit dir los?«, fragt Susi. »Was machst du hier am Samstagmorgen mit den ganzen Ordnern in der Küche?«

»Ach, nichts Wichtiges. Ich habe nur etwas gesucht«, sagt Fred. Er steht auf und schleppt sich vollkommen übermüdet Richtung Badezimmer, um sich frisch zu machen.

Susi hatte am Abend zuvor schon bemerkt, dass mit Fred etwas nicht stimmt und ihn etwas gedanklich wohl sehr beschäftigt.

MERKE:

Die prognostizierte Auszahlung der Lebensversicherung von Fred beträgt 90.000 Euro. Das Guthaben aus dem Bausparvertrag und dem Sparbuch beläuft sich auf jeweils 10.000 Euro. Hast du die Zahlen deiner Verträge schon mal überprüft? Die Auszahlungsprognose deiner Lebens- oder Rentenversicherung findest du in der jährlichen Versicherungsmitteilung. Vergleiche gerne deine aktuelle Ablaufleistung (prognostizierte Auszahlung deines Vertrages) mit der Ablaufleistung aus früheren Versicherungsmitteilungen, zum Beispiel vor fünf, zehn oder zwanzig Jahren.

Auszahlung Lebensversicherung:	90.000 Euro
Guthaben Bausparvertrag:	10.000 Euro
Guthaben Sparbuch:	10.000 Euro

Die Stimmung kippt

Es vergeht kein Tag, an dem Fred nicht mit mulmigem Gefühl an die Zahlen denken muss, die er aufgeschrieben hat. Nur 1.100 Euro Rente, das ist alles andere als üppig! Er hatte eigentlich vor, mit seiner Frau Susi um die Welt zu reisen, viele schöne Dinge zu unternehmen und das Leben zu genießen. Diese Vorhaben sind für ihn plötzlich in weite Ferne gerückt und scheinen unerreichbar.

Die prognostizierten 90.000 Euro aus der Lebensversicherung werden die Rente auch nicht gerade aufbessern, da in den nächsten 24 Jahren bestimmt einige Reparaturen am Haus anfallen werden. Dann wäre das Geld schneller aufgebraucht, als Fred lieb ist. Denn die Preise für ein neues Bad, eine moderne Küche, für neue Möbel oder sonstige Ausstattungsgegenstände sind mittlerweile in astronomische Höhen gestiegen. Und das restliche Geld aus dem Bausparvertrag ist letzten Endes ein Tropfen auf den heißen Stein.

Mit einem Berg Schulden von rund 250.000 Euro im Nacken weiß Fred nicht, wie er das jemals bewältigen soll. Deshalb nimmt er eines Abends nach langem Zögern all seinen Mut zusammen und beschließt, seiner Frau Susi von seinen Ängsten und Sorgen zu erzählen. Er hat zuvor schon tagelang versucht, selbst eine Lösung zu finden, aber dazu war er einfach nicht in der Lage. Und die 25 Euro pro Woche, die er regelmäßig für Lottospielen und sonstige Glücksspiele ausgibt, hatten sich bisher auch noch nicht bezahlt gemacht.

An einem Donnerstagabend ist es dann soweit. Fred spricht Susi ganz entschlossen an und erzählt ihr, was er an dem besagten Samstag frühmorgens in der Küche gemacht hatte.

»Die unglückliche Situation mit Oma Frieda hat mich nicht mehr ruhig schlafen lassen«, sagt er. Deshalb habe er unbedingt wissen wollen, ob er mit seiner Familie in die gleiche Falle tappen würde.

»So etwas habe ich mir schon gedacht«, sagt Susi. Schließlich kennt sie ihren Fred jetzt schon seit mehr als 20 Jahren. »Und was hast du herausgefunden?«, fragt sie ihn.

»Na ja, dass uns in etwa das gleiche Schicksal ereilen könnte wie Oma Frieda und wir vielleicht sogar das Haus verkaufen müssen«, erwidert Fred.

»Wie bitte? Wir?«, fragt Susi entsetzt.

»Ja, wir«, antwortet Fred nüchtern. »Du bekommst später einmal 400 Euro Rente und ich 1.100 Euro«, sagt er und legt gleichzeitig die Renteninformation auf den Tisch.

Susi studiert die beiden Bescheide ganz genau. Sie hat eine Ausbildung als Steuergehilfin gemacht und fühlt sich daher zumindest über Steuerthemen ausreichend informiert. »Wir müssen in jedem Fall von dieser Rente auch noch die Steuer und Sozialabgaben abziehen«, murmelt sie vor sich hin. »Und was hier unten steht, verstehe ich auch nicht genau«, sagt Susi mit fragendem Blick.

»Was steht denn da?«, fragt Fred neugierig. Susi liest laut vor:

»Bei der ergänzenden Altersvorsorge sollten Sie, wie bei Ihrer zu erwartenden Rente, den Kaufkraftverlust berücksichtigen.«

»Das ist irgendwas mit Inflation und dem Euro«, meint Fred.

Susi schreibt die Zahlen groß auf ein neues Blatt Papier. Fred rechnet die beiden Zahlen zusammen: 400 Euro + 1.100 Euro ergeben 1.500 Euro monatlich für beide zusammen. Nach Abgaben, Lebenshaltungs- und Nebenkosten für das Haus bleiben nur noch ein paar Euro übrig. Fred schluchzt:

»Oje, das sieht aber verdammt übel aus!« Und was ist mit dem erträumten Cabrio, das er sich spätestens im Rentenalter gönnen wollte? Was können sie sich als Ehepaar in 24 Jahren von diesem Geld tatsächlich noch leisten, wenn alles immer teurer wird? Und was ist, wenn der Staat sein Rentenversprechen doch nicht halten kann? Wie viel Steuer- und Sozialabgaben wird der Fiskus noch abziehen? Wird es dann den Euro überhaupt noch geben?

In Freds Kopf türmen sich erneut Fragen über Fragen auf und das bekannte mulmige Bauchgefühl der letzten Tage stellt sich wieder ein. Hinzu kommt, dass die monatlichen Ausgaben jetzt schon sehr hoch sind und die Kinder auch eine ganze Menge Geld kosten. Fred weiß nicht, wie er zusätzlich Geld zur Seite legen könnte.

Susi gibt Fred Recht, dass die alltäglichen Kosten wirklich hoch sind und die Ausgaben für die Kinder jeden Monat mit Sicherheit einige Hundert Euro betragen.

»Aber es sind nun mal unsere Kinder«, fügt sie hinzu.

Eigentlich hat Fred momentan genügend andere Sorgen. Zum Beispiel wegen seines Chefs, der ihm immer mehr Druck macht. Und wegen der angespannten Beziehung mit Susi und der fehlenden freien Zeit für sich selbst, da im Garten und am Haus ständig etwas zu machen ist. Und jetzt kommen auch noch existenzielle Ängste dazu, wenngleich dieses Problem noch 24 Jahre weit weg liegt.

»Das Leben ist echt nicht einfach«, meint Fred traurig und schaut Susi mit ratlosem Gesicht an. Susi nickt und erwidert:

»In diesem Punkt, Fred, sind wir uns endlich mal einig. Ich weiß nur nicht, was besser ist«, überlegt sie. So wie ihre Mutter ein schönes und friedliches Leben zu führen und mit 67 Jahren zum Rentenbeginn plötzlich feststellen zu müssen, dass jeden Monat zu wenig Geld auf dem Konto ankommt. Oder jetzt schon zu wissen, dass sie in 24 Jahren ihr geliebtes und hart erspartes Haus verkaufen müssen, um überleben zu können. »Ich hätte wirklich nie gedacht, dass wir so schlecht dastehen«, sagt sie verzweifelt.

Tief betrübt über diese aussichtslose Situation und weil die beiden doch im Alltag ohnehin schon voll ausgelastet sind, schießen Susi in diesem Augenblick die Tränen in die Augen. Ratlos lässt sie ihren Kopf auf Freds Schulter sinken. So eng verbunden haben sich die beiden schon längere Zeit nicht mehr gefühlt. Fred erkennt, dass ihre Situation mehr als ernst ist. Er drückt Susi fest an sich und streichelt ihre Wange. So sitzen sie einige Zeit aneinander geklammert regungslos auf dem Sofa, geplagt von Existenzängsten. Die beiden fühlen sich, als wären sie mit ihrem Auto in den Urlaub unterwegs und plötzlich wäre der Tank leer, aber weit und breit weder ein Geldautomat noch eine Tankstelle zu sehen. Fred und Susis finanzielle Sorgen schlagen um in völlige Gedankenlähmung. Resigniert und ideenlos schauen sie aus dem Fenster. Der Schock der nackten Zahlen sitzt zu tief.

Ihre beiden Söhne Berti und Fritz lauschen dem deprimierenden Gespräch ihrer Eltern hinter der angelehnten Tür. Sie können die finanziellen Sorgen und Ängste ihrer Eltern nachvollziehen. Außerdem ist ihnen klar, dass auch die monatlichen Ausgaben für sie zur misslichen Lage der Familie beitragen. Sie fühlen sich mitschuldig. Allerdings trauen sie sich in diesem Augenblick nicht, das Zimmer zu betreten, da sie ihre Eltern sehr selten in einem derart niedergeschlagenen Zustand gesehen haben.

Nach diesem demoralisierenden Erlebnis vergehen noch einige weitere Tage. Das Paar ist bereits am Ende seiner Kräfte angelangt und sein Alltag ist schon so durchgeplant, dass nicht mehr viel Zeit übrig bleibt, um in Ruhe nachzudenken oder gar zu handeln. So sind Fred und Susi in ihrem Hamsterrad gefangen und unternehmen keine weiteren Schritte, um eine Lösung zu finden. Die Stimmung der beiden bleibt ab dem Tag dieser Erkenntnis sehr bedrückt.

Ihre Kinder Berti, 16 Jahre alt, und Fritz, 14 Jahre alt, bekommen diese resignierte Stimmung ihrer Eltern hautnah mit. Allerdings können sie nicht verstehen, warum diese nichts dagegen unternehmen. Auch auf die wiederholte vorsichtige und besorgte Nachfrage, was sie denn jetzt zu tun gedenken, um das finanzielle Unglück doch noch abzuwenden, reagieren Fred und Susi nur mit Schulterzucken und ratlosen Gesichtern.

Die beiden eng verbundenen Brüder fassen daher den Entschluss, Mama und Papa zu helfen. Sie rufen die Mission »Wie die müden Sparer Mama und Papa ausgeschlafene Geldanleger werden« ins Leben. Sie können und wollen einfach nicht dabei zusehen, wie ihre geliebten Eltern jeden Tag unglücklich aufwachen. Das haben die beiden einfach nicht verdient.

Der schlaue Berti hat in der Schule schon mehrmals Preise für erfolgreiche Projektarbeiten gewonnen. Unter anderem ist er der Sieger eines Planspiels Börse mit der örtlichen Bank und kennt sich daher schon ein wenig mit dem Thema Geld aus. Zudem hat er eine hohe Affinität zu Kriminalromanen.

Detektivarbeit ist seit seiner Kindheit eines seiner Hobbys. Berti liebt neue Projekte jeglicher Art, und auf neue Herausforderungen lässt er sich gern ein. Sie sind für ihn wie ein Abenteuer. Im Alter von 16 Jahren ist er schon bemerkenswert ehrgeizig, reif und clever, und die Aussicht auf ein erfolgreiches Ende eines Projekts spornt ihn jedes Mal so sehr an, dass er alles daran setzt, seine Wünsche in Erfüllung gehen zu lassen.

Fritz ist noch etwas jünger. Seine Freunde würden ihn als tollkühnen Draufgänger bezeichnen. Er hat vor nichts und niemandem Angst. Vielleicht hat er diesen Mut und sein enormes Durchsetzungsvermögen seiner etwas untersetzten Statur zu verdanken. Fritz ist außerdem ein hochtalentierter Sportler mit einem leichten Hang zum Übermut.

Fred und Susi sind mächtig stolz auf ihre beiden Sprösslinge. Die beiden Jungs sind von der Idee, das zu erwartende Geldproblem ihrer Eltern zu lösen, mehr als begeistert. Welches Kind möchte nicht einmal der rettende Held von Mama und Papa sein? Am nächsten Morgen soll dann die Mission »Wie die müden Sparer Mama und Papa ausgeschlafene Geldanleger werden« starten. Zeit ist in jedem Fall ausreichend vorhanden, denn die Sommerferien haben gerade begonnen.

! MERKE:

Die gesetzliche Rente von Susi wird in 24 Jahren 400 Euro monatlich betragen. Freds Rente wird sich auf 1.100 Euro monatlich belaufen. Des Weiteren haben Fred und Susi noch eine Restschuld auf ihrem Haus in Höhe von 250.000 Euro. Wann hast du auf deine letzte Renteninformation geschaut? Wie hoch wird deine gesetzliche Rente voraussichtlich sein? Solltest du keine Renteninformation per Post erhalten haben, kannst du die Deutsche Rentenversicherung für eine Auskunft kostenfrei unter 0800 1000 4800 anrufen. Halte hierzu deine Sozialversicherungsnummer bereit. Diese findest du auf deinem Sozialversicherungsausweis. Ansonsten kannst du sie auch über deinen Namen und dein Geburtsdatum von deinem Ansprechpartner bei der Rentenversicherung ermitteln lassen.

KAPITEL 2

Die Mission beginnt

Das Internet – Fluch und Segen

Hellwach und vom Frühstück gestärkt machen sich Berti und Fritz an ihre Mission. Sie suchen sich ein ruhiges Plätzchen im Haus, setzen sich an ihre Tablets und beginnen zu recherchieren.

»Wo fangen wir jetzt genau an?«, fragt Fritz. Berti hat natürlich beim Frühstück schon einen groben Plan entwickelt, wie sie vorgehen wollen.

»Zuerst suchen wir nach den Begriffen ›Lebensversicherung‹ und ›Sparbuch‹ und lesen die ersten Ergebnisse«, sagt Berti.

Gesagt, getan. Nach dem Eintippen der Begriffe herrscht erst einmal Stille. Die beiden Jungs lesen sehr konzentriert.

Dann ruft Fritz: »Also ich verstehe nur Bahnhof, Berti. Das bringt nichts, hier kommt nur Werbung von Versicherungen.« Berti erwidert:

»Ja, darauf bin ich auch gestoßen. Wenn man das liest, hört sich das an, als müsste man sofort eine abschließen. Das haben Oma Frieda, Mama und Papa auch getan, aber bei ihnen scheint es nicht funktioniert zu haben.«

»Ob es wohl allen, die eine Lebensversicherung abgeschlossen haben, so ergangen ist?«, fragt sich Berti. Er findet an dieser Stelle leider keine Antwort.

Fritz gibt in seine Suchmaschine die Worte ›Lebensversicherung‹ und ›Unsinn‹ ein und stößt auf interessante Beiträge, die er jedoch nicht wirklich versteht. Berti hilft ihm und liest etwas über die Kündigung von Kapitallebensversicherungen. Zudem entdeckt er in verschiedenen Internetforen sehr viele Einträge von Versicherungskunden, die von einem Abschluss abraten und empfehlen, bei vorhandenen Policen die monatlichen Einzahlungen zu stoppen. Je mehr er darüber liest, desto überzeugter ist er, dass bei solchen Versicherungen irgendwo ein Haken sein muss. Er weiß aber noch nicht, welche Geldanlage stattdessen ratsam ist.

»Zum Thema Sparbuch habe ich auch noch was gefunden«, sagt Berti. »Mama hat für uns ja auch mal eines eröffnet«, grinst er. »Hier scheint es laut Internet nur noch 0,01 Prozent Zinsen abzuwerfen. Bei 1.000 Euro sind das ja nur 10 Cent im Jahr«, rechnet er schnell im Kopf.

»Dafür können wir uns noch nicht mal eine Kugel Eis kaufen«, sagt Fritz. »So ein Mist«, schimpft er.

»Stimmt«, erwidert Berti. »Weder für uns noch für Mama und Papa.«

Die beiden lesen weiter und finden etwas über Tagesgeld-Konten. Diese meist kostenlosen Konten sollen das Sparbuch ersetzen und bieten etwas höhere Zinsen, erfahren sie. Jedoch bewegt sich der Zinssatz auch hier nur bei rund 0,20 Prozent bis 0,80 Prozent jährlich. Das sind am Ende des Jahres wenigstens ein paar Eiskugeln, aber dennoch handelt es sich um Kleckerbeträge. Denn schließlich geht es um viel mehr. Nämlich darum, dass später einmal monatlich genügend Geld zur Verfügung steht, damit ihre Eltern ihr Haus nicht verkaufen müssen.

Es vergehen Stunden, in denen die beiden Brüder Dutzende Werbeanzeigen, Foren-Beiträge und Zeitungsartikel lesen. Sie stoßen dabei auf immer mehr Werbeanzeigen. Beispielsweise: »7 Prozent p.a. mit Edelholz verdienen« oder »12 Prozent Garantiezinsen mit seriösen Immobilien«. Selbst der junge, aber clevere Berti spürt, dass es sich hier um sehr dubiose Angebote handeln muss und schließt die Anzeigen schnell wieder. Aber er stößt noch auf einige spannend geschriebene Schlagzeilen.

»Endlich mal etwas Brauchbares«, denkt er sich. Eine davon lautet: »Wenn die Rente zum Leben nicht mehr reicht.«

In diesem Zeitungsbericht wird von einer 63-jährigen Frau erzählt, der nach Abzug der Steuern und Abgaben jeden Monat nur noch 95 Euro zum Leben bleiben. Eine andere: »Die Deutschen sparen sich arm.« In dieser Geschichte geht es um einen Mann, der über 30 Jahre lang fleißig in eine Rentenversicherung eingezahlt hat und am Ende doch nur den eingezahlten Betrag zurückbekam.

Die beiden Brüder verschlingen diese Berichte aus dem wirklichen Leben und sind schockiert über die Schicksale, die dem ihrer lieben Oma Frieda so ähnlich oder oft sogar noch viel schlimmer sind. In einer Statistik wird gezeigt, dass die Deutschen offensichtlich über 90 Millionen Lebens- und Rentenversicherungsverträge abgeschlossen haben und knapp 2,4 Billionen Euro

(2.400.000.000.000 Euro) auf Sparbüchern und Konten bunkern. Das sind insgesamt knapp 80 Prozent des kompletten privaten Geldvermögens, das nicht ausreichend bis fast gar nicht verzinst wird, so heißt es im entsprechenden Bericht.

Daraus schließt Berti, dass nicht nur seine Eltern und seine Großmutter ein Problem haben, sondern der Großteil aller deutschen Familien.

Fritz fragt Berti entsetzt: »Warum machen die denn alle dasselbe, wenn sie wissen, dass es nichts bringt?«

»Gute Frage, ich gehe mal davon aus, dass sie es nicht wissen. Wir können nachher ja mal Papa fragen«, antwortet Berti.

Abgesehen von der Erkenntnis, dass der Großteil der Sparer in Deutschland die gleichen Produkte nutzt, die angeblich nicht das gewünschte Ergebnis bringen, haben die beiden mit ihrer Internetrecherche bis jetzt nicht viel erreicht. Es scheint zäher zu sein als gedacht, wirklich sorgfältig recherchierte und relevante Informationen zu erhalten.

Berti grübelt und sucht nach einem sinnvollen nächsten Schritt. Für ihn ist klar, dass das Internet eine gigantische Informationsquelle darstellt. Hilfreich sind die dort gebotenen Informationen aber nur, wenn man in der Lage ist, sie zu verstehen und auch richtig zu interpretieren. Stille macht sich breit, und sein Magen fängt an zu knurren. Er wirft einen Blick auf die Uhr. Es sind bereits fünf Stunden vergangen und sie stehen immer noch am Anfang. Ehe sie aufstehen wollen, um in die Küche zu gehen, klingelt es an der Tür.

MERKE:

Die Deutschen haben die letzten Jahrzehnte über 90 Millionen Lebens- und Rentenversicherungsverträge abgeschlossen. Die meisten davon erweisen sich als unrentabel. Knapp 2.400 Milliarden Euro horten die Sparer auf fast zinslosen Sparbüchern, Tagesgeld- und Girokonten. Wie viel Geld liegt bei dir brach? Überprüfe doch einfach mal dein Guthaben und den Zinssatz auf deinem Sparbuch, deinem Tagesgeldkonto und deinem Girokonto. Addiere die Summe und merke sie dir.

Leo Lebemann – oder wie man´s nicht macht

Susi öffnet die Tür und begrüßt Leo Lebemann. Er tritt gut gelaunt herein.

»Hallo Jungs!«, ruft er Berti und Fritz zu und geht Richtung Terrasse, auf der sich Fred ein Mittagsbierchen genehmigt. Die beiden umarmen sich zur Begrüßung, und Fred öffnet für seinen alten Schulfreund Leo ebenfalls eine Flasche Bier. Die beiden Freunde stoßen an und unterhalten sich über Gott und die Welt. Berti und Fritz setzen sich dazu und warten, bis das Essen fertig ist. Prompt kommt auch schon Susi auf die Terrasse und serviert Spaghetti Bolognese, Freds Lieblingsgericht. Fritz bringt noch Käse und Berti Teller und Besteck. Der Hausgast Leo nimmt die nicht direkt ausgesprochene Einladung zum Mittagessen dankend an und lässt sich die Nudeln schmecken. Schließlich gehört er schon fast zur Familie.

Bei dieser Gelegenheit fragt Berti seinen Vater: »Warum haben eigentlich fast alle Leute Lebensversicherungen abgeschlossen, wenn sie wissen, dass sie nicht zum versprochenen Ziel führen?«

»Das hat man früher so gemacht«, antwortet Fred. Er erzählt weiter, dass schon sein Vater und dessen Vater Lebensversicherungen abgeschlossen haben. Zum einen, damit im Todesfall die Familie Geld ausgezahlt bekommt und zum anderen, damit man später zusätzliches Geld hat, von dem man leben kann.

»So hat es uns der Vertreter damals versprochen. Aber keiner hat wohl geahnt, dass das zum Leben bei Weitem nicht ausreicht, wenn so wenig Rente gezahlt wird und man außerdem noch ein Haus besitzt. Zudem ist die Verzinsung einer Lebensversicherung heute auch nicht mehr so hoch, wie sie einmal war.«

An dieser Stelle mischt sich Leo mit etwas ärgerlicher Stimme ein: »Ich habe meine Lebensversicherung gekündigt und weniger bekommen, als ich eingezahlt habe.«

»Und was hast du stattdessen gemacht?«, fragt Berti.

»Ich habe mir davon ein neues Auto gekauft«, antwortet Leo. »Denn ich lebe jetzt. Und was in 20 oder 30 Jahren sein wird, weiß sowieso kein Mensch. Die Versicherungsvertreter sind doch alle Halsabschneider und die Politiker ebenfalls. Die Versicherungen nehmen unser Geld und werden damit reich und was haben wir davon? Bei der Rente ist es ähnlich. Wir zahlen fleißig Jahr für Jahr ein und bekommen dann nicht mal genügend, um über die Runden zu kommen«, erklärt er empört. Leo kommt jetzt so richtig in Fahrt: »Die Zinsen

sind auch abgeschafft, wozu soll man also sein Geld noch sparen? Es hat ja doch keinen Sinn mehr«, schimpft er weiter.

Berti kommt zwischendurch kurz zu Wort und erzählt von seinem Börsenplanspiel in der Schule. Er wirft ein, dass man mit Aktien doch ganz gut verdienen könne.

Leo fällt Berti gleich ins Wort: »Aktien sind Teufelszeug und nur was für die Großen. Beim Internet-Boom im Jahr 2000 habe ich nach anfänglichen Gewinnen leider kräftig eins auf die Nase bekommen. Damals wollten alle reich werden und haben sogar teilweise Kredite aufgenommen, um am Neuen Markt zu investieren. Kurze Zeit später platzte die Blase und die Leute verloren ihr ganzes Geld. Manche zahlen heute noch ihre Schulden ab. Ich habe zum Glück nur mein eigenes Geld in den Sand gesetzt«, gesteht er. »Überall wollen sie unser Bestes, nämlich unser Geld. Deshalb habe ich für mich entschieden, nicht zu sparen. Ich gebe mein Geld lieber aus«, merkt er entschlossen an.

Leo jobt schon seit längerer Zeit nebenbei als Pizzabote, um sein schmales Gehalt aufzubessern und seinen großzügigen Lebensstil zu finanzieren. Natürlich soll niemand von seinen Freunden davon erfahren. Es wäre ihm peinlich. Seinen Status will er wahren.

Innerlich fühlt sich Leo als Versager. Sein Vater hat sich immer gewünscht, dass er studiert. Aber dazu haben Leos Zensuren nicht gereicht, weil er schlichtweg andere Interessen verfolgte. So hat er eine Ausbildung zum Handwerker gemacht und ist einfacher Arbeiter geblieben. Er konnte es seinem Vater nie recht machen. Das nagt noch bis heute an ihm. Er hat schon viele Möglichkeiten versucht, um reich zu werden. Leider bisher ohne Erfolg. Deshalb hat er sich innerlich aufgegeben. Das spürt jeder, der sich längere Zeit mit ihm unterhält.

Vor diesem Hintergrund merkt auch Berti relativ schnell, dass Leo wohl nicht der geeignete Ansprechpartner für seine Mission »Wie die müden Sparer Mama und Papa ausgeschlafene Geldanleger werden« ist.

Als Fred das Gesprächsthema wechselt, stehen Berti und Fritz auf und räumen den Tisch ab. Der restliche Tag verläuft ohne nennenswerte Ereignisse. Am Abend gehen die beiden Brüder ins Bett, sichtlich enttäuscht, am ersten Tag ihrer Mission noch nichts erreicht zu haben.

MERKE:

Hast du schon einmal Geld verloren oder schlechte Erfahrungen gemacht? Auf wen hörst du, wenn es um deine Geldanlage geht? Auf deinen Bankberater, deinen Versicherungsvertreter, deinen Finanzmakler oder auf einen guten Bekannten? Wenn du denkst, du kannst niemandem mehr vertrauen, dann trau dir selbst. Vertraue auf deinen gesunden Menschenverstand und dein Bauchgefühl. Sie werden dich leiten. Wenn du aktuell noch etwas ratlos oder verwirrt bist, ist das in Ordnung. Am Ende des Buches wirst du einige Schritte weiter sein und wissen, was zu tun ist. Viel Spaß beim Weiterlesen!

Zu Besuch bei Nachbar Reiner Redlich

Am nächsten Morgen reißt Berti ein dröhnendes Motorengeräusch aus dem Schlaf. Er schaut aus dem Fenster hinüber in Nachbars Garten. Er hätte es sich ja denken können: »Wer mäht schon um 8 Uhr morgens seinen ohnehin perfekten Rasen?«, denkt er sich. Es kann nur Grashalm-Reiner sein. Diesen Spitznamen hat Berti ihm gegeben, weil der Mann nach dem Rasenmähen meistens feuchte Grasreste in seinen Haaren hat und das immer sehr lustig aussieht. Sein wahrer Name ist Reiner Redlich. Er ist der direkte Nachbar von Bertis Familie und ein recht zufrieden wirkender Mensch, der sich immer höflich verhält. Er wirft einen Blick hinüber zu Berti und sieht ihn gähnend am offenen Fenster.

»Guten Morgen Berti!«, ruft er und winkt ihm zu. »Wollt ihr frische Himbeeren? Ich habe gerade welche gepflückt«, fragt er die beiden.

»Sehr gerne!«, erwidert Berti. Er liebt Himbeeren.

Schnell zieht er sich an, nimmt seinen Bruder Fritz ins Schlepptau und die beiden marschieren schnurstracks hinüber zu Reiner in den Garten. Der schaltet den Rasenmäher ab und bietet den Jungs einen Kakao an. Dazu serviert er ihnen die frischen Himbeeren garniert mit einer cremigen Portion Sahnejoghurt. Die drei sitzen gemeinsam am Tisch und genießen die Köstlichkeit neben dem frisch duftenden Rasen. Fritz ergreift gleich die Gelegenheit und fragt Reiner, wie lange er denn eigentlich schon in Rente ist. Daraufhin antwortet der etwas verlegen:

»Ähm, ich muss noch zehn Jahre arbeiten.«

Darauf meint Fritz: »Ups.«

»Ich sehe nur so erfahren aus«, fügt Reiner mit einem Grinsen hinzu.

Herr Redlich lebt alleine und scheint sich des Öfteren etwas einsam zu fühlen. Er lädt Berti und Fritz hin und wieder ein, um sich mit den sportbegeisterten Jungs über Fußball zu unterhalten.

»Herr Redlich«, fragt Fritz weiter, »reicht Ihnen die Rente, die Sie später mal bekommen werden?«

»Na ja, Fritz, sie wird nicht gerade üppig ausfallen. Große Sprünge werde ich damit wohl nicht machen können. Ich habe aber noch eine zusätzliche Rentenversicherung abgeschlossen«, erklärt er überzeugend. »Dadurch werden es ein paar Euro mehr sein, schließlich habe ich über 30 Jahre lang eingezahlt.«

»Das wird nicht funktionieren«, antwortet Fritz frech. »Papa hat auch so eine Versicherung und er bekommt jedes Jahr die Mitteilung, dass die Auszahlung geringer wird. Omas Versicherung war auch schon fällig. Sie bekommt deutlich weniger als erwartet.«

»Du kennst dich ja schon ganz schön gut aus für dein Alter«, sagt Reiner.

»Jawohl«, erwidert Fritz stolz. »Berti und ich haben eine Mission: ›Wie die müden Sparer Mama und Papa ausgeschlafene Geldanleger …‹«.

An dieser Stelle schreitet Berti ein und unterbricht Fritz, bevor er die missliche Situation von Mama und Papa ausplaudern kann. »Wissen Sie, Herr Redlich«, erzählt Berti, »wir nehmen das Thema gerade in der Schule durch und finden es sehr spannend. Haben Sie schon einmal nachgerechnet, ob Ihre Rente und die Auszahlung Ihrer Rentenversicherung zum Leben reicht?«

»Ja, das habe ich«, antwortet Reiner. »Ihr beide vermutet richtig, die Rente und die Versicherung wären zu wenig, es wird ja alles immer teurer und die gesetzliche Rente und die private Versicherung schrumpfen«, sagt er. »Wenn ich mich einschränke, dann geht es. Ich habe zum Glück noch eine hübsche Summe geerbt, mit der ich die kommenden Renovierungen für das Haus bezahlen kann. Zudem gönne ich mir nach wie vor zweimal im Jahr Urlaub mit meinem neuen Wohnmobil. Mir geht es also nicht schlecht«, lächelt er. »Natürlich wäre es schön, wenn ich mehr bekäme, aber was soll ich machen gegen die Minizinsen? Und natürlich weiß ich, dass nicht jeder ein großes Erbe erwarten kann. Die Mutter meines Freundes Otto wurde zum Pflegefall, zuerst erkrankte sie an Demenz, später wurde dann der Pflegebedarf immer intensiver, sodass sie in ein

Pflegeheim musste. Sie war nicht mehr entscheidungsfähig. Leider hatte mein Freund Otto keine Vorsorgevollmacht, so konnte er nicht einmal im Sinne seiner Mutter wichtige Entscheidungen treffen. Weiterhin musste sich Otto mit den ganzen Bürokraten herumschlagen, bis er schlussendlich das Haus seiner Mutter verkaufen konnte, um das teure Pflegeheim bezahlen zu können. Zum Überbrücken war er gezwungen, seine Lebensversicherung und seinen Bausparvertrag aufzulösen. Seine Altersvorsorge war also weg. Als er dann das kleine Häuschen verkaufen konnte, musste er mit der Summe von circa 400.000 Euro den restlichen Kredit von 150.000 Euro abbezahlen. Übrig waren dann noch 250.000 Euro. Das war zwar eine Menge Geld, allerdings sind die Kosten für ein Pflegeheim sehr hoch. Einen Teil der Kosten finanziert der Staat, sodass er von dem restlichen Vermögen von 250.000 Euro jeden Monat 2.500 Euro wegnehmen musste. Das sind 30.000 Euro im Jahr. Seit nunmehr vier Jahren lebt sie dort und Otto besucht sie regelmäßig, aber sie erkennt ihren eigenen Sohn nicht mehr. Von den anfänglichen 250.000 Euro sind noch 130.000 Euro übrig.«

Berti rechnet im Kopf nach: »Noch vier Jahre, dann ist das Geld weg. Was macht Otto dann?«, fragt er.

»Keine Ahnung«, erwidert Reiner. »Ich glaube, er verdrängt es, denn das würde seinen Ruin bedeuten«, schlussfolgert er mit trauriger Miene. »Er ist jetzt schon mit seinen Finanzen am Limit und wird bald 60 Jahre alt«, fügt er hinzu. »Ihr seht also, es gibt genügend Menschen, denen es noch viel schlechter geht. Die Pflegefälle nehmen enorm zu. Vor Kurzem habe ich gelesen, dass es in Deutschland knapp drei Millionen Pflegefälle gibt und jedes Jahr aufgrund der alternden Gesellschaft ein paar Tausend mehr dazu kommen.«

Die beiden Brüder wissen noch genau, was es bedeutet, einen Pflegefall in der Familie zu haben. Denn Ihre Großtante Gertrud wurde vor einigen Jahren für ein Jahr von Oma Frieda gepflegt, bevor sie dann ins Pflegeheim kam.

»Das war damals kein schöner Anblick«, erinnert sich Fritz.

Die Jungs hatten immer gedacht, dass diese Pflegefälle nur vereinzelt vorkommen und die Pflegebedürftigkeit nur von kurzer Dauer ist.

»Wenn Oma Frieda ein Pflegefall würde und Mama und Papa in ihrer angespannten finanziellen Lage für sie sorgen müssten, dann könnte sie das gleiche Schicksal treffen wie Reiners Freund Otto«, denkt sich Fritz. Berti schaut seinen Bruder an und ahnt, dass ihm gerade die gleichen Gedanken durch den Kopf gehen.

Die beiden Brüder bedanken sich bei Herrn Redlich für seine Gastfreundschaft und die Ausführungen zum Thema Pflegefälle und zu ihrer Auswirkung auf die finanzielle Situation der näheren Verwandten.

Mit einem leckeren Frühstück im Bauch und der schockierenden Geschichte von Otto und seiner pflegebedürftigen Mutter im Kopf gehen die Brüder nach Hause. Mutter Susi bereitet gerade das Mittagessen vor. Auf dem Küchentisch schaut Fritz, der mittlerweile auf die Begriffe Rente, Geld und Lebensversicherung programmiert ist, auf die Titelseite der Tageszeitung. Die Überschrift sticht ihm sofort ins Auge: »Millionen Normalverdienern droht die Altersarmut«.

Sie erfahren in dem Bericht, dass es schlecht steht um die gesetzliche Rente. Jedem dritten Beschäftigen droht eine Mager-Rente. Weiterhin erfahren sie, dass Angestellte mit einem Einkommen von 2.500 Euro Brutto und 35 Jahren Arbeit in Vollzeit nur eine gesetzliche Nettorente von circa 700 Euro monatlich erwarten können.

»So ähnlich wie bei Oma«, denkt Fritz.

Am Ende des aufschlussreichen Textes steht ganz klein »Rudi Rastlos«, sogar mit E-Mail-Adresse. Fritz und Berti sind sich sofort einig, dass dieser Mann ihnen weiterhelfen kann. Ein Lichtblick am Horizont.

»Endlich mal jemand, der sich auskennt«, meint Berti erleichtert.

Kurzerhand schreiben sie Rudi Rastlos eine Nachricht. Der clevere Berti lobt in seinem Anschreiben den Bericht des Journalisten. Er gibt vor, für ein Schulprojekt Informationen über Geld und Rente zu sammeln und fragt, ob er ihn zusammen mit seinem Bruder einmal besuchen dürfte. Es vergehen zwei Tage ungeduldigen Wartens, bis Berti endlich eine Antwort auf seine E-Mail bekommt.

Rudi Rastlos bedankt sich für die lobenden Worte und entschuldigt sich gleichzeitig, dass Berti so lange auf seine Antwort warten musste. Natürlich unterstütze er interessierte Schüler und stehe ihnen gerne mit Rat und Tat zur Seite.

»Es geht aufwärts!«, jubelt Berti und vereinbart mit Herrn Rastlos am Folgetag um 15 Uhr einen Termin. In freudiger Erwartung nutzt er den Abend, um einige Fragen auf seinen Notizblock zu schreiben und sich auf das Gespräch am nächsten Tag vorzubereiten.

MERKE:

Im Jahr 2018 waren rund drei Millionen Pflegefälle in Deutschland registriert. Es kann jeden treffen und keiner ist davor zu 100 Prozent geschützt. Stell dir vor, du würdest zum Pflegefall und könntest plötzlich nichts mehr entscheiden. Wem willst du alle notwendigen Entscheidungen überlassen? Solltest du nichts geregelt haben, wird dir ein Betreuer vom zuständigen Gericht zugeteilt. Mittels einer Vorsorgevollmacht und einer Patientenverfügung kannst du stattdessen alles Notwendige für dich und deine Familie regeln – auch wer in der Familie die notwendigen Entscheidungen für dich treffen soll. Nähere Informationen findest du im Internet, zum Beispiel auf der Website des Bundesjustizministeriums: www.bmjv.de.

Die schockierenden Fakten des Reporters Rudi Rastlos

Berti und Fritz stehen vor einem mächtigen Gebäude mit einer riesigen, modernen Glasfassade. Die nette Dame am Empfang lotst die beiden Jungs zum Aufzug. Damit fahren sie in den fünften Stock und klopfen kurz darauf an die Bürotür von Rudi Rastlos. Ein sympathischer Mann mit Brille und grauen Haaren öffnet ihnen.

»Hallo! Hereinspaziert! Ihr seid bestimmt die Jungs von der Schule? Schön, dass ihr so pünktlich kommt, denn meine Zeit ist wieder einmal sehr knapp. Nachher habe ich noch einen wichtigen Termin. Aber eine Stunde nehme ich mir gern für euch. Lasst uns gleich loslegen«, sagt er. »Wie kann ich euch denn helfen?«

»Hallo, ich bin Berti und das ist mein Bruder Fritz«, stellt Berti die beiden vor. Er zieht schnell seinen Block mit ihren Fragen aus der Tasche. Gleichzeitig zückt er einen Stift, um alle Antworten mitzuschreiben.

Rudi Rastlos ist beeindruckt, wie professionell sich Berti und Fritz vorbereitet haben.

»Nun, Herr Rastlos«, legt Berti entschlossen los, »könnten Sie uns einmal genau erklären, wie es um die Rente von unseren Eltern wirklich steht? Ist alles tatsächlich so schlimm, wie man überall liest?«

»Na ja«, antwortet Rudi, »dieses Thema betrifft so gut wie alle Bürger in diesem Land, nicht nur eure Eltern. Die nackten Zahlen sind tatsächlich mehr als beunruhigend. Ich glaube, gerade deshalb verdrängen die meisten Menschen ihre zukünftige Rente, weil sie glauben, sie können sowieso nichts dagegen tun. Der Grund für die zu niedrigen Renten liegt unter anderem am System selbst und an der demografischen Bevölkerungsentwicklung.«

»Was heißt das genau?«, fragt Fritz dazwischen.

Rudi merkt schon, dass er seine Antworten einfach formulieren muss, damit Berti und Fritz alles verstehen. Er denkt kurz nach und erzählt:

»Stell dir folgendes vor, Fritz. Es gibt eine riesengroße Apfelkiste, in die alle Arbeiter und Angestellten des ganzen Landes jeden Tag nach der Arbeit Äpfel hineinlegen, wie zum Beispiel auch dein Papa. Am nächsten Tag kommen dann alle Rentnerinnen und Rentner. Das sind die Menschen, die ihr Arbeitsleben schon hinter sich haben, so wie deine Oma. Jeder von ihnen braucht nun aus der Kiste drei Äpfel. Für morgens, mittags und abends. Die Jüngeren versorgen die Älteren. Das ist an sich eine sehr gute und soziale Idee. Dieses sogenannte Umverteilungsverfahren hat früher einmal sehr gut funktioniert. Vor rund 50 Jahren haben im Durchschnitt sechs jüngere Menschen jeden Tag einen Apfel in die Kiste hineingelegt. Du kannst diese Personengruppe auch Einzahler nennen. Und genau ein Älterer durfte alle sechs Äpfel für sich alleine herausnehmen. Diesem Menschen, dem Rentner, ging es damit sehr gut und er war immer satt. Übrigens nennt sich diese riesengroße Apfelkiste gesetzliche Rentenversicherung. Einige Jahrzehnte später haben nicht mehr sechs Einzahler einen Rentner versorgt, sondern nur noch drei. Im Jahr 2030 versorgen statistisch nur noch zwei Einzahler einen Rentner. Das bedeutet, dass der Ältere nur noch zwei Äpfel entnehmen kann, obwohl er drei braucht, um satt zu werden. Ein Apfel fehlt also. Denn immer weniger Einzahler müssen immer mehr Rentner versorgen. Zudem werden die Rentner immer älter und wollen noch länger ihre Äpfel aus der Kiste entnehmen. Mit anderen Worten, deine Oma und alle anderen Rentner können nicht mehr so viele Äpfel herausnehmen, weil gar nicht so viele hineingelegt werden.«

Fritz fragt an dieser Stelle: »Und warum gibt es heute nicht mehr so viele Einzahler?«

»Weil sie nie geboren wurden«, antwortet Rudi Rastlos. »Früher hatte man zwei, drei oder mehr Kinder, heute hat eine Familie im Schnitt nur noch 1,5 Kinder. Stell dir vor, du bist so alt wie deine Oma und kannst jeden Tag nur noch einen Apfel aus der Kiste nehmen, weil nicht mehr genügend darin liegen. Damit überlebst du gerade so, musst aber ständig ans Essen denken. Wenn du mehr haben willst und auch mal in den Urlaub fahren möchtest, musst du arbeiten, wenn du das noch kannst. Die sinnvollere Variante ist, heute schon zu beginnen, eine eigene Apfelkiste zu befüllen. So sicherst du dir die restlichen fehlenden Äpfel in deiner Zukunft.«

»Das ist ja blöd«, meint Fritz. »So ergeht es also auch Oma, Papa und Mama?«

»Ganz genau, Fritz.« Er fügt noch hinzu: »Bei euren Eltern wird es wegen der Alterspyramide noch schlimmer sein. Denn die Generationen aus den sechziger Jahrgängen haben am meisten Kinder bekommen und diese sogenannten Baby-Boomer gehen ungefähr im Jahr 2030 in Rente.«

Berti bedankt sich für Rudis kurze und prägnante Antwort und stellt gleich die zweite Frage: »Was bedeutet denn genau Altersarmut?«

Rudi antwortet: »Als altersarm werden alle Menschen in Deutschland bezeichnet, die circa 900 Euro jeden Monat zum Leben haben. Und das trifft im Jahr 2030 auf einen großen Teil der Bevölkerung zu. Ich zeige euch das mal in meiner schockierenden Rententabelle. Hier könnt ihr sehen, wie viel Nettorente im Jahr 2030 ausgezahlt wird.«

»Wer beispielsweise 2.500 Euro brutto verdient und 35 Jahre lang in die Rentenkasse eingezahlt hat, kann im Jahr 2030 nur noch eine gesetzliche Nettorente von 690 Euro erwarten. Diese Personengruppe, die 35 Jahre lang in die Rentenkasse eingezahlt und keinen weiteren privaten Vermögensaufbau betrieben hat, müsste mit dem Tag des Renteneintritts den Gang zum Sozialamt antreten. Denn in einem solchen Fall«, erklärt Rudi weiter, »kann eine erhöhte Nebenkosten-Abrechnung oder eine Zuzahlung bei Medikamenten schon zur Alltagssorge werden. Am sozialen Leben kann so jemand dann leider nicht mehr teilnehmen. Das bedeutet, dass sich diese Menschen einen Kinobesuch, ein Kaffeekränzchen mit Freunden oder einen Einkaufsbummel nicht mehr leisten können. Nicht selten sieht man ältere Menschen, die Pfandflaschen sammeln, um ihre Minirente aufzustocken. Es ist wirklich beschämend für das stärkste Land in Europa, wenn den Menschen gerade noch 5 Euro zum täglichen Leben bleiben. Zum Vergleich: In Österreich liegen die gesetzlichen Renten weit über der deutschen Durchschnittsrente. Die Rentenkasse in Deutschland ist leider zur Spielzeugkiste der Politik geworden.«

Die schockierenden Altersrenten von Millionen Arbeitnehmern:

Quelle: Bundesarbeitsministerium

Nettorente 2030		
Monatslohn (Brutto)	35 Jahre Einzahlung in Rentenkasse	40 Jahre Einzahlung in Rentenkasse
2.100 €	**ca. 580 €**	**ca. 660 €**
2.500 €	**ca. 690 €**	**ca. 790 €**
2.900 €	**ca. 800 €**	**ca. 910 €**

Nach diesen Schilderungen über die aktuelle Situation der gesetzlichen Rente atmen Berti und Fritz erst einmal tief durch.

Berti denkt kurz nach und fasst mit eigenen Worten zusammen: »Herr Rastlos, sehe ich es richtig, dass meine Oma und meine Eltern keine Einzelfälle sind und der Großteil der deutschen Bevölkerung vor dieser existenziellen Bedrohung stehen?«

»Ja, genau«, antwortet Rudi prompt.

Berti führt weiter aus: »Das bedeutet also, dass wir heute schon wissen, dass in unserer Apfelkiste in Zukunft nur noch sehr wenige Äpfel liegen werden.«

»So ein Mist«, ruft Fritz mit energischer Stimme in den Raum. »Wie sollen wir denn dann Mama und Papa helfen? Und was ist mit Oma? Wenn sie ihr Haus verkaufen und wegziehen muss, fällt ja unser regelmäßiges Dominospiel ins Wasser. Das wird ihr gar nicht gefallen!«, schimpft er.

Rudi schaut auf die Uhr. So schnell ist die Stunde vergangen, und Berti hat immer noch eine Menge unbeantwortete Fragen auf seinem Notizblock.

»Herr Rastlos, darf ich Ihnen noch eine letzte Frage stellen? Was können denn jetzt all die Menschen tun, die jetzt schon wissen, dass ihre Apfelkiste einmal fast leer sein wird?«

»Lieber Berti, das ist eine sehr gute Frage«, erwidert Rudi. »Jetzt muss jeder selber ein paar Äpfel – sprich ein paar Euro – in seine eigene Apfelkiste legen.

»Nur wie?«, fragt Berti dazwischen. »Offensichtlich geht es mit Sparbüchern und Lebensversicherungen nicht. Zumindest nicht bei Oma und meinen Eltern.«

Rudi antwortet: »Das ist ein hochkomplexes Thema und ich tue mich sehr schwer, euch darüber sinnvoll Auskunft zu geben. Denn ich bin auf diesem Gebiet kein Experte. Aber ich habe einen sehr erfolgreichen Freund, der euch da vielleicht weiterhelfen könnte, er heißt Felix von Freudenreich. Er schuldet mir sowieso noch einen Gefallen. Ich rufe ihn am besten gleich an und frage ihn, ob er euch spontan helfen kann.«

Leider hat Felix von Freudenreich im Augenblick keine Zeit. Er ist sehr beschäftigt. Aber er ist dennoch bereit für ein Treffen und kann die Jungs einige Tage später empfangen.

Sie bedanken sich bei Herrn Rastlos für seine Zeit, die aufschlussreichen Antworten und für die Anbahnung des Kontakts zu Felix von Freudenreich. Nun machen sie sich auf den Weg nach Hause. Daheim angekommen vergehen die Tage ohne besondere Vorkommnisse. Aber die Gedanken der beiden kreisen immer wieder um das Problem ihrer Eltern und lassen sie nicht mehr los. Die beiden Jungen sind fest entschlossen, eine Lösung zu finden.

MERKE:

Altersarmut wird Normalverdiener treffen: Wer zum Beispiel 2.900 Euro verdient und 35 Jahre lang in die Rentenkasse einzahlt, kann nur noch mit circa 800 Euro Nettorente rechnen. Wenn du deine zukünftige gesetzliche Rente betrachtest: Wie viel Geld brauchst du zusätzlich zum Leben, damit es dir gut geht und du deinen künftigen Ruhestand nach deinen Vorstellungen genießen kannst?

In der Villa von Felix von Freudenreich

Voller Vorfreude und mit Spannung haben die Jungen auf den Tag gewartet, an dem sie Felix von Freudenreich endlich einen Besuch abstatten dürfen. Als es soweit ist, machen sie sich auf den Weg zum Stadtrand und kommen nach einer halben Stunde Fußmarsch dort an. Staunend stehen sie an einem großen schmiedeeisernen Tor und schauen in den riesigen parkähnlichen Garten dahinter. Am Ende einer langen Zufahrt steht eine wunderschöne alte Villa an einem großen Seerosen-Teich mit Springbrunnen.

Völlig überwältigt öffnen die beiden das schwere Tor und laufen an einem roten Ferrari vorbei eine lange Treppe hoch in Richtung Eingangstür, die von prunkvoll verzierten Säulen eingerahmt ist. Fritz klingelt. Die Türe öffnet sich und eine Hausdame mit weißer Bluse und Schleifchen im Haar begrüßt sie.

»Schönen guten Tag, ihr seid bereits angekündigt. Kommt doch bitte herein.«

Berti und Fritz betreten die riesige Eingangshalle aus strahlend weißem Marmor. So haben sie sich immer ein Luxushotel vorgestellt. Die beiden staunen. Hier scheint wohl grenzenloser Reichtum vorhanden zu sein. Die Hausdame bittet die beiden, noch einen Moment auf dem Sofa in der Eingangshalle Platz zu nehmen.

»Herr von Freudenreich ist gerade noch beschäftigt, aber ich werde ihm mitteilen, dass ihr nun eingetroffen seid.«

Es dauert noch etwa eine Viertelstunde, bis sich endlich irgendwo oben in der Villa eine Türe öffnet. Feste Schritte nähern sich, und schließlich erscheint ein großer, stattlicher Herr in einem feinen Maßanzug, der nun langsam die Treppe zur Eingangshalle herunterschreitet.

Unten angekommen stellt sich der feine Herr den beiden vor: »Guten Tag ihr beiden. Mein Name ist Felix von Freudenreich«, sagt er mit erhabener Stimme. »Mein Freund Rudi hat euch zu mir geschickt. Ihr macht also ein Schulprojekt zum Thema Geld und Rente?«

»Ja, genau«, antwortet Berti und sagt darauf etwas eingeschüchtert durch Felix imposante Erscheinung: »Ich bin Berti und das ist mein Bruder Fritz.«

»Was kann ich denn für euch tun, meine Freunde?«, fragt er die beiden.

Berti erwidert: »Wir haben von Rudi Rastlos erfahren, dass es sehr schlecht steht um die Rente in Deutschland und viele Menschen verarmen werden. Was uns fehlt, sind Informationen darüber, was die Menschen jetzt tun können, um später mehr Geld zu haben.« Felix schmunzelt und antwortet:

»Na, da habt ihr euch ja ganz schön viel vorgenommen. Respekt.«

»Herr von Freudenreich«, legt Berti gleich los, »Sie scheinen ja sehr wohlhabend zu sein. Wie haben Sie das denn geschafft?«

»Das ist eine lange Geschichte. Ich möchte euch einmal die Kurzfassung davon erzählen: Ich bin Unternehmer und verdiene mein Geld mit dem Handel von Spezialmaschinen. Mein Großvater hat die Firma damals vor über 60 Jahren gegründet. Mein Vater hat sie erfolgreich weitergeführt, und ich habe sie dann immer weiter ausgebaut. Das heißt«, erzählt er weiter, »ich kaufe alte Maschinen, unterziehe sie einer Generalüberholung und verkaufe sie dann weiter.«

»Und das funktioniert?«, fragt Fritz Herrn von Freudenreich mit großen Augen. »Jawohl. Wie ihr seht, kann ich ganz gut davon leben«, antwortet Felix selbstbewusst.

»Und was machen Sie mit dem vielen Geld, das Sie verdienen?«, fragt Fritz neugierig.

Felix lächelt und sagt: »Ich investiere das Geld in Start-up-Unternehmen, Immobilien und Aktien.«

»Aha!«, entgegnet Berti begeistert. »Das habe ich mir schon fast gedacht.« Er erzählt von seinen Erfahrungen mit dem Börsenplanspiel in der Schule. Hierbei sei erwähnt, dass Berti das Planspiel Börse damals zwar gewonnen hat, aber dass das in einer sehr guten Börsenphase geschah, als die Kurse konstant anstiegen. Nun haben Berti und Felix ein gemeinsames Thema gefunden, das sie beide begeistert.

»Was war denn Ihr größter Gewinn, wenn ich fragen darf?«, fragt der 16-Jährige den gestandenen Unternehmer.

»Meine erfolgreichste Aktie brachte mir über 400 Prozent Plus ein. Das war damals Apple in der Finanzkrise 2008, wenn ich mich nicht täusche«, fügt er hinzu.

»Und was war Ihre schlechteste Aktie«, fragt Berti weiter.

»Oh je, mein Guter, da gab es schon viele«, sinniert er. »Als ich angefangen habe, mit meinem Geld an der Börse zu spekulieren, habe ich einige Fehler gemacht«, erklärt er. »In dieser Zeit habe ich eine Menge Lehrgeld bezahlt und viel Geld verloren. Ich habe allerdings schnell daraus gelernt, habe einige Börsenbriefe abonniert und Seminare besucht, danach ging es von Jahr zu Jahr aufwärts. Heute mit 20 Jahren Erfahrung fällt es mir sehr leicht, an der Börse Geld zu verdienen und im Durchschnitt gute Renditen zu erzielen. Aber«, so fügt er hinzu, »es gibt einige wichtige Regeln, die man beachten muss. Letzten Endes zählt auch die Erfahrung und das Erkennen von wirtschaftlichen und politischen Zusammenhängen. Außerdem muss man viel Zeit und Geduld aufbringen, um Nachrichten zu lesen und sie richtig zu interpretieren.«

Fritz schaut mit etwas entgeisterter Mine zu seinem Bruder hinüber und sagt: »Ich verstehe. Aber ich glaube nicht, dass das die Lösung für Papa, Mama und Oma ist. Papa beschäftigt sich sowieso sehr ungern mit dem Thema Geld und Mama muss sich ja auch noch um den Haushalt und uns kümmern. Wo bleibt da noch Zeit für die Aktien?«, überlegt er laut. »Und Oma schimpft immer nur über die Reichen und mit Aktien kennt sie sich beim besten Willen überhaupt nicht aus«, ergänzt er.

Felix von Freudenreich blickt mit fragendem Gesicht zu den beiden Brüdern und fragt: »Mama, Papa, meine Oma? Ich verstehe nicht ganz. Ich dachte, ihr macht ein Schulprojekt zum Thema Geld?«

»Ja, das ist richtig, wir machen ein Projekt, aber nicht für die Schule«, gesteht Berti.

»Wofür denn dann?«, fragt der reiche Felix.

Zögernd lässt der 16-Jährige nun die Katze aus dem Sack: »Wir wollen unseren Eltern helfen. Sie sind gerade sehr deprimiert und werden von großen finanziellen Sorgen geplagt. Sie haben vor ein paar Tagen nachgerechnet, dass sie mit ihrer Rente und ihrer Lebensversicherung nicht den schönen und sorgenfreien Lebensabend haben können, den sie sich erhoffen. Zudem werden sie auch noch ihr geliebtes Haus verkaufen müssen. – So, jetzt ist es raus«, sagt Berti etwas peinlich berührt.

»Das hättet ihr aber doch auch gleich sagen können«, antwortet Felix. »Ihr habt zwar ganz schön geflunkert, aber ich verstehe auch, dass ihr diese missliche Situation nicht jedem gleich auf die Nase binden wollt. Und was wollt ihr jetzt tun? Habt ihr schon einen Plan?«, fragt Felix.

Berti erwidert etwas ratlos: »Ich weiß es noch nicht. Wir haben schon mit einigen Leuten gesprochen, aber irgendwie haben wir noch keine Informationen bekommen, die uns aus der Patsche helfen.«

»In der Tat, das ist auch keine leichte Aufgabe, die ihr euch da gestellt habt«, sagt Felix. »Die wichtigste Voraussetzung für eine erfolgreiche Geldanlage ist zunächst die Zeit und der Wille, sich damit auseinanderzusetzen. Daran scheitern schon die meisten. Sehr viele Menschen sind nicht in der Lage, sich für diese Sache wirklich zu begeistern. Ich persönlich liebe das Thema Geld und die Börse. Das ergeht aber den allerwenigsten so«, erklärt er. Weiter fügt er hinzu: »Im Leben kommt es grundsätzlich auf die Begeisterung an. Man sollte nur die Dinge tun, die einem Spaß machen. Denn nur wer Spaß an einer Sache hat, macht sie gerne und wird darin immer besser. Das ist wie mit Tennis. Je öfter man auf dem Platz steht, desto sicherer werden die Schläge und desto häufiger gewinnt man. Merkt euch das für eure Zukunft, Jungs«, erklärt er mit erhobenem Zeigefinger.

»Eure Eltern werden einen Weg finden müssen, es liegt in ihrer eigenen Verantwortung. Mein System, Wertpapiere an der Börse zu kaufen oder mit Immobilien und Start-up-Investments Geld zu verdienen, ist nicht jedermanns Sache. Deshalb kann ich euch an dieser Stelle leider nicht weiterhelfen. Es gibt sehr viele Finanzberater, die euren Eltern einen Rat geben könnten. Schwierig daran ist nur, darunter einen vertrauenswürdigen und ehrlichen Experten zu finden. Dieser Typ ist zweifelsohne sehr selten, daher ist es für den Otto-Normal-Verbraucher auch so mühsam. Aber eines möchte ich euch noch mitgeben: Ich finde es großartig, dass ihr euren Eltern helfen wollt. Gebt nicht auf, ihr seid aktiv geworden und wollt die Sache selbst in die Hand nehmen. Dafür werdet ihr irgendwann belohnt. Zudem ist es eine wichtige Lebenserfahrung, die ihr jetzt macht. Verfolgt euren Plan weiter und glaubt an euch, dann werdet ihr auch eine Lösung finden.«

Mit diesen aufmunternden Worten wünscht er den beiden viel Erfolg, begleitet sie zur Tür und verabschiedet sich. Berti und Fritz trotten über die lange Zufahrt zurück zum Eingangstor und treten den Heimweg an. Berti ist sehr enttäuscht, dass der erfolgreiche Unternehmer ihnen keine wirklich umsetzbaren Tipps geben konnte. Vom Optimismus beim Betreten der Villa ist nun leider nicht mehr viel übrig. Die Hoffnung, den Eltern aus der Misere zu helfen, schwindet mit jedem Schritt.

MERKE:

Jeder sollte das tun, was ihm Spaß macht. Das ist aber oft leichter gesagt als getan. Versuche zumindest, dich möglichst frei und unabhängig zu machen. Auch ganz kleine Schritte zählen dazu. Werde kreativ und denke nach. Nutze deine Talente und Fähigkeiten und fördere sie. Die eigenen Talente zu nutzen und sie für andere einzusetzen, macht Spaß und stiftet Nutzen. Finde deinen eigenen Weg. Sei bereit, deinen persönlichen Preis dafür zu zahlen und glaube an dein Vorhaben. Es gibt immer eine Lösung. Es muss nicht immer gleich ein rasanter Start von 0 auf 100 sein. Handle überlegt, geh Schritt für Schritt und gib niemals auf. Mit etwas mehr Vermögen kannst du vielleicht schon in einiger Zeit dein Vorhaben realisieren. Trau dich und mach den ersten Schritt.

KAPITEL 3

Der geheimnisvolle Fremde

Das Haus am See

Berti und Fritz schlendern entmutigt die Straße entlang zurück in die Stadt. Als sie an einem Waldstück vorbeikommen, schlägt Berti vor:

»Komm Fritz, wir laufen durch den Wald, so können wir bestimmt den weiten Weg abkürzen. Außerdem waren wir hier noch nie, vielleicht entdecken wir ja etwas Neues.« Fritz, inzwischen schon etwas müde, willigt ein. Ihm soll es recht sein. Je früher sie wieder zu Hause sind, desto eher kann er sich in den Garten legen und noch ein paar Comics lesen. So lassen sie die Straße hinter sich und laufen in den Wald. Fritz zweifelt an ihrem Plan und fängt an zu nörgeln:

»Es war eine blöde Idee von dir, Mamas und Papas Geldprobleme lösen zu wollen. Das werden wir ja doch nicht schaffen.«

»Was heißt denn hier ›eine blöde Idee von *mir*‹? Das war doch unsere gemeinsame Idee! Du warst sofort Feuer und Flamme und wolltest den großen Helden spielen!«, erwidert Berti.

»Ich? Den Helden spielen? *Du* hast die ganze Sache doch angeleiert!«, schimpft Fritz.

»Wie immer, jetzt bin ich wieder an allem schuld! Du übernimmst wohl nie die Verantwortung. Du bist und bleibst halt mein kleiner dummer Bruder«, lästert Berti provozierend und stößt Fritz leicht zur Seite.

Fritz reagiert sichtlich verärgert. Berti hatte ihn schon des Öfteren auf diese herablassende Art beleidigt. Das will er sich nun nicht schon wieder einfach so gefallen lassen. Er rempelt zurück und so stoßen sich die beiden einige Male hin und her, bis Fritz plötzlich das Gleichgewicht verliert und zu Boden fällt.

»Aua! Du Idiot! Auf Kleinere losgehen, das kannst du! Aber mit einem größeren Problem wie dem von Mama und Papa wirst du auch nicht fertig!«, ruft er zornig mit schmerzverzerrtem Gesicht. Dabei bemerkt er, dass er sich das Knie aufgeschlagen hat und blutet. So sitzt er eine Weile auf dem Kiesweg und wimmert vor sich hin.

»Schau, was du angerichtet hast, jetzt hab ich ein kaputtes Knie! Das muss bestimmt genäht werden!«

Berti setzt sich neben Fritz, legt seinen Arm um ihn und bittet ihn um Entschuldigung:

»Oh je, sorry, Fritz. Das tut mir leid, das wollte ich nicht! Komm, so schlimm sieht das nicht aus. Ich helfe dir wieder auf die Beine, vielleicht finden wir jemanden, der dein Knie verarzten kann.«

Fritz steht langsam auf. Berti stützt ihn und schaut sich um. Weit und breit ist kein Mensch zu sehen. Da bemerkt er, dass sie inzwischen an einem kleinen See angekommen sind. Am Ufer steht ein Haus mit einem Steg.

»Lass uns mal zu dem Haus dort gehen. Vielleicht wohnt da jemand, der uns helfen kann«, meint er. So humpeln die beiden langsam weiter und kommen schließlich an dem Haus an.

Berti klopft an die Tür und ruft: »Hallo? Ist jemand zu Hause?«

Sie bekommen keine Antwort, es scheint wohl niemand da zu sein. Berti klopft erneut an die Tür. Wieder keine Reaktion. Nachdem er ein drittes Mal geklopft hat und die beiden sich schon umdrehen und wieder gehen wollen, öffnet sich plötzlich doch die Tür und ein kleiner alter Mann steht vor ihnen. Er hat nur noch einen weißen Haarkranz auf dem Kopf, trägt eine altmodische Nickelbrille auf der Nase und kratzt sich an seinem buschigen weißen Schnurrbart. Mit seinem weißen Kittel und der blauen Fliege sieht er ein wenig komisch aus. Ob er wohl Arzt ist? Aber eine Arztpraxis hier mitten im Wald? Seltsam.

»Äh. Hallo!«, grüßt Berti etwas verunsichert. »Entschuldigen Sie bitte, könnten Sie uns vielleicht helfen? Mein Bruder ist auf dem Weg gestürzt und hat sich das Knie aufgeschlagen. Sind Sie zufällig Arzt?«, fragt Berti.

»Guten Tag, ihr beiden! Nein, ich bin kein Arzt. Ich bin Wissenschaftler und gerade bei der Arbeit. Aber ich habe bestimmt ein bisschen Desinfektionsmittel und Verbandszeug für euch. Sagt mal, wie ist das denn passiert?«

»Na ja, wir sind Brüder und haben uns mal wieder gestritten. Das geht leider nicht immer gut aus. Das ist Fritz, und ich bin Berti«, stellt Berti sie vor.

»Aha, ihr beiden scheint mir ja ein recht stürmisches Gemüt zu haben. Na, dann kommt doch herein. Ich hole gleich mal ein paar Sachen aus der

Hausapotheke. Es passiert ja nicht so oft, dass sich jemand zu mir in den Wald verirrt. Woher kommt ihr denn?«, fragt der sympathische alte Mann und bittet sie, an einem großen Tisch Platz zu nehmen.

»Wir sind auf dem Weg nach Hause, nachdem wir einen sehr netten Herrn in seiner riesigen Villa hier am Stadtrand besucht haben«, antwortet Berti. »Ach ja, dann meint ihr doch bestimmt die Villa von Felix von Freudenreich, richtig?«

»Ja, genau. Woher wissen Sie das?«, fragt Berti.

»Wisst ihr, es gibt hier in der Gegend nur einen, der eine richtige Villa besitzt, und das ist Felix. Er war vor vielen Jahren einmal mein Schüler und hat sehr viel richtig gemacht in seinem Leben«, erzählt der alte Mann.

»Er war Ihr Schüler? Waren Sie etwa einmal Lehrer?«, fragt Berti.

»Ja, so etwas Ähnliches. Am Ende meines Arbeitslebens war ich Coach für Glück, Gesundheit und Geld und hatte sehr viele begeisterte Schüler. Die haben mir dann irgendwann den Spitznamen ›Professor Money‹ verpasst, weil ich sehr intensiv und allumfassend das Gebiet der Wirtschaft und des Geldwesens erforsche. Das aktive Arbeitsleben habe ich allerdings hinter mir gelassen. Seit einigen Jahren trete ich kürzer und lebe hier sehr glücklich und entspannt. Meine Kinder sind schon lange aus dem Haus. Aber sie kommen mich regelmäßig besuchen, um im See zu angeln oder um mir ihre neuesten Geschichten zu erzählen«, erklärt der alte Mann.

Berti schaut ihn mit großen Augen an und murmelt vor sich hin: »Ui, was für ein Glück.« Er fragt weiter: »Und was erforschen Sie da genau?«

»Ich beschäftige mich seit langer Zeit schon intensiv mit der komplexen Welt der Finanzen und allem, was dazu gehört: Vermögen, Kapitalanlagen, Versicherungen, Banken, Wertpapiere, Kredite, um euch ein paar Stichworte zu nennen. Und hier im Keller befindet sich mein Labor.« Berti spitzt seine Ohren und fragt weiter:

»Das hört sich sehr spannend an. Dürften wir einmal einen Blick in Ihr Labor werfen?«

»Eigentlich bin ich da ja sehr streng, niemand außer mir hat Zutritt zu meinem Labor. Schließlich befinden sich darin die Ergebnisse meiner jahrelangen Forschungen«, erwidert Professor Money.

»Bitte, bitte! Uns würde es wirklich sehr interessieren«, bettelt Berti höflich.

»Na gut, ich will mal nicht so sein. Dann mache ich für euch heute mal eine Ausnahme. Außerdem bin ich für heute auch fertig mit meiner Arbeit. Ich lasse

40 Jahre
nach 33 Jahren aufgebraucht
35.242 €
271.140 €
50 Jahre
nach 44 Jahren aufgebraucht
286.636 €
138.117 €
47.715 €
27.367 €
22.481 €
18.114 €
15.631 €
2,0 %
1,5 %
2,7 %
3,4 %
5,3 %
9,1 %
Inflations-Ausgleich
Sparbuch
Wohn-immobilien
Gold
Anleihen
DAX
236 %
181 %
126 %
131 %
2.379 Mrd.€
1.841 Mrd.€
648 Mrd.€
594 Mrd.€
448 Mrd.€
Bargeld und Einlagen
Versiche-rungen
Investment-fonds
Sonstige Anlagen
Aktien
Rentenpapiere
Zertifikate

Jahre
1,5 Jahre
8 Monate
11 Tage
6 Stunden
Schlafen
Radio / TV
Essen
Kochen
Telefon
E-Mails löschen
Lachen
Geldanlage
Kasse 3%: 8.000€
Aktien 13%: 38.000€
KASSE
VERMÖGEN
%€£$¥
0
1
5

euch mal einen Blick hineinwerfen, damit ihr euch ein Bild machen könnt. Zuvor werde ich aber noch die Wunde an deinem Knie versorgen, Fritz«, sagt der Professor.

Nachdem er die Wunde an Fritz' Knie desinfiziert und verbunden hat, bittet er die beiden, ihm zu folgen. Der Professor geht voran, öffnet eine Tür, knipst das Licht an und die drei steigen nun über eine Treppe tief hinunter in den Keller. Am Ende eines langen Ganges befindet sich eine große schwere Stahltür. Der Professor bleibt davor stehen, identifiziert sich mit einem Netzhaut-Scanner und die Tür öffnet sich. Er bittet seine beiden Gäste herein:

»Voilà, herzlich willkommen in meinem Finanzlabor!«

Die Jungs treten ein, sind eine Weile sprachlos und schauen sich staunend um: »Wow! Das würde von außen ja niemand vermuten«, ruft Berti überrascht.

Die beiden Jungs kennen ja das Chemie- und Physiklabor aus der Schule, aber solch ein Labor für Zahlen hatten sie bisher noch nie gesehen. Den beiden springt sofort ein riesiger Tresor ins Auge, der bis zur Decke reicht. Was sich darin wohl verbergen mag? Palettenweise Geldbündel? Oder stapelweise Gold- und Silberbarren? Eine Wand hängt von oben bis unten voll mit langen Formeln, wie sie die beiden noch nie zuvor gesehen haben. Eine andere Wand ist komplett beklebt mit Hunderten Ausdrucken von farbigen Zickzack-Kurven, Balken- und Kuchendiagrammen und unzähligen handgeschriebenen Notizen und Berechnungen.

Neben dem riesigen Schreibtisch mit mehreren Bildschirmen steht ein Regal, in dem Bücher und übergroße Reagenzgläser stehen. Die Gläser sind gefüllt mit den verschiedensten Münzen aus der ganzen Welt. In einem anderen Regal stehen überdimensionale Rechenschieber und Ziffern-, Prozent-, Dollar-, Euro- und Yen-Zeichen. In einer Ecke rattert ein großer Drucker und spuckt auf Endlospapier unendliche Zahlenreihen aus. Große Papierrollen mit noch viel mehr Zahlen stehen daneben. In einer anderen Ecke stapelt sich meterhoch Papier.

»Krass!«, denkt sich Berti und fragt: »Was machen Sie denn hier genau?«

»Ich hantiere mit Zahlen, stelle damit meine Berechnungen an und leite daraus Prognosen ab. Außerdem gehe ich hier meiner Leidenschaft nach. Ich sammle historische Münzen und Geldscheine aus der ganzen Welt«, antwortet der Professor.

»Darf ich Sie etwas fragen?«, sagt Berti zögernd.

»Ja, natürlich«, erwidert der Professor.

»Unsere Eltern plagen große finanzielle Sorgen, weil das Geld später bestimmt nicht ausreicht und sie vielleicht sogar ihr geliebtes Haus verkaufen müssen, um über die Runden zu kommen. Deshalb haben wir uns vorgenommen, ihnen zu helfen. Wir recherchieren seit Tagen und suchen Rat bei allen möglichen Leuten. Doch bis heute haben wir keine vernünftigen und einfachen Antworten auf unsere Fragen zum Thema Geld und Rente bekommen. Und wie es der Zufall will, treffen wir heute *den* Fachmann schlechthin! Können Sie uns vielleicht weiterhelfen?«

Der Professor antwortet entschieden: »Nein, ausgeschlossen! Mit meinen stolzen 80 Jahren bin ich schon viel zu alt und möchte nun die Zeit, die mir noch bleibt, mit anderen Dingen verbringen, als Menschen in Sachen Glück und Geld zu schulen. Das habe ich lange genug gemacht.«

Berti lässt nicht locker: »Och, schade, das ist aber wirklich bedauerlich! Würden Sie bei uns nicht vielleicht ein Auge zudrücken und ein letztes Mal ein gutes Werk tun? Bitte, bitte, Sie würden uns damit sehr glücklich machen!«

»Ich habe 24 Stunden am Tag abzüglich acht Stunden Schlaf zur Verfügung und verbringe meinen Tag mit Zahlenspielen, Münzensammeln, Angeln, mit meinen Kindern und Enkeln und mit dem ein oder anderen Projekt, das mich wirklich noch fasziniert«, erzählt der Professor. »Ich möchte in jeder Stunde meiner kostbaren Zeit nur noch Dinge tun, die mir ein gutes Gefühl geben. Es ist ja sehr ehrenvoll von euch, das Problem eurer Eltern lösen zu wollen, aber letztendlich ist es ihre eigene Verantwortung.«

»Ja, das verstehe ich«, sagt Berti traurig. »Aber die beiden schaffen es einfach nicht. Mein Papa gibt immer so schnell auf und weiß einfach nicht mehr weiter. Dann lässt er kostbare Zeit verstreichen und alles bleibt beim Alten. Wenn wir jetzt nichts unternehmen, passiert leider nichts«, betont er. »Sie waren doch auch einmal jung und haben nach Antworten auf ihre Fragen gesucht. Wer hat Ihnen denn da geholfen, Herr Professor?«

Da fasst der alte Mann sich ein Herz und erinnert sich zurück, als er selbst einmal alles verloren hatte und bei einem seiner Freunde, einem Coach, dringend um Rat gebeten hatte. Er antwortet nachdenklich:

»Ja, ich hatte damals auch viele Fragen und noch viel mehr Antworten bekommen. Auch heute tauchen immer noch eine Menge Fragen auf. Mein langjähriger Freund und Coach Harry war in meinen schlimmsten und zugleich lehrreichsten Jahren meine Rettung. Er hatte auf all meine Fragen zum Thema Gesundheit, Beziehung, Karriere und Geld eine Antwort parat. Dafür bin ich ihm heute noch unendlich dankbar. So etwas ist mit Geld nicht aufzuwiegen.«

Der clevere Berti scheint den Professor zum Nachdenken gebracht zu haben: »Herr Professor, wären Sie nicht vielleicht doch bereit, uns Ihren reichen Erfahrungsschatz beizubringen? Bitte, bitte!«

»Du bist ja wirklich hartnäckig, mein Lieber, du willst es wirklich wissen!«, antwortet er respektvoll. »Na gut. Aber eine Bedingung habe ich: Lasst uns eine Wette abschließen!«, sagt er lächelnd.

Schon immer hat es Professor Money Spaß gemacht, auf jede nur erdenkliche lustige oder sportliche Wette einzugehen. Für ihn ist es ungeheuer aufregend, seine Mitmenschen herauszufordern und beim Grübeln zu beobachten. So bietet er den neugierigen Burschen folgende Wette an: »Solltet ihr diese Frage lösen, werde ich euch alles genau erklären, was ihr wissen wollt. Solltet ihr sie nicht lösen, müsst ihr eine Woche lang für mich in meinem Garten arbeiten.«

Professor Money ist sich seiner Sache sehr sicher, dass er gewinnen wird und freut sich schon darauf, jemanden gefunden zu haben, der seine Gartenarbeit erledigt. Berti und Fritz willigen sofort ein, denn es ist die einzige Chance, endlich auf alle Fragen eine Antwort zu bekommen. Schließlich steht das finanzielle Glück der ganzen Familie auf dem Spiel.

MERKE:

Sei mutig und nutze die Chancen und Möglichkeiten, die dir im täglichen Leben begegnen. Oft erkennt man sie nicht gleich. Wer mit offenen Augen durchs Leben geht, erkennt die Gelegenheiten. Nimm dir genügend Zeit, sie zu prüfen und für dich abzuwägen, ob etwas Interessantes dabei ist. Gab es in deinem Leben schon verpatzte Gelegenheiten in Sachen Karriere und Geldanlage?

Die entscheidende Wette – Berti geht aufs Ganze

Der Professor erzählt den beiden Jungs nun eine Geschichte. Sie heißt »Die Magie der Zahlen« und handelt von einem indischen Herrscher, der von seinem Höfling ein Schachbrett geschenkt bekommt. Um seine Dankbarkeit auszudrücken, gewährt der Herrscher seinem Höfling einen Wunsch. Der Höfling wünscht sich, dass sein Gebieter das Schachbrett mit Reiskörnern auffüllen möge. Er solle ein Reiskorn auf das erste Feld legen, zwei auf das zweite Feld, vier auf das dritte Feld und so weiter. Also auf jedes weitere Feld die doppelte Anzahl an Körnern. »Jungs«, fragt Professor Money, »wie viele Felder hat ein Schachbrett?«

»64«, antwortet Berti blitzschnell, denn er ist auch ein begeisterter und talentierter Schachspieler.

»Richtig. Nehmen wir mal an, du bist jetzt der Herrscher. Kannst du mir sagen, wie viele Reiskörner auf dem 64. Feld des Schachbretts liegen?«, fragt der alte Mann.

»Ja, sicher kann ich das!«, erwidert Berti selbstbewusst. »Ich muss nur kurz mal rechnen. Einen Moment bitte.«

»Lass dir ruhig die Zeit, die du dafür brauchst. Wenn ihr die richtige Lösung habt, sagt mir Bescheid, dann dürft ihr morgen wieder kommen und ich gebe euch alle Informationen, die ihr braucht, um euer Problem zu lösen«, verspricht der Professor.

»In Ordnung. Abgemacht?«, antwortet Berti.

»Abgemacht«, bestätigt der Professor.

Sofort fängt Berti an zu rechnen. Bereits auf dem zehnten Feld sollten laut Rechnung 512 Reiskörner liegen. Das erscheint ihm unglaublich viel. Beim 21. Feld sind es bereits über eine Million Körner. Berti kommt ganz schön ins Schwitzen mit den vielen Zahlen im Kopf. Er beschließt, vielleicht doch lieber den Taschenrechner seines Handys zu benutzen. Die Anzahl der Reiskörner auf dem 41. Feld zeigt dieser allerdings nicht mehr ausgeschrieben an, denn mittlerweile ist er bei über einer Billion Reiskörner angelangt. Eine Eins mit zwölf Nullen: 1.000.000.000.000. 1,09951e12 zeigt das Display seines Handy-Taschenrechners an. Als kleines Mathegenie bekannt und vom Ehrgeiz angespornt ist sich Bertie bei den Zahlenreihen bis zu einer Billion sehr sicher, doch dann wird es auch für ihn ziemlich unübersichtlich, und er wird mit jedem weiteren Rechenschritt etwas unsicherer. »Hm, also eine Billion sind

1.000 Milliarden. Was aber kommt nach einer Billion?«, fragt er sich. Er ist erst bei Feld Nr. 41. Es sind also noch weitere 23 Felder, auf denen sich der Haufen Reiskörner verdoppelt. Wohin führt das?

»Hat mir der Professor etwa eine Fangfrage gestellt? Oder bin ich ihm auf den Leim gegangen?«, denkt er sich. Hochkonzentriert sitzt er mucksmäuschenstill neben seinem Bruder Fritz im Labor und grübelt. Professor Money räumt in der Zwischenzeit seinen Schreibtisch auf.

Berti rechnet weiter: »Nach einer Billion kommt eine Trillion, oder?« Seine Unsicherheit wächst. Das Internet kann jetzt auch nicht helfen, da er hier im Keller keinen Handy-Empfang hat. Außerdem traut sich Berti nicht, den Professor bei dieser Wette nach einem Internetzugang zu fragen. Das würde er bestimmt nicht erlauben. Er hat also nur den Taschenrechner seines Handys, der die großen Zahlen aber nicht komplett anzeigt. Nun muss er sich also auf seinen Kopf verlassen. Auf dem 51. Feld müssten es laut seinen Berechnungen auf jeden Fall drei Stellen mehr sein. »Billion, Trillion, Trilliarde oder Billion, Billiarde, Trillion, Trilliarde? Drei Nullen hin, drei Nullen her.« Er entscheidet sich für die Billiarde und landet bei 1.125.899.906.842.624. Auf Feld 51 türmen sich also über eine Billiarde Reiskörner.

Angespornt von seiner Entscheidung, mit der Billarde weiter zu machen, ist er sich jetzt sicher, dass als Nächstes die Trillion überschritten wird. Er rechnet eifrig und kommt auf die riesige Zahl 1.152.921.504.606.846.976 Trillionen. So viele Reiskörner liegen auf Feld Nr. 61. »Und jetzt noch dreimal verdoppeln, dann habe ich es geschafft«, murmelt Berti vor sich hin. Er rechnet nach und schreibt sein Ergebnis freudestrahlend auf ein Blatt Papier.

»Herr Professor! Herr Professor! Wir haben die richtige Zahl!«, ruft Berti. Mit erwartungsvoller Miene präsentiert er dem Professor stolz ihre Zahl. Sie lautet 9 Trillionen, 223 Billiarden, 372 Billionen, 36 Milliarden, 854 Millionen, 775 Tausend und 808.

Der Professor blickt auf die Zahl, verbeugt sich vor dem jungen Mann und applaudiert.

»Das war ausgezeichnet, mein Lieber. Hut ab, das haben bis jetzt nur ganz wenige geschafft«, fügt er hinzu. »Damit habe ich wirklich nicht gerechnet. Aber natürlich halte ich mich an meine Abmachung. Ihr könnt euch sicher sein, ich stehe zu meinem Wort.« Berti und Fritz jubeln und sind mehr als erleichtert nach der vielen Rechnerei.

9 Trillionen, 223 Billiarden, 372 Billionen, 36 Milliarden, 854 Millionen, 775 Tausend und 808.

»Wollt ihr wissen, wie die Geschichte mit dem Höfling und dem indischen Herrscher ausging?«, fragt er die beiden.

»Ja, natürlich!«, ruft Fritz.

»Nachdem die Diener des Herrschers immer mehr Säcke voller Reiskörner aus dem Getreidespeicher holten, war dieser schon nach kurzer Zeit leer. Sie stellten fest, dass im ganzen Reich nicht so viele Reiskörner vorhanden waren, wie auf dem 64. Feld gestapelt werden müssten. Der Höfling wurde zum reichsten Mann des Landes und der Herrscher wünschte sich, er hätte ihm seinen Wunsch niemals erfüllt. Denn 100 Reiskörner wiegen in etwa 3 Gramm und auf dem 64. Feld kamen so unglaubliche 277 Milliarden Tonnen Reiskörner zusammen. Rechnet man alle Felder zusammen, kommt man auf 540 Milliarden Tonnen. Die Weltproduktion im Jahr 2016 betrug gerade mal 482 Millionen Tonnen. Teilt man also die 540 Milliarden Tonnen durch die Jahresproduktion von 482 Millionen, ergeben sich circa 1.120 Jahre. Der indische Herrscher schuldete seinem Höfling die weltweite Reisernte von über 1.120 Jahren. Zumindest mit den Zahlen von heute gerechnet. Und was habt ihr bei dieser Aufgabe gelernt?«, fragt der Professor.

»Na ja«, antwortet Berti, »ich hätte nie gedacht, dass die Zahl am Ende so groß werden kann bei eigentlich nur 64 Feldern. Ich habe mich schon mal mit diesem Effekt auseinandergesetzt, aber noch nie in dieser Größenordnung.«

»Die gleiche mathematische Grundlage gilt auch für unser Geld«, ergänzt der Professor. »Doch dazu erzähle ich euch morgen mehr. Geht jetzt heim und macht euch in Ruhe Gedanken darüber, was ihr alles wissen wollt, und kommt morgen um 8 Uhr wieder zu mir. Dann erzähle ich euch alle wirtschaftlichen Zusammenhänge und Tücken der Geldanlage – und zwar so, dass ihr es verstehen werdet. So wie mit den Reiskörnern auf dem Schachbrett.« Der alte Mann bringt die beiden nun wieder zur Haustür und verabschiedet sich.

MERKE:

Albert Einstein wurde einmal nach der stärksten Kraft des Universums gefragt. Er antwortete spontan: »Der Zinseszins.« Wir unterschätzen durch unser meist kurzfristiges Denken den Effekt des Zinseszinses und was sich damit langfristig erreichen lässt. Nutze diese Kraft für dich und deine Geldanlage. Wie das geht, erfährst du im Kapitel 4.

Das Blatt wendet sich zum Guten

Hochmotiviert laufen die beiden Brüder nach Hause. Sie gehen in die Küche, wo ihre Mama gerade am Herd steht und kocht.

»Fritz, was ist denn mit dir passiert?«, fragt sie entsetzt.

»Ach«, sagt Fritz, »Halb so schlimm, ich bin nur hingefallen und habe mir das Knie aufgestoßen. Das tut aber schon gar nicht mehr weh.«

»Wie ist das denn passiert?«, fragt sie weiter. »Berti und ich haben herumgealbert, ich bin gestolpert und hingefallen. Sowas passiert eben.«, beschwichtigt Fritz.

»Wer hat dir denn den Verband so professionell angelegt?«, fragt Susi.

»Das war ein alter Herr, der in der Nähe wohnt. Er hat uns sofort geholfen. Morgen wollen wir übrigens wieder in den Wald zum Schnitzen und zum Baden. An dem See ist es echt cool«, fügt er hinzu.

»Na gut, das könnt ihr gerne machen, schließlich habt ihr ja jetzt Ferien. Bitte deckt schon mal den Tisch Jungs, das Essen ist fast fertig, und Papa kommt bestimmt auch gleich nach Hause.« Kurze Zeit später kommt Fred grinsend heim, begrüßt seine Lieben und setzt sich direkt an den Esstisch. Susi verteilt das Abendessen und Fred rutscht ganz aufgeregt auf seinem Stuhl hin und her.

»Ratet mal, was heute passiert ist!«, ruft er freudestrahlend in die Runde. »Alle Mitarbeiter in meiner Abteilung bekommen eine Bonuszahlung, weil wir die Gesamtkosten in unserer Firma ordentlich senken konnten. Das war vielleicht eine Überraschung, sag ich euch! Unser Chef war heute ausnahmsweise mal gut gelaunt. Das tut gut, jetzt geht es mir gleich viel besser.«

Berti und Fritz jubeln, und Susi ruft: »Oh, das freut uns aber alle sehr, Fred! Das ist ja zur Abwechslung mal eine wirklich gute Nachricht!«

Die Familie feiert die freudige Nachricht noch ein wenig, aber schon gegen 20 Uhr machen sich Berti und Fritz auf dem Weg nach oben in ihr Zimmer. Sie wollen sich ja noch einige Fragen aufschreiben für den morgigen Termin bei Professor Money. Sie sammeln über zwei Seiten an Fragen zusammen, die sich aus ihren letzten Gesprächen ergeben haben. Nach zwei Stunden fallen den beiden die Augen zu, und sie schlafen ein. Fritz fängt an zu träumen. Er sieht seine Eltern an einem weißen Sandstrand auf einer Insel mit Palmen in der Südsee. Papa mit einem Bonusscheck und Mama mit Cocktail in der Hand.

MERKE:

Nichts ist so stetig wie die Veränderung. Alles kommt, wie es kommen muss. Akzeptiere es. Alles hat seinen Sinn, wenngleich er nicht sofort für dich erkennbar sein mag. Hat es in deinem Leben schon finanzielle Ereignisse gegeben, die dir zuerst katastrophal erschienen und durch die du nach einer gewissen Zeit doch etwas dazugelernt hast?

KAPITEL 4

Ein Tag mit Professor Money

Der geprellte und resignierte Anleger von heute

Der Tag bricht an und schon früh kommen Berti und Fritz bei dem Haus am See an. Professor Money sitzt zufrieden in seinem Schaukelstuhl auf der Veranda und trinkt seine morgendliche Tasse Tee.

»Einen wunderschönen guten Morgen Jungs!«, ruft er den beiden zu.

»Guten Morgen Herr Professor, wir freuen uns schon darauf, heute unsere Wette einlösen zu dürfen und sind schon ganz gespannt!«, ruft Berti strahlend zurück.

»Das glaube ich dir!«, erwidert der Professor und fügt hinzu: »Deine Schachbrett-Rechnung war wirklich meisterhaft, meinen allergrößten Respekt nochmal! Setzt euch, nehmt euch einen Tee und macht es euch bequem. Wir wollen keine Zeit vergeuden. Was wollt ihr denn alles wissen?«

Berti antwortet: »Wir haben uns hier zwei Seiten mit Fragen aufgeschrieben.«

Der alte Mann studiert die Liste genau, liest sich alles in Ruhe durch und ordnet die Fragen in eine sinnvolle Reihenfolge. »Na dann schießt mal los!«

Fritz liest die erste Frage vor: »Warum haben fast alle Leute Lebensversicherungen und Sparbücher im Besitz, obwohl die Ersparnisse dann für später nicht einmal annähernd ausreichen?«

Professor Money antwortet: »Aus demselben Grund, aus dem du dich jeden Tag sträubst, deine Hausaufgaben zu machen. Dir fehlt offensichtlich die Lust, dich damit zu beschäftigen. Daraus entsteht eine Gewohnheit, in der du es dir gemütlich machst und dich am wohlsten fühlst. Das nennt sich Komfortzone. Haben die Leute einmal eine Lebensversicherung und einen Bausparvertrag abgeschlossen und außerdem ein Sparbuch eröffnet, landen die

Unterlagen in der Regel in einem Aktenordner, wo sie zum Teil über Jahrzehnte vergilben, verstauben und in Vergessenheit geraten. So gut wie niemand rechnet regelmäßig nach, ob sich die Sache wirklich lohnt. Die Bequemlichkeit und die bewusste oder auch unbewusste Verdrängungsstrategie der Banken- und Versicherungskunden, sich mit dem Thema Finanzen zu beschäftigen, ist eine eigene Geschichte. Aus meiner Sicht können die vielen Gründe auf ein paar wesentliche reduziert werden.

Zum besseren Verständnis möchte ich euch hierzu eine kleine Anekdote erzählen: Es waren einmal fünf Grashüpfer, die in ein Glas mit einem Deckel eingesperrt waren. Sie hüpften, wie es Grashüpfer nun mal tun, den ganzen langen Tag nach oben gegen den Deckel. Das machten sie über mehrere Wochen und Monate hinweg. Eines Tages nahm man den Deckel vom Glas. Die Grashüpfer hüpften weiter, aber kein einziger fand den Weg in die Freiheit, weil sie es gewohnt waren, immer nur bis zur Höhe des Deckels zu hüpfen.

Diese Geschichte lehrt uns, dass die meisten Menschen durch ihre Gewohnheit und ihre gefühlte Sicherheit so gelähmt sind, dass sie die Dinge einfach nicht mehr in Frage stellen und somit auch nichts überprüfen, geschweige denn verändern. Deswegen fällt es ihnen leichter, so weiterzuleben wie gewohnt, als neue Wege zu gehen. Erschwerend kommt hinzu, dass der Großteil der Sparer schlechte Erfahrungen mit der Geldanlage gemacht hat.

Um das Jahr 2000 beispielsweise packte viele Anleger die reine Gier. Sie beteiligten sich blindlings und ohne System an astronomisch hoch bewerteten Internet-Unternehmen und erlitten dadurch große Verluste. Stellt euch vor, ihr kauft ein schön verpacktes fast neues Puzzle mit 1.000 Teilen auf dem Flohmarkt, ohne einen Blick hineinzuwerfen. Ihr bezahlt dafür 20 Euro, aber erst beim Auspacken stellt ihr fest, dass nur 100 Teile in der Schachtel sind. Da der Verkäufer nicht mehr zu finden ist, sitzt ihr nun auf dem unverkäuflichen Puzzle, habt 20 Euro verloren und der Verkäufer hat 20 Euro gewonnen. Damit will ich sagen:

Die Mehrzahl der Leute hat damals nicht im Geringsten verstanden, was sie da gekauft hat und ihr war schon gar nicht klar, welcher Preis dafür gerechtfertigt gewesen wäre. Wer sich einmal gehörig die Finger verbrannt hat, fasst so schnell keinen Herd mehr an. Die Gier und die damit verbundene Unwissenheit ist übrigens einer der beiden häufigsten Gründe, warum Normalsparer bisher viel Geld verloren haben. Angst ist der zweite Grund. Impulsiv aus einem

Angstgefühl heraus zu handeln, führt gerade beim Thema Geldanlage meist zu Verlusten.«

Berti hört gespannt zu und fragt, ob die Berater, die seinem Papa und seiner Oma Frieda die Spar- und Versicherungsverträge verkauft haben, wohl von all dem wussten.

»Die Mehrheit sicherlich nicht«, antwortet der Professor. »Wisst ihr«, erzählt er weiter, »der Großteil der damaligen Berater von Banken und Versicherungen haben bestimmt nicht vorsätzlich oder gar mit böser Absicht gehandelt. Durch die Firmenpolitik hatten sie vorwiegend einen aus meiner Sicht einseitigen Wissensstand, den sie dann an ihre Kunden weitergaben. Zudem hatten sie fast immer ein sehr beschränktes Produktangebot und ehrgeizige Zielvorgaben. Sie konnten nicht aus dem Vollen schöpfen, selbst wenn sie es gewollt hätten. Eure Lehrer an der Schule müssen sich auch an den Lehrplan halten und können nicht in jeder Stunde Geschichten über ihre Urlaubsreisen zum Besten geben, selbst wenn das oft viel interessanter für die Schüler wäre. Mit anderen Worten: Ihr könnt in einem Fischrestaurant nicht erwarten, ein erstklassiges Steak serviert zu bekommen. Soweit reichte bisher das Produktangebot nicht. Letztendlich kaufte die Mehrzahl der Sparer Finanzprodukte, die sie weder verstand noch kannte. Für sie genügte es, dass ein Bekannter sie empfahl oder vermittelte – denn das Misstrauen in den Bankberater schwand kontinuierlich. Das führte bei einem großen Teil der Sparer zu erheblichen Verlusten. In der Folge resignieren die Leute irgendwann. Sie tun sich heute schwer, überhaupt noch jemandem zu vertrauen. Deshalb lautet meine Devise: Vertraue auf deinen gesunden Menschenverstand und dein Bauchgefühl, aber sei offen und besorge dir genügend Informationen, um das Vertrauen in dich selbst und deine eigenen Entscheidungen auch auf eine gesunde Basis zu stellen. Denn rückblickend werdet ihr so gut wie immer feststellen, dass eure innere Stimme bei elementaren Entscheidungen am wichtigsten ist. Das war in der Vergangenheit so und das wird auch in Zukunft so sein. Jungs, ihr macht gerade alles richtig, weil ihr hartnäckig nach Antworten auf die offenen Fragen forscht. Das imponiert mir sehr. Eure Eltern und eure Oma sind mit ihrer Situation ganz und gar nicht allein. Die aktuelle Aufteilung des Geldvermögens sieht wirklich erschreckend aus.«

Er holt seinen Laptop und zeigt ein Schaubild mit der Überschrift: »Das Geldvermögen der Deutschen 2017«, und fährt fort:

Das Geldvermögen der Deutschen 2017:

Quelle: Deutsche Bundesbank

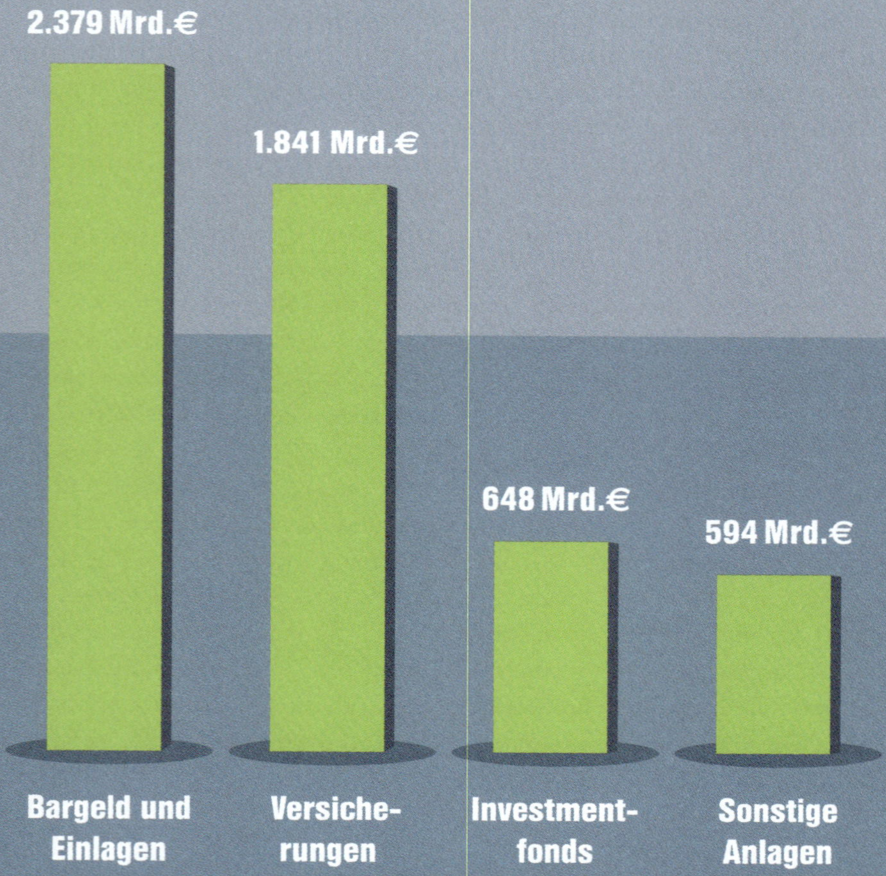

446 Mrd.€
87 Mrd.€
69 Mrd.€
Aktien
Rentenpapiere
Zertifikate

»Knapp 80 Prozent des privaten Geldvermögens liegen auf Bankkonten oder sind in Lebens- und Rentenversicherungen eingezahlt, wo es leider so gut wie keine Zinsen abwirft. Dadurch und durch stetig steigende Preise entstehen beim normalen Sparer jedes Jahr Milliarden Euro Verluste. Im einseitigen Sparen sind wir also Weltmeister. Es gibt viele Studien in Deutschland, die besagen, dass sich die Sparer mehr Finanzbildung wünschen, jedoch nicht genau wissen, wie und wo sie sich diese aneignen können. Alles beginnt mit einer Entscheidung, dann folgt der Glaube an eine Sache, und am Ende sind Geduld und Gelassenheit nötig, um die Pflanze wachsen zu lassen. Deshalb will ich euch erklären, welche innere Einstellung zum Thema Geld hilfreich sein kann, um vermögender zu werden, und was die Ärmeren vom Denken und Handeln der Reicheren lernen können.«

»Jetzt bin ich aber gespannt!«, ruft Fritz. Denn er und Berti waren von Felix von Freudenreich mehr als begeistert, auch wenn er ihnen die relevanten Informationen nicht geben konnte.

MERKE:

Vertraue auf deinen gesunden Menschenverstand und dein Bauchgefühl. Sei offen, besorge dir alle nötigen Informationen und hinterfrage sie, um für dich zu einer vernünftigen finanziellen Entscheidung zu kommen. Welche deiner finanziellen Entscheidungen in deinem Leben waren bisher positiv und welche negativ?

Wie Reiche und wie Arme denken

»Herr Professor«, fragt Fritz, »was ist denn an der Denkweise von Herrn von Freudenreich so anders als an der meines Papas?«

»In der Bibel steht, an ihren Früchten werdet ihr sie erkennen«, antwortet der alte Professor weise. »Die Früchte sind lediglich die Ergebnisse, die im Leben und auch auf unserem Konto sichtbar werden. Hinter jeder Frucht steckt aber ein Samenkorn. Alles Naturgegebene auf dieser Erde ist im Boden entstanden. Erst wachsen aus einem Samen die Wurzeln und ein Leittrieb mit

Keimblättern. Daraus bilden sich wiederum ein Stamm und zahlreiche beblätterte Äste und Zweige, an denen schließlich die Früchte wachsen. Das Prinzip von Saat und Ernte ist ein Naturgesetz. Wer daran zweifelt, muss auch das Gesetz der Schwerkraft in Frage stellen. Wer also immer das tut, was er bisher getan hat, bekommt genau das, was er bisher bekommen hat. Es geht also immer darum, die eigenen Gedanken erst einmal durch Wissen zu verändern, bevor das zugehörige gute Gefühl uns zur Handlung bewegt und bessere Ergebnisse mit sich bringt.«

»Aber wie macht man das?«, fragt Berti. Professor Money antwortet darauf mit einer Gegenfrage:

»Berti, was hast du die letzten Jahre in deinem Elternhaus über Geld und Reichtum gehört?«

»Hmmm …«, überlegt Berti.

Fritz ruft dazwischen: »Mama sagt immer: ›Das können wir uns nicht leisten!‹, wenn wir im Spielwarenladen sind.«

»Ja, stimmt!«, bestätigt Berti und fügt hinzu: »Jetzt weiß ich, was Sie meinen: ›Geld verdirbt den Charakter‹, ›Geld stinkt‹, ›Die Reichen werden immer reicher und die Armen immer ärmer‹ und: ›Über Geld spricht man nicht‹.«

Der Professor ist beeindruckt, wie es aus Berti plötzlich heraussprudelt: »Vielen Dank, Berti, das reicht mir schon, um festzustellen, warum die Dinge bei euch so sind, wie sie sind. Allerdings«, fügt er weiter hinzu, »seid ihr ganz und gar kein Einzelfall. Ich habe früher genau das Gleiche gehört und viele meiner Freunde und Bekannten auch. Im Laufe meines Lebens habe ich mir dann andere Denkmuster zum Thema ›Geld und Erfolg‹ angeeignet. Alles, was wir in der Kindheit und viele Jahre danach über Geld lernen, hören und erfahren, bleibt in uns als Verhaltensmuster gespeichert und sucht außerhalb nach Verwirklichung. All das läuft im Unterbewusstsein ab. Ich gebe euch ein Beispiel: Studien haben ergeben, dass die meisten Lottogewinner ihre gewonnenen Millionen nicht lange behalten. Nach einigen Jahren verlieren sie auf unterschiedlichste Weise ihr Geld und kehren wieder zu ihrem ursprünglichen finanziellen Status zurück.«

»Warum das denn?«, fragt Fritz.

Der Professor antwortet: »Weil sie nicht gelernt haben, mit dieser plötzlich riesigen Menge Geld auf ihrem Konto umzugehen. Sie sind damit überfordert und machen Fehler. Wenn man an dieser Stelle überhaupt von Fehlern sprechen kann. Sie denken nicht in Millionen, sondern sind gewohnt, in viel kleineren

Geldbeträgen zu denken. Viele haben chronische Mangel-Gedanken. Es wäre sehr viel sinnvoller für die Gewinner, eine Lotto-Rente zu erhalten. So kämen die Leute nicht auf dumme Gedanken und würden nicht ihren ganzen Gewinn verprassen.

Die Deutschen geben über 70 Milliarden Euro im Jahr für Glücksspiel aus und das, wie etwa beim Lotto, bei einer Gewinnchance von 1 zu 140 Millionen. Die Wahrscheinlichkeit, vom Blitz getroffen zu werden, liegt bei circa 1 zu 6 Millionen, ist also bedeutend höher. Es ist so ähnlich wie bei einem Schreiner und seinem Werkzeug. Gutes Werkzeug zu haben, ist die Voraussetzung, um einen schönen Tisch zu bauen. Doch ein erstklassiger Schreiner zu sein, der sein Werkzeug meisterhaft einsetzen kann, ist noch viel wichtiger.

Dass die Reichen immer reicher und die Armen immer ärmer werden, liegt also zum einen an ihrem Denken und zum anderen am Einsatz der richtigen Mittel. Darüber hinaus spielen natürlich viele weiteren Faktoren wie Politik, Macht, Unternehmergeist, Steuerschlupflöcher und vieles mehr eine Rolle. Aber lasst uns über die Dinge sprechen, die eure Eltern sofort verändern können. Jeder von uns bezahlt pünktlich seine Stromrechnung, obwohl wir den Strom weder sehen noch hören können. Wir kennen aber alle seine Wirkung und nutzen ihn im Alltag. Es gibt eben Dinge im Leben, die nicht sichtbar sind und dennoch existieren und wirken. Ob wir daran glauben oder nicht, spielt dabei keine Rolle.« Berti nickt und sagt:

»Ich verstehe. Und wie denken nun die Reichen?«

»Um diese Frage zu beantworten, sollten wir Reichtum erst einmal definieren«, erwidert der Professor. Im selben Augenblick stellt er die Frage in den Raum: »Wer ist denn wirklich reich? Alles ist relativ. Reich ist der, der sich reich fühlt. Du kannst dich mit 100.000 Euro reich fühlen, du kannst dich aber auch arm fühlen. Es hängt immer von deiner subjektiven Wahrnehmung ab. Fritz, wie viel Geld hast du auf deinem Sparbuch?«

»3.000 Euro«, antwortet Fritz schnell.

»Fühlst du dich damit reich?«, fragt der Professor.

Fritz erklärt: »Also, in meiner Klasse habe ich am meisten Geld, nur der Franz hat noch mehr, der hat über 5.000 Euro.«

Der Professor erzählt weiter: »Reichtum definieren wir oft, indem wir uns mit anderen vergleichen. Hat der Nachbar zum Beispiel ein größeres Haus? Fährt er ein schnelleres Auto? Hat er einen besseren Job? Haben wir das herausgefunden, ordnen wir uns, bewusst oder unbewusst, entweder darüber, darunter oder auf gleichem Niveau ein. Ob diese Herangehensweise jemanden dauerhaft reicher oder sogar glücklicher macht, sei dahingestellt.

Ich habe im Laufe meines Lebens mit sehr vielen reichen und erfolgreichen Menschen gesprochen und auch viele Biografien und Studien gelesen. Eines konnte ich durchweg feststellen: Tief in ihrem Inneren denken diese Menschen anders als diejenigen, die nicht so reich sind. Die Reichen denken in Nettovermögen, die Armen dagegen in Arbeitseinkommen. Das bedeutet zum Beispiel, dass du von dem reich wirst, was du nicht wieder ausgibst. Viele Menschen interessiert brennend, wie viel Geld der andere wohl verdienen mag. Das sagt aber erst einmal gar nichts aus, denn wer weiß, wie viel er davon wieder ausgibt.

Wenn jemand monatlich 5.000 Euro netto verdient und ebenso viel wieder ausgibt, hat er nichts zur Seite gelegt und ist somit nicht reich im Sinne seines Nettovermögens. Ein anderer verdient vielleicht nur 2.000 Euro netto, legt aber jeden Monat 250 Euro zur Seite. So besitzt er nach zehn Jahren ohne Zinsen immerhin 30.000 Euro Geldvermögen und ist damit reicher als derjenige, der 5.000 Euro verdient. Das Nettovermögen setzt sich übrigens aus dem Sachvermögen und dem Geldvermögen zusammen. Abgezogen werden davon die Verbindlichkeiten und Schulden.«

Er skizziert dies auf einem Blatt Papier und schreibt das Wort »Vermögensaufstellung« darüber.

»Die Reichen sorgen dafür, dass ihr Geld hart für sie arbeitet. Die Armen arbeiten selbst hart für Ihr Geld. Ich will damit nicht sagen, dass die Reichen nicht arbeiten. Visionäre und Unternehmer investieren extrem viel Zeit in ihre Projekte und sind sogar sehr fleißig, bis sie das erreicht haben, was sie sich vorgenommen haben. Dann lassen sie andere für sich arbeiten und nehmen sich zum Beispiel das nächste Projekt vor. Oder sie sehen ihre Arbeit gar nicht als Arbeit, sondern lieben einfach nur, was sie tun und schuften somit nie.

Für die Ärmeren dagegen ist die fleißige Arbeit ein Dauerzustand. Irgendwann stellen sie wie eure Oma fest, dass ihr Geld später für einen guten Lebensstandard nicht annähernd ausreicht. Millionen von Menschen arbeiten von frühmorgens bis spätabends und werden doch nicht reich, weil sie oft gar keine Zeit und Muße mehr haben, über das nachzudenken, was sie ihren eigentlichen Zielen näher bringen könnte. Nämlich, sich gut zu fühlen und das zu tun, was sie lieben. Das ist zwar leicht gesagt, aber genau darum geht es.

Vermögensaufstellung
Sachvermögen (z. B. Immobilie)
+ **Geldvermögen** (z. B. Bargeld, Aktien, Fonds, Bausparvertrag, Lebensversicherung)
– **Verbindlichkeiten** (z. B. Immobilienkredit etc.)
– **Schulden** (z. B. Konsumentenkredit)
= **Nettovermögen**

Reiche Menschen gehen gut mit ihrem Geld um. Arme Menschen hingegen gehen sehr oft schlecht damit um. Ich habe oft erlebt, dass reichere Menschen beim Konsum genauer auf ihre Ausgaben schauen als Ärmere. Es sei hierzu gesagt, dass die Reichen nicht wirklich klüger oder intelligenter sind als die Ärmeren. Sie haben lediglich andere Gewohnheiten und Denkmuster in Geldfragen, die ein klares Ziel haben. Es geht darum, intelligent mit dem vorhandenen Geld zu wirtschaften. Nach einer gewissen Zeit kann jeder Sparer eine größere Summe anhäufen und sie verwalten, auch wenn er mit kleinen Beträgen anfängt. Irgendwann wird es für ihn ganz normal, aus seinem angesparten Vermögen einen angemessenen Ertrag abzuschöpfen.

Wie ihr schon gelernt habt, fehlt dem Großteil der Leute nur das Wissen dazu. Sie wirtschaften schlecht mit ihrem Geld oder verdrängen das Thema. Mit dieser Einstellung wird sich für die meisten Ärmeren finanziell nichts zum Positiven verändern. Es gibt noch viele weitere Unterschiede im Denken von Arm und Reich. Aber belassen wir es erst mal dabei.«

»Herr Professor«, fragt Berti mit gespannter Miene dazwischen: »Wie viele Menschen sind reich, wie viele sind arm und ab wann ist man eigentlich reich?«

»Wie bereits erwähnt: Du bist immer reich, wenn du dich reich fühlst. Sowohl innerlich als auch in Euro gemessen. Trotzdem zeige ich euch einen Ländervergleich. Es bleibt eine spannende Frage, Berti!«, lobt der Professor und zeigt den beiden Jungs eine Grafik mit dem Titel »Pro-Kopf-Geldvermögen (netto) in ausgewählten Ländern 2017«.

»Das Geldvermögen umfasst Konto- und Bausparguthaben, Lebensversicherungen, Beteiligungen, Aktien, Investmentfonds und dergleichen. Rein objektiv betrachtet sind die Deutschen im Ländervergleich eher auf den unteren Rängen zu finden. Das liegt unter anderem am Steuersystem, an der Lohnpolitik, am geringen Immobilienbesitz, am Konsumverhalten und vor allem am Anlegerverhalten der Deutschen, die sich viel zu wenig um moderne und lukrative Geldanlagen kümmern und ihr Geld somit auf zinslosen Konten versickern lassen. In der Schweiz, den USA, Schweden und den Niederlanden sind die Anleger nicht nur besser informiert, sie investieren deswegen auch ertragreicher und bauen so ihren Vorsprung beim Netto-Geldvermögen kontinuierlich aus. In Ländern wie Portugal und Spanien hingegen besitzen die Einwohner noch weniger Geldvermögen als in Deutschland. Mit Immobilienbesitz liegen die Gesamtvermögen höher. Allerdings besitzt nur jeder Zweite in Deutschland

Pro-Kopf-Geldvermögen (netto) in ausgewählten Ländern weltweit 2017:

Quelle: Allianz Global Wealth Report 2018

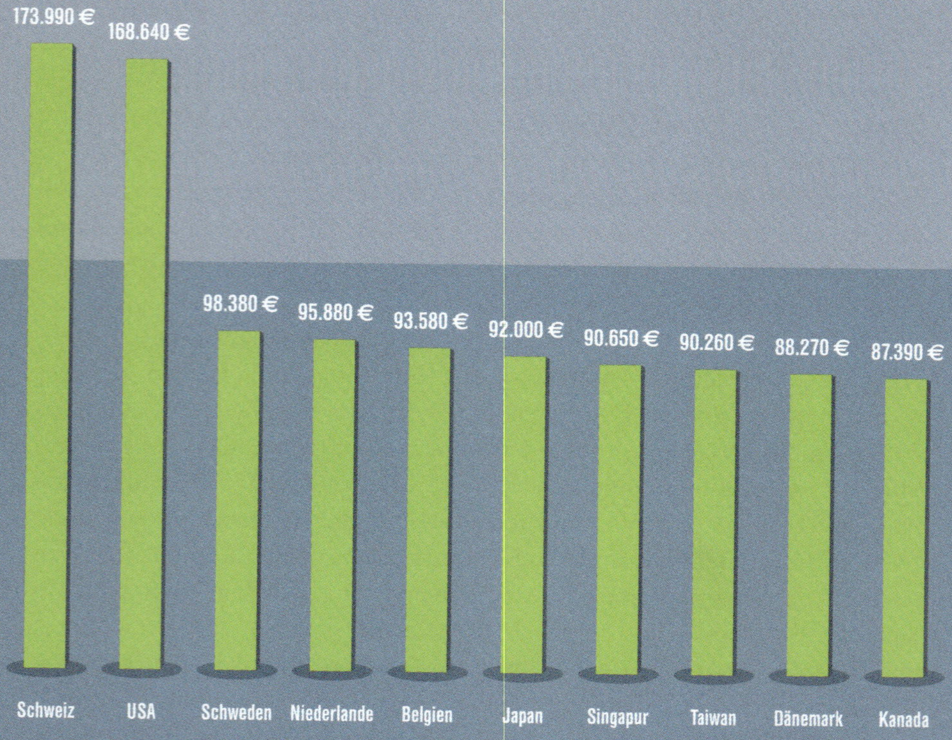

€
83.570 €
82.360 €
72.080 €
68.710 €
59.100 €
58.610 €
53.980 €
52.390 €
29.730 €
22.500 €
Neuseeland
Großbritannien
Australien
Israel
Frankreich
Italien
Österreich
Deutschland
Spanien
Portugal

eine Wohnung oder ein Haus. In anderen europäischen Ländern ist die Quote weitaus höher, sodass auch dort die Immobilie das Gesamtvermögen erhöht.«

»Mein Papa sagt immer, die Reichen werden immer reicher und die Armen ärmer, stimmt das?«, fragt Fritz.

Der Professor antwortet: »In Deutschland besitzt das reichste Prozent der Gesellschaft rund 32 Prozent des kompletten Vermögens. Weltweit gesehen besitzt das reichste Prozent sogar über die Hälfte des Geldvermögens. Über die Jahre und Jahrzehnte hinweg hat sich die Schere zwischen Arm und Reich also immer weiter geöffnet. Somit stimmt die Aussage deines Vaters.«

»Und wie viel besitzt ein Erwachsener durchschnittlich auf der ganzen Welt?«, fragt Fritz weiter.

Der Schnitt liegt bei circa 50.000 Euro pro erwachsener Person inklusive Immobilienvermögen und abzüglich der Schulden«, antwortet der Professor.

»Das heißt, jede Person hat 50.000 Euro?«, fragt Fritz zum besseren Verständnis.

Professor Money gibt zur Antwort: »Leider nein. Dieser Wert wurde von einigen wenigen Personen mit größerem Vermögen in die Höhe getrieben. Um ein besseres Bild zu bekommen, wird in der Statistik der Median herangezogen, das ist der Wert genau in der Mitte, die Hälfte der Vermögen liegt über diesem Wert, die andere liegt darunter. Das Median-Vermögen beläuft sich pro Erwachsener weltweit nur auf 3.200 Euro, wobei die Ärmsten mit nur 40 Euro Vermögen aus Malawi, das ist ein afrikanischer Staat, stammen.«

»Und wie sieht das Vermögen pro Kopf mit Immobilien bei uns Deutschen aus?«, fragt Berti, der gerade überlegt, wo seine Eltern im Vergleich wohl stehen.

»Der Durchschnitt in Deutschland bewegt sich bei rund 180.000 Euro Netto-Gesamtvermögen pro Kopf. Der Median hingegen liegt nur bei knapp 42.000 Euro. Das Medianvermögen pro Haushalt wird von der europäischen Zentralbank hingegen mit rund 60.000 Euro angegeben. Wie du zum Vergleich aus der Abbildung ›Pro-Kopf-Geldvermögen 2017‹ entnehmen kannst, liegt das Netto-Geldvermögen bei rund 53.000 Euro, während das Median-Geldvermögen bei nur 15.000 Euro liegt. Du siehst also, mit der Statistik lässt sich alles leicht in die eine oder andere Richtung darstellen«, schließt der Professor ab.

Berti und Fritz sitzen von den vielen Zahlen etwas verwirrt am Tisch.

Fritz fragt: »Was würde passieren, wenn man das ganze Geld der Welt nehmen und an jeden Einzelnen einen gleich hohen Anteil verteilen würde?«

Eigene Vermögensaufstellung	
Sachvermögen (z. B. Immobilie)	€
+ **Geldvermögen** (z. B. Bargeld, Aktien, Fonds, Bausparvertrag, Lebensversicherung)	€
– **Verbindlichkeiten** (z. B. Immobilienkredit etc.)	€
– **Schulden** (z. B. Konsumentenkredit)	€
= **Nettovermögen**	€

Der Professor antwortet: »Das wäre ein interessantes Experiment. Ich bin fest überzeugt, dass nach einigen Jahren wieder ein Bruchteil der Menschen den Großteil des Geldvermögens besitzen würde. Und das hängt in erster Linie mit den vorher beschriebenen Denkmustern, mit exzellenten Netzwerken, mit Schaffenskraft und Unternehmergeist und vielen weiteren Faktoren zusammen. Deshalb liegt es an jedem einzelnen Menschen selbst, soweit möglich, das Beste aus sich und seinem Geld zu machen. Das Ganze beginnt mit der Ansammlung von Wissen, sprich finanzieller Bildung. Es sei dazu gesagt, dass es auch eine nicht unerhebliche Gruppe von Menschen gibt, die an oder unterhalb der Armutsgrenze leben und selbst nicht in der Lage sind, eine Verbesserung ihrer Situation herbeizuführen. Diese Menschen müssen selbstverständlich über den Sozialstaat aufgefangen werden, um einen angemessenen Lebensstandard erreichen zu können.«

MERKE:

Fühlst du dich reich? Wie viel Nettovermögen besitzt du? Rechne es am besten einmal aus und schreibe es in die Tabelle namens »Eigene Vermögensaufstellung« auf Seite 79.
Bei der Tabelle handelt es sich um eine vereinfachte Darstellung, die einen groben Überblick über das Nettovermögen geben soll. Richtigerweise müssten Gold, Aktien und Aktienfonds zum Sachvermögen gezählt werden, während gemischte Fonds sowohl Sach- als auch Geldvermögen darstellen.

Der Gewohnheitssparer – ein ewiger Verlierer

»Laut einer Studie einer großen Direktbank behaupten 53 Prozent der Befragten, sie hätten keine Finanzbildung. 78 Prozent der befragten Gruppe fordern schon mehr Finanzbildung an Schulen«, erläutert Professor Money. »Leider gab es weder zu meiner Zeit noch zu der Zeit eurer Eltern und bis heute eine fundierte Wirtschafts- und Finanzausbildung. Das wäre mehr als förderlich, speziell für die Sparer und vor allem für den Standort Deutschland. Denn allein in den letzten zehn Jahren sind den Verbrauchern aufgrund des einseitigen Sparens und der dadurch entgangenen tatsächlichen Rendite mehr als 500 Milliarden Euro durch die Lappen gegangen. Das sind immerhin 20 Millionen VW Golf im Wert von je 25.000 Euro oder 166 Millionen Urlaubsreisen im Wert von 3.000 Euro. Über 52 Prozent aller Deutschen besitzen ein Sparbuch. Die Verzinsung liegt fast immer unter 0,1 Prozent pro Jahr. Laut der Studie einer renommierten Investmentgesellschaft sind 78 Prozent der Deutschen unzufrieden mit ihrer Geldanlage und den quasi nicht vorhandenen Erträgen. Kein Wunder, denn bei 0,1 Prozent pro Jahr dauert es knapp 700 Jahre, bis sich das Kapital verdoppelt. Dass eine solche Sparform auf Dauer nicht zielführend ist, dürfte euch einleuchten, oder?«

Fritz ist entsetzt, denn schließlich hat er ein Sparbuch mit 3.000 Euro Guthaben. »Ich werde mein Sparbuch gleich morgen auflösen, denn ich werde ja bestimmt nicht 700 Jahre alt!«, schimpft er.

»Keine schlechte Idee!«, sagt der Professor. »Warte mal ab, bis ich dir erkläre, was du stattdessen machen kannst.«

Auch Berti schaut entsetzt in die Runde, schreibt fleißig alles mit und hat auch noch eine Frage:

»Herr Professor, ich habe schon Manches über Inflation gelesen, aber nicht richtig verstanden, was die Inflation mit der Geldanlage zu tun hat. Könnten Sie uns das mal genauer erklären?«

Professor Money antwortet: »Mit der Inflation verhält es sich folgendermaßen: Du kannst sie nicht hören, du kannst sie nicht sehen. Aber du kannst sie spüren. Und zwar in deinem Portemonnaie. Stell dir vor, ihr sitzt in einem Boot mit vielen Löchern. Um zu überleben, müsst ihr mehr Wasser herausschöpfen, als hinein fließt. Sollte euch das gelingen, überlebt ihr. Wenn nicht, geht ihr unter. Mit anderen Worten: Du bekommst auf dein Sparbuch zum Beispiel 0,1 Prozent Zinsen. Nun musst du die Preiserhöhungen von circa 2 Prozent pro Jahr davon abziehen.«

»Dann mache ich ja Jahr für Jahr 1,9 Prozent Minus!«, errechnet Berti gleich.

»Genau«, bestätigt der Professor und erklärt weiter: »Von 10.000 Euro verbleiben in zehn Jahren kaufkraftbereinigt, also abzüglich der Inflation, nur noch etwas mehr als 8.000 Euro. In 25 Jahren sind es sogar nur noch circa 6.000 Euro. Das bedeutet, du kannst in 25 Jahren nur noch Waren und Güter im Wert von 6.000 Euro dafür kaufen. Du bist also deutlich ärmer geworden. Inflation hat allerdings mehrere Gesichter. Der Volksmund verwendet diesen Begriff für die Erhöhung der Preise von Produkten und Dienstleistungen, die zu einer Geldentwertung führen.

Das heißt, man kann von seinem Geld immer weniger kaufen. Die Inflation spiegelt sich daher im offiziellen Verbraucherpreisindex wieder, der vom Statistischen Bundesamt jeden Monat veröffentlicht wird. Dieser basiert auf einem Warenkorb von unterschiedlichen Produkten. In einem solchen Warenkorb sind zum Beispiel Nahrungsmittel, Tabakwaren, Bekleidung, Gesundheits- und Pflegeprodukte, Sprit für unsere Fahrzeuge, Ausgaben für Wohnung, Wasser, Brennstoffe, Fernseher, Smartphones, alle Arten von Computer, Hotels, Freizeitvergnügen und sonstige Waren, sowie Güter und Dienstleistungen aufgelistet. Durch die Technologie und den Fortschritt muss vieles aktualisiert und ersetzt werden. Somit werden die Preise von früher mit den Preisen von heute verglichen und es wird berechnet, wie sie sich prozentual verändert haben. In den vergangenen 60 Jahren lag die Verbraucherpreisentwicklung zwischen knapp unter 0 und circa 8 Prozent pro Jahr. Je nachdem, welcher Zeithorizont zu Grunde gelegt wird, liegt sie laut Statistischem Bundesamt im Durchschnitt bei rund 2 Prozent pro Jahr.«

Weiter ergänzt der Professor: »Das ist aber leider nur die halbe Wahrheit, denn inzwischen hat sich der Begriff ›gefühlte Inflationsrate‹ etabliert. Er drückt aus, was viele Menschen schon längst vermuten und vor allem spüren. Die niedrigen Werte der offiziellen Preisentwicklung widersprechen allzu oft den eigenen Erfahrungen an der Kasse im Supermarkt. Die Preise für Produkte des täglichen Bedarfs sind etwas stärker angestiegen. Aus diesem Grund passt der offizielle Verbraucherpreisindex für viele gar nicht zu dem, was sie für ihre Güter und Dienstleistungen zahlen. Wer sich zum Beispiel oft in Vergnügungsparks aufhält, hat seit dem Jahr 2000 Preissteigerungen von bis zu 6 Prozent pro Jahr hinnehmen müssen.«

»Mein Papa trinkt immer Bier in seiner Stammkneipe«, sagt Fritz. »Wie viel muss er heute mehr bezahlen?«, fragt er gespannt.

Der Professor antwortet: »Vor rund 30 Jahren hat man für circa 1 DM, umgerechnet 0,51 Euro, einen halben Liter Bier bekommen. Heute dagegen bezahlt man je nach Region schon rund 3 Euro oder mehr. Das ist eine Preissteigerung von über 6 Prozent pro Jahr. Auch die Kugel Eis hat sich in den vergangenen 30 Jahren um circa 7 Prozent pro Jahr verteuert von 0,15 Euro auf circa 1,20 Euro. Bei der Tageszeitung sieht es ähnlich aus. 1986 bezahlte man noch umgerechnet 0,15 Euro pro Ausgabe, heute hingegen sind wir bereits bei 0,80 Euro oder mehr. Das entspricht einer Versechsfachung des Preises oder einer Steigerung von 5,7 Prozent pro Jahr. Fernseher und Computer dagegen sind oft günstiger geworden, aber wer kauft schon jede Woche einen neuen Fernseher oder Computer?«

»Warum steigen denn die Preise? Und woher kommt die Inflation überhaupt?«, fragt Fritz.

»Diese Frage ist sehr komplex«, antwortet der Professor. »Wir haben bisher ausschließlich über die Unterschiede der offiziellen und gefühlten Verbraucherpreisentwicklung gesprochen und festgestellt, dass die Werte voneinander abweichen. Die eigentliche Inflationsrate in einer Volkswirtschaft hängt aber noch von vielen weiteren Faktoren ab und kann auch anders berechnet werden. Hierzu muss ich ein wenig ausholen, um es euch vereinfacht darzustellen: Jede Wirtschaft besteht aus einem Staat, aus Unternehmen, Verbrauchern, Banken und einer Zentralbank. Unternehmen produzieren Waren und Güter oder bieten Dienstleistungen an. Das könnte zum Beispiel euer Bäcker oder euer Frisör um die Ecke sein. Alle Unternehmen sind bestrebt, ihre Gewinne zu erhöhen. Das erreichen sie entweder durch eine Preiserhöhung oder durch eine Kostensenkung. Darüber hinaus können auch neue Märkte erschlossen werden. Das machen zum Beispiel die großen Autohersteller, indem sie ihre Fahrzeuge nach China verkaufen. Das berührt uns aber an dieser Stelle nicht. Dann gibt es die größte Gruppe in einer Volkswirtschaft. Nämlich uns, die Verbraucher. Wir gebrauchen und verbrauchen die Produkte, die die Unternehmen herstellen und nehmen ihre Dienstleistungen in Anspruch. Etwa beim Einkauf im Supermarkt, beim Kinobesuch, beim Tanken an der Zapfsäule und so weiter. Der Wert aller produzierten und verbrauchten Waren und Güter sowie aller in Anspruch genommenen Dienstleistungen bildet in Summe das Bruttoinlandsprodukt. Das ist die gesamte Wirtschaftsleistung eines Staates. Der Staat und auch die Unternehmen sind daran interessiert, dass diese Wirtschaftsleistung wächst. Dies spiegelt sich dann im Wirtschaftswachstum wieder. Früher haben wir weniger Produkte verbraucht und weniger Dienstleistungen nachgefragt als heute. Zudem werden Produkte nicht nur im Inland ge- und verkauft, sondern auch im Ausland auf den Markt gebracht. Deutschland ist somit in den vergangenen 20 Jahren im Durchschnitt um knappe 1,5 Prozent pro Jahr gewachsen. Damit Unternehmen wachsen und die Wirtschaftsleistung steigern können, müssen sie mit Krediten von Banken versorgt werden. Hier kommt die Zentralbank ins Spiel. Für uns ist die Europäische Zentralbank (EZB) zuständig. Sie steuert die Geldmenge und stellt den Banken Geld zur Verfügung, damit diese wiederum Kredite an Unternehmen und an uns Bürger vergeben können. Die Unternehmen und Bürger kaufen sich dann zum Beispiel neue Maschinen oder ein neues Haus und bezahlen die Kredite der Bank in Raten wieder zurück. Wenn es der Wirtschaft etwas schlechter geht, stellt die Zentralbank den Banken mehr Geld zur Verfügung. Wenn es der Wirtschaft besser geht, drosselt sie die Geldmenge. Die Zentralbank kann Geld aus dem Nichts schaffen, indem sie welches druckt. Die Banken können dann aus dem Geld, das die Zentralbank zur Verfügung stellt, über die Kreditvergabe noch mehr Geld schaffen. Das bedeutet, dass eine Bank beispielsweise 10.000 Euro Kredit an Konsumenten vergeben kann und dafür bei der Zentralbank als sogenannte Mindestreserve nur 100 Euro eigenes Geld hinterlegen muss. Wir als Bürger hingegen müssen den Banken bei einer Kreditfinanzierung für ein Haus wesentlich mehr Sicherheiten bieten. Durch die Vergabe von Krediten entsteht somit immer mehr Geld, das in den Wirtschaftskreislauf gelangt. Demnach entspricht die sogenannte monetäre Inflation vereinfacht gesagt dem Wachstum der Geldmenge abzüglich dem Wachstum der Wirtschaft. Das ist auch logisch. Denn im Optimalfall sollte die Geldmenge durch die Wirtschaftsleistung eines Staates gedeckt sein.«

Berti ruft dazwischen: »Habe ich das richtig verstanden, dass die Geldmenge und die Warenmenge eigentlich in gleichem Maße steigen müssten?«

»Richtig«, antwortet der Professor nickend. »Das ist aber nur Theorie. Fast immer steht der Ausweitung der Geldmenge keine im gleichen Maße gestiegene Wirtschaftsleistung gegenüber. Das Ergebnis heißt Inflation im Sinne der Geldmenge, was sich aber nicht sofort in der Erhöhung der Verbraucherpreise widerspiegeln muss. Für die Ermittlung gibt es ein vereinfachtes Annäherungsverfahren. Die Inflation exakt zu berechnen, ist sehr schwer.«

Fritz grübelt. »Ich verstehe das nicht ganz, könnten Sie uns bitte ein Beispiel nennen?«

Der Professor überlegt: »Stell dir vor, du kaufst dir einen Apfel, der 1 Euro kostet. Im nächsten Jahr existieren gleich viele Äpfel, aber die Geldmenge hat sich in der Zwischenzeit verdoppelt. Dann kostet der Apfel 2 Euro. Im Endeffekt hast du mehr Geld, kannst davon aber nur gleich viel kaufen. Ich zeige euch einmal eine Tabelle. Sie zeigt die monetäre Inflation und den offiziellen Verbraucherpreisindex. Berechnet wird die monetäre Inflation, indem man von der gewachsenen Geldmenge das Wirtschaftswachstum abzieht. Die Verbraucherpreis-Inflation spiegelt die Entwicklung der einzelnen Güter und Dienstleistungen des Warenkorbs wieder.«

Inflation und Verbraucherpreise im Vergleich:

Quelle: Statistisches Bundesamt und Deutsche Bundesbank

Jahr	Geldmenge	Wirtschafts-wachstum	Inflation	Verbraucher-preise
2001	5,6 %	0,8 %	4,8 %	2,0 %
2002	7,2 %	0,1 %	7,1 %	1,4 %
2003	8,1 %	-0,1 %	8,2 %	1,1 %
2004	5,9 %	1,6 %	4,3 %	1,6 %
2005	7,4 %	0,8 %	6,6%	1,6 %
2006	8,5 %	3,0 %	5,5 %	1,5 %
2007	11,1 %	2,5 %	8,6 %	2,3 %
2008	9,5 %	1,3 %	8,2 %	2,6 %
2009	3,0 %	-4,9 %	7,9 %	0,3 %
2010	0,5 %	3,5 %	-3,0 %	1,1 %
2011	4,8 %	3,0 %	1,8 %	2,1 %
2012	7,0 %	0,7 %	6,3 %	2,0 %
2013	2,3 %	0,5 %	1,8%	1,5 %
2014	1,9 %	1,6 %	0,3 %	0,9 %
2015	4,8 %	1,7 %	3,1 %	0,3 %
2016	5,0 %	1,9 %	3,1 %	0,5 %
2017	4,2 %	2,2 %	2,0 %	1,7 %
Durchschnitt	**5,7 %**	**1,2 %**	**4,5 %**	**1,4 %**

»An der Grafik ›Inflation und Verbraucherpreise‹ könnt ihr ablesen, dass die Geldmenge im Jahr 2004 zum Beispiel um 5,9 Prozent gewachsen ist. Das Wirtschaftswachstum betrug 1,6 Prozent. Also hat sich die Geldmenge schneller erhöht, als Waren und Güter produziert und verbraucht wurden. Die daraus resultierende Differenz lag damit bei 4,3 Prozent. Offiziell haben sich die Verbraucherpreise laut Statistischem Bundesamt im besagten Jahr um 1,6 Prozent erhöht. Die gefühlte Inflation der Bürger dieses Landes lag wahrscheinlich eher bei 4,3 Prozent als bei 1,6 Prozent.«

Berti fragt: »Haben sich eigentlich die Einkommen der Menschen im gleichen Maße erhöht?«

»Das ist eine sehr gute Frage, Berti«, antwortet der Professor. »Leider nein, vor rund 30 Jahren lagen die Durchschnittseinkommen in Euro umgerechnet bei circa 1.500 Euro monatlich. Heute dagegen liegen sie bei circa 3.000 Euro. Das sind rund 2 Prozent pro Jahr mehr. Die Gehaltsentwicklung hinkt der gefühlten Inflationsrate von circa 3 bis 5 Prozent pro Jahr hinterher. Dafür haben Arbeitssicherheit und Produktqualität im Regelfall zugenommen.«

»Herr Professor«, ruft Berti dazwischen, »waren wenigstens die Zinsen früher einmal höher als heute?«

»Oh ja«, antwortet der kluge alte Mann. »Wenn man dem Staat vor rund 30 Jahren für 10 Jahre Geld lieh, bekam man circa 8 Prozent Zinsen pro Jahr. Diese Form des Geldverleihs nennt sich übrigens Staatsanleihe. Heute dagegen schwankt der Zins nur noch zwischen 0,1 und 0,7 Prozent pro Jahr für zehnjährige Staatsanleihen. Sollte die Laufzeit geringer sein, bewegen wir uns teilweise sogar schon im Minusbereich. Das heißt, man muss für den Kredit, den man dem Staat gibt, sogar noch Geld zusätzlich mitbringen. Das ist ganz verrückt. Im Laufe der Jahre und Jahrzehnte entstand also ein Missverhältnis zwischen Einnahmen und Ausgaben. Dies zwingt viele Sparer in die Knie. Selbst wenn jemand 2 Prozent Zinsen auf seinen Sparvertrag bekommt und 100 Euro monatlich in 30 Jahren einzahlt, hat er 36.000 Euro einbezahlt. Mit 2 Prozent Zinsen pro Jahr bekommt er 13.126 Euro oben drauf. Zieht man nun die offizielle durchschnittliche Verbraucherpreis-Inflationsrate von 2 Prozent pro Jahr im selben Zeitraum ab, verbleibt die Einzahlung von 36.000 Euro. Für den Sparer ist das ein Nullsummenspiel und deshalb drehen sich die meisten Sparer im Kreise. Sie sparen und sparen und kommen auf keinen grünen Zweig.

»Das höre ich öfter von meiner Mutter. Das ist ja echt blöd!«, bemerkt Fritz. »Wenn man das weiß, kann man ja gar nicht reich werden«, fügt er mit enttäuschter Miene hinzu.

»So jedenfalls nicht«, betont der Professor. »Für den Sparer ist das mehr als unbefriedigend. Da gebe ich dir Recht. Der Staat hingegen profitiert von diesen Minizinsen und von der Inflation. Die Sparvermögen der Verbraucher schmelzen dahin, während die Staatsschulden auch geringer werden. Denn wenn das Geld über die Zeit gesehen weniger wert ist, muss auch weniger zurückgezahlt werden. Und die meisten Schulden in Deutschland hat nun einmal der Staat. Er entschuldet sich quasi auf Kosten des fleißigen Sparers. Das Besondere am Staat ist, dass er immer wieder fast beliebig neue Schulden aufnimmt, und das zu jetzt deutlich günstigeren Zinsen. Bereitwillig drucken die Zentralbanken Geld, um die Schuldenorgie zu finanzieren. Das gilt vor allem für Japan und die USA, wo die Zentralbanken dem Land direkt dienlich sind. In Deutschland hingegen wacht die Europäische Zentralbank über die komplette Eurozone. In jedem Jahr wachsen die Schulden höher und höher, so ähnlich wie der Reiskornberg auf dem Schachbrett. Zum Teil liegt das daran, dass dem Staat die Steuereinnahmen nicht ausreichen, um alle Straßen zu bauen und alle sozialen und sonstigen Anliegen zu finanzieren. Daher benötigt er zusätzliches Geld, das er sich leiht. Das lässt den Schuldenberg erneut anwachsen und erhöht natürlich auch die Zinslast. Also ist der Staat der Zentralbank ausgeliefert, die Geld neu druckt. Von diesem Geld fließt ein immer größerer Teil in die fälligen Zinszahlungen und in die Tilgung alter Staatsschulden und dient somit nicht der Ankurbelung der Wirtschaft. Aus diesem Grund freut sich der Staat, wenn er kaum Zinsen für seine Schulden zahlen muss, denn das reduziert seine Ausgaben. Gleichzeitig jubelt er über eine angemessene Inflation. Dadurch reduziert sich später die Rückzahlung des geliehenen Betrages.«

Berti fragt: »Was glauben Sie, wie lange wird es noch Minizinsen geben?«

Der Professor erwidert: »Ich bin fest davon überzeugt, dass die Niedrigzinspolitik in Europa noch sehr lange anhalten wird, da die Staatsschulden der anderen südeuropäischen Länder bei einer gravierenden Zinserhöhung explodieren würden. Die schlimmste Folge wäre ein Staatsbankrott. Das kann sich niemand leisten und es ist von keinem Staat gewollt. Ein normales Niveau von 4 bis 6 Prozent werden wir wohl erst einmal nicht mehr sehen. Das beste Beispiel für eine langanhaltende Zinsflaute ist Japan. Seit nunmehr 23 Jahren sind die Zinsen im Sinkflug und schon seit einigen Jahren liegen Sie bei 0 Prozent. In Deutschland beziehungsweise in der Eurozone sind wir erst im zehnten Jahr dieser Abwärtsspirale, aber der Leitzins der Europäischen Zentralbank ist ebenfalls schon bei 0 Prozent angekommen. Das bedeutet, die Banken können sich zu 0 Prozent Geld bei der Zentralbank leihen, um es etwas teurer als Kredit an Unternehmen und private Bürger zu vergeben. Uns könnte also eine ähnlich lange Nullzinsphase bevorstehen wie in Japan. Erschwerend kommt hinzu, dass Unternehmen sich sehr günstig verschulden und trotzdem überleben können. Bei einem normalen Zinsniveau wären dermaßen hochverschuldete Firmen schon längst pleite. Das bedeutet, es gibt aktuell viele Zombi-Unternehmen, die bei einer Zinserhöhung oder anderen externen Schocks große Schwierigkeiten kriegen und damit auch die Kreditausfälle der Banken extrem in die Höhe schnellen lassen könnten. Damit ist der nächste Börsenkrach vorprogrammiert.«

Die beiden Jungs schauen den Professor mit großen Augen an und Berti fragt: »Gibt es bei dieser Situation überhaupt noch Gewinner oder verlieren am Ende doch alle?«

»Wartet ab Jungs, nicht alle verlieren. Denn wo es Verlierer gibt, sind auch Gewinner nicht weit«, sagt der Professor lächelnd und steht auf, um noch eine Kanne Tee zu kochen. Kurz bevor er aufsteht, zeigt er auf seinem Computer ein Bild mit dem Titel »Das Dauerzinstief bleibt uns noch lange erhalten«.

MERKE:

Die gefühlte Inflation liegt meist höher als der offiziell ausgewiesene Verbraucherpreisindex. Deshalb ist eine höhere Rendite auf deine Anlage notwendig, um die Differenz auszugleichen. Das bedeutet, wenn du 10.000 Euro quasi zinslos herumliegen lässt, hat dein Geld bei nur 2 Prozent Inflation pro Jahr nach 25 Jahren nur noch eine Kaufkraft von rund 6.000 Euro, sprich du hast 4.000 Euro verloren. Wie viel Geld geht dir jedes Jahr verloren?

Das Dauerzinstief bleibt uns noch lange erhalten:

Quelle: angelehnt an JP-Morgan Assetmanagement 2017, Anlegerhandbuch 2017

Knapp 50 Prozent der Deutschen erwarten, dass es noch fünf oder mehr Jahre dauern wird, bis sich die Zinsen wieder normalisieren. Blickt man nach Japan, wird deutlich, dass Niedrigzinsphasen sogar noch viel länger dauern können. Dort sinken die Zinsen bereits seit über 20 Jahren und liegen seit Anfang der 2000er-Jahre deutlich unter 1 Prozent.

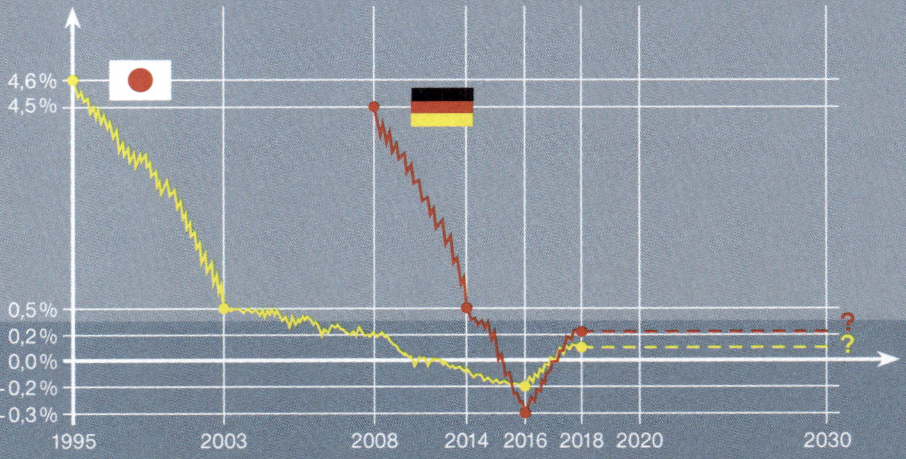

Nominale Rendite zehnjähriger japanischer Staatsanleihen in den letzten 23 Jahren

Nominale Rendite zehnjähriger deutscher Staatsanleihen in den letzten zehn Jahren

Der Investor – mit Strategie zum Sieg

Professor Money kommt mit einer frischen Kanne Tee wieder zurück und sagt: »Nehmt euch erst einmal einen Schluck, um die missliche Lage der Gewohnheitssparer runterzuspülen. Dann erzähle ich euch etwas über die Gewinner in diesem Spiel des Lebens: die Investoren.«

»Wer sind denn die Investoren?«, fragt Fritz.

Der Professor antwortet: »Die Investoren werden auch oft als Kapitalanleger oder Geldanleger bezeichnet. Ein Investor kann eine große Firma sein oder ein Verbraucher wie du und ich. Er investiert sein Geld in Unternehmen und profitiert von den Gewinnen. Er kauft Immobilien und bekommt die Mieteinnahmen. Darüber hinaus verleiht er sein Geld an Staaten und Unternehmen und kassiert dafür Zinsen. Des Weiteren kauft und verkauft er Rohstoffe wie zum Beispiel Öl, Gold, Silber, Platin und vieles mehr.«

Fritz schaut den Professor mit großen Augen an und sagt: »Ich glaube, dass mein Papa so etwas nicht macht, denn er hat uns noch nie davon erzählt.«

»Das glaube ich dir sofort, Fritz, denn dein Papa ist ein Gewohnheitssparer«, bestätigt er.

»Aber immerhin haben wir ein Haus«, ergänzt Berti.

»Richtig, eine eigengenutzte Immobilie ist nicht verkehrt. Es kommt aber auf den Kaufpreis, auf die Finanzierung, die Lage und die finanzielle Situation des Käufers an. Sonst kann eine solche Investition nach hinten losgehen«, warnt der Professor.

Berti fragt: »Wie viel haben die Investoren im Vergleich zu den Gewohnheitssparern denn mehr verdient?«

Der Professor zeigt auf seinem Laptop das Bild »Wertentwicklung einer Einmalanlage von 10.000 Euro 1988 – 2017«. Darin werden unterschiedliche Spar- und Anlageformen verglichen.

»Schaut selbst!«, sagt er und deutet auf die 10.000-Euro-Einzahlung vor 30 Jahren. »Beachtet dabei aber, dass zum Ausgleich der Inflation mindestens 18.000 Euro auf dem Konto stehen müssten.«

Der Professor erklärt: »Fritz, wenn deine Oma für dich zum Beispiel vor 30 Jahren 10.000 Euro auf einem Sparbuch angelegt hätte, hättest du heute circa 15.600 Euro.«

Wertentwicklung einer Einmalanlage von 10.000 Euro 1988 – 2017:

Quelle: Fundanalyzer

»Damit hätte ich ja nicht einmal die Inflation ausgleichen können!«, erwidert Fritz.

»So ist es, Fritz. Das ist leider die Wahrheit und damals gab es noch Zinsen. Heute nicht mehr«, gibt der Professor zu bedenken.

»Es lohnte sich also damals schon nicht und heute erst recht nicht mehr oder wie soll ich das verstehen?«, fragt Fritz.

»Du verstehst es genau richtig«, antwortet der Professor und fährt fort. »Bei einer Anlage in Gold wären bereits knapp 27.400 Euro daraus geworden. Ein großer Korb von Wohnimmobilien hätte dir rund 22.481 Euro gebracht. Die Zinsen der Anleihen hätten für dich mit 5,3 Prozent pro Jahr 47.715 Euro erwirtschaftet.«

»Was sind nochmal Anleihen?«, fragt Fritz.

Der alte Mann antwortet: »Wenn du deinem Bruder 10 Euro leihst, hast du ihm gegenüber eine Forderung. Dein Bruder hingegen hat Schulden bei dir, die er irgendwann wieder an dich zurückzahlen muss. Im Geschäftsleben muss man nicht nur die Schulden zurückzahlen, sondern auch noch Zinsen. Aktuell ist das nicht viel, wie ihr bereits gelernt habt. Stell dir vor, du leihst das Geld nicht deinem Bruder, sondern einem Staat oder einem Unternehmen. Dann hättest du Anspruch auf Zinsen. Die Zinsen aus der Vergangenheit, die du hier siehst, waren in diesem Bereich ganz ordentlich. Aktuell jedoch sind wir ganz weit davon entfernt und so wird es meiner Ansicht nach auch noch längere Zeit bleiben. Für das Sparbuch gilt das Gleiche. Auch hier bist du nur Gläubiger und hast rein rechtlich nur eine Forderung auf dein Guthaben gegen die Bank, bei der es liegt. Die großen Gewinner über einen längeren Zeithorizont sind die Aktien. Ihr seht hier die größten 30 Unternehmen Deutschlands. In der Börsensprache spricht man vom Deutschen Aktienindex, DAX. Aus 10.000 Euro wurden bei einer Anlage in den DAX 138.117 Euro«, ergänzt er weiter. »Das sind immerhin 9,1 Prozent Rendite pro Jahr.«

Berti und Fritz sind total aus dem Häuschen. Solche Zahlen haben sie zuvor noch nie gesehen.

»Wow, das würde ich auch gerne haben«, gesteht Berti. Die beiden Jungs blicken den Professor mit großem Staunen an.

»Könnten wir das auch erreichen?«, fragt Fritz.

»Ja, das könnt ihr. Aber lasst uns einen Schritt nach dem anderen machen«, meint der Professor.

»Wie lange gibt es solche Möglichkeiten schon?«, fragt Berti. »Mein Papa sagt immer, mit Aktien kann man sein ganzes Geld verlieren und man soll lieber die Hände davon lassen«, fügt er kritisch hinzu.

»Damit hat dein Papa auch Recht«, antwortet der Professor gelassen. »Allerdings zählst du zu den großen Gewinnern, wenn du einige Regeln beachtest. Denn die Idee, Geld breit gestreut in viele verschiedene Anlageformen und Unternehmen zu investieren, hat ihren Ursprung bereits im Jahr 1600. Diese Idee ist also über 400 Jahre alt. Damals gab es schon viele Geschäftsideen, wie heute auch. Nur muss eine Geschäftsidee von jemandem finanziert werden, wenn die eigenen Mittel nicht ausreichen. So wurden alle großen Erfindungen wie zum Beispiel die Glühbirne, die Eisenbahn, das Auto und vieles mehr über Aktiengesellschaften und deren Kapitalgeber finanziert. Die erste erfolgreichste Aktiengesellschaft, die über Anteilsscheine finanziert wurde, hieß ›Niederländische Ostindien-Kompanie‹ im Jahr 1602. Sie hat mit Tausenden von Schiffen unter anderem einen Gewürzhandel mit ganz Asien betrieben und dadurch immense Gewinne erzielt. Wenn mal ein Schiff unterging und die Waren im Meer versanken, war das für die Investoren nicht so schlimm, denn sie hatten ihr Geld nicht nur in ein Schiff investiert, sondern über die Anteilsscheine in viele Tausende solcher Transportmittel. Eine Tragödie war so ein Untergang dennoch, denn alle an Bord befindlichen Menschen mussten dabei ihr Leben lassen. Deshalb merkt euch bitte Folgendes.« Professor Money hebt den Zeigefinger und sagt: »Lege nie alle Eier in einen Korb. Denn wenn der Korb zu Boden fällt, sind alle Eier kaputt.«

Weiter betont er: »Je breiter die Streuung, desto höher die Sicherheit. Das ist das erste Gebot für eine erfolgreiche Geldanlage. Wenn man selbst nicht das nötige Wissen, die erforderliche Zeit oder die Lust dazu hat, lässt sich die breite Streuung einer Geldanlage am einfachsten mit offenen Investmentfonds realisieren, die in verschiedene Anlageformen wie zum Beispiel Aktien, Rohstoffe, Anleihen, Immobilien und sonstige Finanzprodukte investiert werden können. Damit wird ein Höchstmaß an Sicherheit erreicht und gleichzeitig werden ordentliche Erträge erwirtschaftet.«

»Und wie funktioniert ein solcher Investmentfonds?«, fragt Fritz.

Professor Money antwortet: »Das Grundprinzip ist verblüffend einfach. Viele kleine Beträge von privaten Anlegern und größere Summen von institutionellen Investoren werden in einem Topf zusammengefasst. Jeder Geldanleger

Breite Streuung bringt mehr Sicherheit.

ExxonMobil
bp
ARAL
BAYER
BASF
DUPONT
DEPOT
Google
amazon
Immobilien
Rohstoffe

bekommt für sein angelegtes Geld entsprechend viele Anteile am gesamten Topf. Dieses Geld legen dann mehrere Profis in ausgewählten Aktien, Anleihen, Rohstoffen und so weiter an.«

Der Professor demonstriert seine Erläuterungen mit einem weiteren Bild: »Breite Streuung bringt mehr Sicherheit.«

»Ein Team von Spezialisten investiert das Geld in unterschiedliche Sektoren wie zum Beispiel in die Automobilbranche oder die Nahrungsmittelindustrie und verteilt das Vermögen dabei in verschiedene Unternehmen. Die meisten werden euch ganz bekannt vorkommen. Was glaubt ihr: Wer sorgt dafür, dass diese Unternehmen, die ihr hier seht, Umsätze tätigen und viel Geld verdienen?«

Fritz und Berti überlegen ein paar Sekunden, dann kommt auch schon ihre Antwort: »Na klar, wir alle«, sagt Berti.

»Genau!«, bestätigt der Professor und erzählt weiter: »Wir Konsumenten sorgen dafür, dass die Unternehmen Geld verdienen und aus den Umsätzen wiederum Gewinne machen. Und für wen muss eine Aktiengesellschaft Gewinne machen? Für die Konsumenten, also die Kunden? Oder für die Aktionäre, sprich diejenigen, die sich daran beteiligt haben?«

»Für die Aktionäre«, ruft Fritz, »das ist doch logisch!«

»Richtig, Fritz«, antwortet der Professor. »Der Großteil aller Güter des täglichen Bedarfs, also alle Güter und Dienstleistungen, die wir tagtäglich kaufen und nutzen, werden von Aktiengesellschaften hergestellt. Die Gewinne, die dadurch Jahr für Jahr und Jahrzehnt für Jahrzehnt entstehen, machen die Unternehmen wertvoller und die Investoren reicher.«

»Und die Aktionäre sind also die Investoren, richtig?«, fragt Fritz.

»Exakt«, antwortet Professor Money.

»Du hast es verstanden«, lobt der Professor. »Ich nenne euch zum besseren Verständnis ein paar Beispiele. Kennst du Coca Cola?«

»Was ist das für eine Frage? Ja klar, jeder kennt Coca Cola!«, antwortet Fritz.

Der Professor fragt weiter: »Trinkst du auch Coca Cola?«

»Na ja, daheim darf ich es nicht, aber wenn ich unterwegs bin, trinke ich immer Cola, wenn ich kann«, gesteht Fritz spitzbübisch.

»Okay«, sagt der Professor. »Bist du auch an den Gewinnen von Coca Cola beteiligt?«

»Leider nein«, antwortet Fritz. »Aber bald bestimmt, mit Ihrer Hilfe!«, sagt er grinsend.

Der Professor fragt Berti: »Was machst du als Erstes, wenn du morgens in deinem dunklen Zimmer aufwachst?«

Berti überlegt: »Na ja, ich mache natürlich erst mal den bimmelnden Wecker aus und schalte das Licht an«, antwortet Berti.

»Und wer verdient dabei Geld, Berti?«, fragt der Professor.

»Wahrscheinlich die Stromanbieter wie EON oder RWE«, antwortet Berti leicht verunsichert.

»Und woher stammt der Wecker?«, fragt der Professor weiter.

»Meiner ist glaube ich von Braun«, erwidert Berti.

»Die Firma Braun ist ein Tochterunternehmen von Procter & Gamble, auch eine Aktiengesellschaft«, ergänzt Professor Money.

»Aha, habe ich schon mal gehört. Kann es sein, dass die auch Pampers anbieten?«, fragt Berti.

»Genau, damit machen sie Millionen Umsätze«, antwortet der Professor und stellt auch gleich die nächste Frage: »Was machst du danach?«

Berti grübelt: »Auf dem Weg ins Bad checke ich WhatsApp und schütte mir dann Wasser ins Gesicht. Auf der Toilette schaue ich dann meistens die neuesten Twitter-Nachrichten an.«

Der Professor grinst: »Das sind alles Aktiengesellschaften. Wie geht es dann weiter?«

»Ich gehe direkt in die Küche und esse meine Kellogg's«, erzählt Berti.

»Das ist auch eine Aktiengesellschaft«, sagt der Professor.

»Ach ja, meistens schaue ich mir parallel noch ein paar YouTube-Videos an. Ich weiß, diese Firma gehört zu Google«, fügt Berti lachend hinzu.

»Google verdient übrigens circa 120.000 Dollar pro Minute«, erwähnt Professor Money nebenbei und fragt: »Was machst du nach dem Essen?«

»Nach dem Essen wasche ich mich und putze mir die Zähne«, erklärt Berti.

»Wahrscheinlich mit dem hiesigen Wasseranbieter und der Zahnpasta von Colgate-Palmolive, Aktiengesellschaft. Lass mich weiter raten: Du ziehst deine Klamotten von H&M an, eine Aktiengesellschaft. Ein Klecks Creme von Nivea ins Gesicht und noch ein Tempo eingesteckt, alles von der Aktiengesellschaft Beiersdorf. Danach geht es zügig an die Haltestelle und los geht's mit dem Bus von MAN, der gestern bei ARAL volltanken musste«, ergänzt der Professor.

»Ja, woher wissen Sie das?«, fragt Berti überrascht.

»Weil unser Alltag von Aktiengesellschaften bestimmt wird«, antwortet der Professor und stellt eine interessante Frage: »Was glaubst du, wie viele Unternehmen sorgen dafür, dass du diese alltäglichen Dinge machen kannst?«

»Keine Ahnung«, Berti zuckt mit den Schultern, »ich denke nicht darüber nach.«

»Hast du schon mal überlegt, woher die Zahnpasta kommt, die du hoffentlich zweimal täglich benutzt? Der Sprit, die Reifen, der Motor und die Innenausstattung für den Schulbus? Die Zutaten für das Müsli, der Strom für das Licht, und das Wasser, das du trinkst?«

Fritz und Berti haben verstanden und wissen jetzt, worauf der Professor hinauswill: »Mit jedem Löffel Müsli, den wir uns in den Mund schieben, mit jedem Klecks Creme, den wir uns ins Gesicht schmieren, an jedem noch so erdenklich kleinen Schritt, den wir im Alltag tun, verdienen Unternehmen Geld durch unseren Konsum. Sie erwirtschaften damit Milliardengewinne Tag für Tag, Monat für Monat und Jahr für Jahr.«

Weiter führt der Professor aus: »Ihr sorgt also dafür, dass es den Unternehmen gut geht, dass sie ihre Umsätze tätigen und daraus Gewinne machen. Also ist es doch schlau, sich an diesen Gewinnen zu beteiligen, oder?«

»Klingt einleuchtend und logisch«, nickt Berti.

»Über 140 Milliarden Euro pro Jahr geben die Deutschen allein für Nahrungsmittel aus. Könntet ihr darauf verzichten?«, fragt der Professor.

»Nein, natürlich nicht«, antwortet Berti.

Professor Money kommt jetzt richtig in Fahrt und ruft: »Jungs, dann seid in Zukunft nicht nur Konsumenten des ewig drehenden Wirtschaftsrads, sondern auch Teilhaber. Denn ihr dreht das Rad jeden Tag aufs Neue, und alle anderen machen das auch. Ihr könnt also sicher sein, dass sich das Rad der Wirtschaft auch morgen noch dreht. Habt ihr das wirklich verstanden?«

Berti und Fritz nicken ergriffen. Eine solche Sichtweise auf die Dinge war ihnen zuvor unbekannt.

»Eine Frage dazu habe ich aber noch«, sagt Berti: »Warum machen das denn so wenige, obwohl sie doch jeden Tag etwas kaufen?«

»Weil ihnen offensichtlich die Zusammenhänge nicht bewusst sind, um die Chancen daraus abzuleiten. Die Gewohnheit und Bequemlichkeit sowie das Desinteresse führen zu weniger Vermögen«, versichert Professor Money. »Nur ein Bruchteil der Bevölkerung in Deutschland besitzt Investmentfonds. In anderen Ländern sind die Menschen mit ihrem Wissen und Handeln schon deutlich weiter. Wisst ihr, in vielen Diskussionen wird immer behauptet, dass es an der Mentalität der Deutschen liegt und sie ein erhöhtes Sicherheitsbedürfnis haben. Das ist aus meiner Sicht nicht richtig, denn die Anlagementalität wurde maßgeblich von der Werbung und den Gesprächen mit den Beratern der Banken und Versicherungen geprägt. Die Firmenpolitik und die Zielsetzung gleichnamiger Unternehmen war und ist, die Leute dort hinzubekommen, wo diese für sie am meisten Profit abwerfen. Wirkliche Aufklärung war fehl am Platz. Deshalb hatten eure Großeltern ein Sparbuch und eure Eltern und ihr habt ebenso eines. Das angebliche Sicherheitsbedürfnis ist ein Scheinargument und eine Rechtfertigung von Banken und Versicherungen, Produkte verkauft zu haben, die den Sparern leider viel zu wenig einbrachten.«

Berti sitzt sprachlos auf seinem Stuhl und kann kaum fassen, was er da hört.

MERKE:

Sei nicht nur Konsument des Wirtschaftslebens, sondern auch Teilhaber und Nutznießer. So lange du glaubst, dass du auch morgen noch weiter Produkte ge- und verbrauchst und deine Nachbarn ebenso, kannst du dir sicher sein, dass sich das Wirtschaftsrad weiterdreht und du daran mitverdienst. Fühlst du dich aktuell nur als Konsument der Wirtschaft oder auch als Teilhaber und Nutznießer? Sei ehrlich.

Gier frisst Hirn – eine Anomalie der Geschichte

Jetzt geht es Schlag auf Schlag, und Fritz hat schon die nächste Frage parat: »Herr Professor, was passiert, wenn eine große Krise oder gar ein Weltkrieg kommt? Sind dann all unsere Ersparnisse weg?«

»Das kommt drauf an. Bei realen Werten ist das aus meiner Sicht nahezu ausgeschlossen, Fritz. Aber ihr müsst einige Regeln beachten«, antwortet der Professor. »Zuvor möchte ich euch mehr über die großen Börsenturbulenzen und deren Auswirkungen auf unser Geld erzählen. Stellt euch einmal vor, ein Mann geht mit seinem Hund an der Leine spazieren. Der Hund springt ruhelos vorneweg, weil er überall schnuppert, oder er hinkt ein anderes Mal erschöpft hechelnd hinterher. Selten läuft er immer genau neben seinem Herrchen. Denn er erspäht hier ein Eichhörnchen, er wittert dort einen anderen Hund, er hört Vögel im Gebüsch rascheln und spürt aufmerksam allen Auffälligkeiten in seinem Umfeld nach.«

»Oder markiert sein Revier«, ergänzt Fritz grinsend.

»Das ist wohl wahr«, erwidert der Professor und lacht. Er führt weiter aus: »Das Herrchen steht hier für unsere Wirtschaft und der Hund für die Börse. Sie laufen beide langfristig im Gleichschritt, kurzfristig ereignen sich jedoch enorme Schwankungen, die durch die Gier oder Angst der Marktteilnehmer bedingt sind. Wie beim Hund, der sich durch alle möglichen Dinge ablenken lässt. In einem sehr bekannten Beispiel aus dem Jahr 1637 hat sich folgendes zugetragen: Einige seltene Tulpensorten, die man aus Asien importierte, waren Anfang des 17. Jahrhunderts in Holland sehr begehrt. Jeder, der seinen Wohlstand herzeigen wollte, schmückte mit einer solchen besonderen Tulpe seine Kutsche, sein Haus oder seinen Garten. Mit diesem Statussymbol erntete man Anerkennung und genoss ein hohes soziales Ansehen. Am Ende hatte die Tulpenzwiebel Spekulanten und auch einen großen Teil der Bevölkerung in ihren Bann gezogen und die Preise waren ins Unermessliche gestiegen. Der Wert und der Preis, zu dem die Tulpenzwiebeln gehandelt wurden, stand schon bald in keinem realen Verhältnis mehr zum Nutzen, den sie boten. Für seltene Exemplare wurden nach heutiger Rechnung bis zu 50.000 Euro bezahlt. Jeder wollte einen schnellen Gewinn einfahren. Doch am Zenit dieser Übertreibung angelangt verkauften die ersten und es folgten weitere Panikverkäufe, sodass die Luft mit einem Nadelstich entwich. Die Preise stürzten ins Bodenlose und der Tulpen-Boom hatte ein abruptes Ende. Nun standen die Kurse wieder in einem realen Verhältnis zum eigentlichen Wert der Tulpenzwiebel. Der Hund war also weit weg und lief ganz schnell zu seinem Herrchen zurück.

Viele Anleger, die alles auf die eine Karte gesetzt hatten, verloren dabei ein stattliches Vermögen. Es folgten viele weitere kleinere und größere Börsenturbulenzen und Krisen. Der bedeutendste Börsenkrach war wohl der im Jahr 1929. In den 1920er-Jahren waren die Aktienkurse fortwährend gestiegen und das Wirtschaftswunder USA war erblüht. Alle Welt schaute auf die Wall Street, so heißt die Leitbörse der Welt in New York. Wie fast vor jeder Krise wollte jeder schnell reich werden, die Anleger waren gierig. Ein Großteil von ihnen hatte Aktien mit geliehenem Geld gekauft in der Überzeugung, dass es mit der Wirtschaft immer nur aufwärts gehen würde.

Doch der Umsatz der Unternehmen geriet irgendwann ins Stocken und die Hochkonjunktur fand am historisch bekannten ›Schwarzen Freitag‹ ihr jähes Ende. Daraufhin brachen die Kurse ein und die Banken verlangten zusätzliche Sicherheiten für die Kredite, die sie ausgegeben haben. Folglich mussten die Investoren weitere Aktien verkaufen, um Ihre Kredite bedienen zu können. Einige konnten das nicht mehr. Somit bekamen auch Banken Schwierigkeiten. Viele Bankinstitute meldeten aus diesem Grund Konkurs an.

Wie ein Rattenschwanz zogen diese Ereignisse weitere Unternehmenspleiten in ungeahnter Größenordnung nach sich, und die Weltkonjunktur kam zum Erliegen. Der Konjunktureinbruch erfasste auch Europa und Lateinamerika. Sparer stürmten die Banken und wollten ihr Erspartes retten. Im März 1933 erreichte die Weltwirtschaftskrise ihren Tiefpunkt und die Aktien der 30 größten Unternehmen in den USA wurden im Durchschnitt mit über 75 Prozent Wertverlust gehandelt.

Viele kreditfinanzierte Unternehmen mussten schließen und ihre Mitarbeiter entlassen. Die Krise würgte den Welthandel ab und bereitete den Nährboden für totalitäre politische Bewegungen.«

»Zu dieser Zeit kam Adolf Hitler an die Macht, ist das richtig?«, fragt Berti.

»Ja, so fing die nationalsozialistische Tragödie an«, erwidert der Professor. »Sie endete dann mit dem Zweiten Weltkrieg mit über 50 Millionen Todesopfern und der Enteignung der Sparer durch die Währungsreform im Jahr 1948. Welche Auswirkung die Währungsreform auf die einzelnen Spar- und Anlageformen hatte, beschreibe ich euch gleich ausführlich.«

»Mein Vater hat mir einmal erzählt, dass er in seinem Leben ein einziges Mal Aktien gekauft hat«, schildert Berti. »Von der Deutschen Telekom. Nie wieder würde er so etwas anfassen, denn er hat damals sehr viel Geld verloren.«

»Oh ja, willkommen im Club! Das haben sehr viele«, schmunzelt der Professor und erzählt weiter: »Seit dem Jahr 1997 konnte man auf dem Technologiesektor ein beispielloses Wachstum beobachten. Sogar von Frisören, Taxifahrern und vielen anderen einfachen Leuten konnte man Aktientipps erhalten.

Eine solche Euphorie ist der beste Zeitpunkt, um auszusteigen. Oft wurde investiert, obwohl jegliches Hintergrundwissen über die jeweiligen Unternehmen fehlte. Startschuss für die Mobilisierung der Kleinanleger in Deutschland war die Einführung der Telekom-Aktie im November 1996, für die im Vorfeld intensiv geworben wurde. Es entstand ein regelrechtes Börsenfieber, das die Kurse in die Höhe trieb. Die Stimmung war ähnlich wie rund 400 Jahre vorher mit den Tulpenzwiebeln. Am sogenannten Neuen Markt konnten innovative Firmen an die Börse gehen, ohne belegen zu müssen, dass sie in den Jahren zuvor Gewinne gemacht hatten.

Die Folge war, dass sich viele mit dem erfolgreichen Börsengang übernahmen und ihre Prognosen nach unten korrigieren mussten. Hinzu kamen Ermittlungen wegen Bilanzfälschungen und Betrug gegen verschiedene Unternehmen aus dem neuen Wachstumssegment. Als die jungen Unternehmen die Erwartungen der Investoren nicht einhalten konnten, zogen sich große Investoren zurück. Das ließ die Kurse sinken und führte zu Panikverkäufen bei den Kleinanlegern. Entsprechend schnell stürzten die Kurse dann ab.

Bäume wachsen bekanntlich nicht in den Himmel. Jede Krise hat ihre eigene Geschichte und doch ähneln sie sich. Die Immobilien- und Finanzkrise 2008 hatte ihren Ursprung, als Zinsen für Kredite sehr niedrig waren. Fast jeder konnte sich für sein eigenes Häuschen Geld leihen, egal ob er wirklich zahlungsfähig war oder nicht. Der Nachteil dieser Kredite waren die variablen Zinssätze. Stellt Euch vor, ihr leiht euch von einem Freund 10.000 Euro für 1 Prozent Zinsen pro Jahr. Im nächsten Jahr sind es dann 2 Prozent, dann 3 Prozent und irgendwann 4 Prozent oder mehr. Irgendwann übersteigen die Zinszahlungen euer Taschengeld. Dann könnt ihr den Kredit nicht mehr bedienen und euer Freund will das Geld zurück.

Die Banken haben damals diese Kredite über komplexe Finanzprodukte an andere Banken verkauft, um ihr eigenes Risiko zu reduzieren. Viele dieser Kreditnehmer konnten die stetig steigenden Raten ihrer Hypothekenkredite nicht mehr bezahlen und mussten ihr Haus verkaufen. Daraufhin stürzten die Häuserpreise ab, wodurch die komplexen Finanzprodukte an Wert verloren. Ein weltweit wachsendes Misstrauen entstand, weil keine Bank genau wusste, was sie eigentlich gekauft hatte und wie viel es tatsächlich wert war. Denn die offiziellen Rating-Agenturen haben die Produkte zum damaligen Zeitpunkt als sicher eingestuft. Rating-Agenturen sind private Unternehmen, die Finanzprodukte nach bestimmten Kriterien bewerten. Den Banken wurde es zu riskant, sich voneinander Geld zu leihen und das Vertrauen sank auf den Nullpunkt.

Der Startschuss für immense Verluste war im Oktober 2008 die Pleite von ›Lehman Brothers‹, einer alteingesessenen amerikanischen Bank. Panikartig verkauften die Marktteilnehmer fast alles, was sie hatten. Die Preise fielen bei den meisten Anlageformen bis März 2009 in den Keller, bevor die Gegenbewegung ihren Lauf nahm. Um einen Rückgang der Wirtschaft, auch Rezession genannt, wie 1929 zu verhindern, schnürten die Staaten Hilfspakete für die Banken, um das verlorene Vertrauen wiederherzustellen. Die Staatsschulden stiegen stetig und eine neue Krise, die bis heute andauert, begann.

Alles in allem ist unsere Geschichte eine Geschichte der Krisen. Nach jeder Krise entstehen auch wieder neue Chancen und Möglichkeiten. Nach jeder Phase der Übertreibung, ob nach unten oder auch nach oben, normalisiert sich die Wirtschaft und pendelt sich wieder auf einem gesunden Niveau ein, wie der Hund, der immer wieder zu seinem Herrchen zurückfindet. Im tiefsten Pessimismus beginnt der Aufschwung und in der gigantischsten Euphorie geht es abwärts.« – »Fritz«, fragt der Professor: »wie groß bist du?«

»Einen Meter vierzig«, antwortet Fritz.

Der Professor fragt weiter: »Warst du immer schon einen Meter vierzig groß?«

»Nein, natürlich nicht«, sagt Fritz.

»Du wächst also stetig und in kleinen Schritten«, merkt der Professor an. »So wie die Wirtschaft. Es ist weder für dich noch für die Wirtschaft gesund, schnell zu wachsen. Der Mensch versucht aber immer wieder durch seine Gier, die Dinge zu beschleunigen. Das beginnt dann mit einer Massenhysterie und endet im Chaos, bevor wieder neues Wachstum beginnt. Langfristig mehren wir damit unseren Wohlstand, forcieren den Fortschritt, erfreuen uns an den neuen Errungenschaften und wachsen, wenngleich die Schere zwischen Arm und Reich immer weiter auseinander geht.«

»Herr Professor«, merkt Berti an, der aufmerksam zugehört hat. »Das hört sich alles logisch und dennoch beängstigend an. Gibt es überhaupt die wahre Sicherheit?«

> **MERKE:**
>
> Unsere Geschichte ist eine Geschichte der Krisen. Auf jedes Hoch folgt ein Tief und auf jedes Tief wieder ein Hoch. Dennoch sind wir alle bestrebt, durch Fortschritt unseren Wohlstand zu mehren und unsere Lebensqualität zu erhöhen. Es ist unmöglich für dich, immer gleich gut gelaunt zu sein. So ergeht es auch der Wirtschaft. Denn die Wirtschaft besteht aus Menschen und wir Menschen haben Emotionen, die zum Ausdruck kommen. Geht es dir anders?

Garantie als Pseudo-Sicherheit – die größte (Ent-)Täuschung der Sparer

Die Antwort des Professors auf die Frage nach der Existenz von Sicherheit fällt kurz und prägnant aus: »Das Leben ist so sicher wie der Tod. Um deine Frage zumindest bezüglich der Geldanlage exakt zu beantworten, sollten wir den Begriff Sicherheit näher definieren. Für viele bedeutet Sicherheit bei der Geldanlage, dass ihre Besitzstände erhalten bleiben, nicht stetig weniger werden oder komplett verlorengehen. Und das alles gerade in Krisenzeiten. Das ist wahre Sicherheit. Garantie hingegen heißt grundsätzlich erst einmal, dass der Garantiegeber, wie zum Beispiel eine Bank, garantiert mehr verdient mit eurem Geld als ihr selbst. Sonst könnte er diese Garantie nicht geben.«

»Herr Professor, könnten Sie uns hierfür ein Beispiel geben, damit wir das besser verstehen?«, fragt Fritz interessiert.

Der Professor nickt und fragt zurück: »Seid ihr im Geschichtsunterricht schon beim Zweiten Weltkrieg und der anschließenden Währungsreform angekommen?«

Fritz antwortet: »Ja schon, aber so viel weiß ich davon nicht mehr.«

»Ich schon«, ruft Berti dazwischen, »ich hatte in Geschichte eine Eins!«

»Sehr gut, Berti. Dann geht jetzt bitte mit mir auf eine kleine Gedankenreise in die Vergangenheit. Ich hatte euch vorhin versprochen, auf die Auswirkung der Währungsreform auf verschiedene Anlageformen einzugehen. Und du Fritz, pass gut auf! Deutschland hatte durch den Zweiten Weltkrieg einen riesigen Schuldenberg angehäuft, der nicht zurückzuzahlen war und in eine

Garantie war noch nie sicher.

Die Verlierer der Währungsreform.

VOR

Währungsreform 1948

anschließende Währungsreform mündete. Stellt euch vor, ihr befindet euch in der Zeit vor der Währungsreform 1948 und habt 100 Reichsmark, so hieß damals die Währung, in bar oder auf dem Sparbuch. Wie viel habt ihr nach der Währungsreform?«, fragt der Professor die beiden Jungs.

Fritz zuckt mit den Schultern. Berti überlegt angestrengt und kommt zu dem Schluss, dass es auf jeden Fall weniger sein muss. Wie viel genau, vermag er allerdings nicht zu schätzen.

»Ihr habt noch 6,50 DM. In Euro umgerechnet sind das circa 3,25 Euro!«, löst der Professor auf und erzählt weiter: »Das Bargeld, die unzähligen Sparbücher, Staatsanleihen, Lebensversicherungen und Bausparverträge wurden in diesem Verhältnis in die neue Währung umgetauscht. Das sind immerhin 93,5 Prozent weniger als vorher. Das gleicht fast einem Totalverlust. Ein bitterer Einschnitt in das Sparvermögen der Deutschen. Die Armut vieler war damit vorprogrammiert.«

»Eine neue Ära des Friedens begann, und die Rationierung der Lebensmittel in der Nachkriegszeit wurde aufgehoben. Jeder Bürger bekam für den Anfang 60 DM Startgeld. Viele kauften davon Luxusgüter wie Alkohol, da dieser in den Jahren zuvor selten geworden war.«

Berti fragt etwas verunsichert: »Wie kam es dazu, dass alle ihr Geld verloren? Die Banken und Versicherungen gaben ihnen doch einen Garantiezins, oder?«

Der Professor springt auf und ruft: »Das ist eine der wichtigsten Fragen, die sich jeder stellen sollte. Sehr gut, Berti! Die Garantie hatte mit wahrer Sicherheit noch nie etwas zu tun. Die Garantieversprechen sind zum einen nur bedrucktes Papier, dahinter steht kein wahrer oder realer Wert. Zum anderen gibt die Garantie den Sparern nur Sicherheit, wenn die Währung stabil bleibt und der Garantiegeber nicht vor die Hunde geht. Sollte eine der beiden Bedingungen nicht erfüllt sein, ist das Garantieversprechen das Papier nicht wert, auf dem es geschrieben steht.

Diese schmerzliche Erfahrung haben die Deutschen in ihrer Geschichte bereits mehrmals erleben müssen. Eine radikale Währungsreform mit Hyperinflation suchte die Bevölkerung 1923 zur Zeit der Weimarer Republik heim. Die Geldmenge der damaligen Währung vervielfachte sich in einem gigantischen Ausmaß, sodass kurz vor der Reform sogar 50 Milliarden Mark-Scheine gedruckt wurden. In Berlin kostete im Mai 1923 ein Kilo Brot 474 Mark.

Garantie war noch nie sicher.

Die Verlierer der Währungsreform.

NACH

Währungsreform 1948

Reale Werte bleiben krisenresistent.

Die Gewinner der Währungsreform.

VOR

Währungsreform 1948

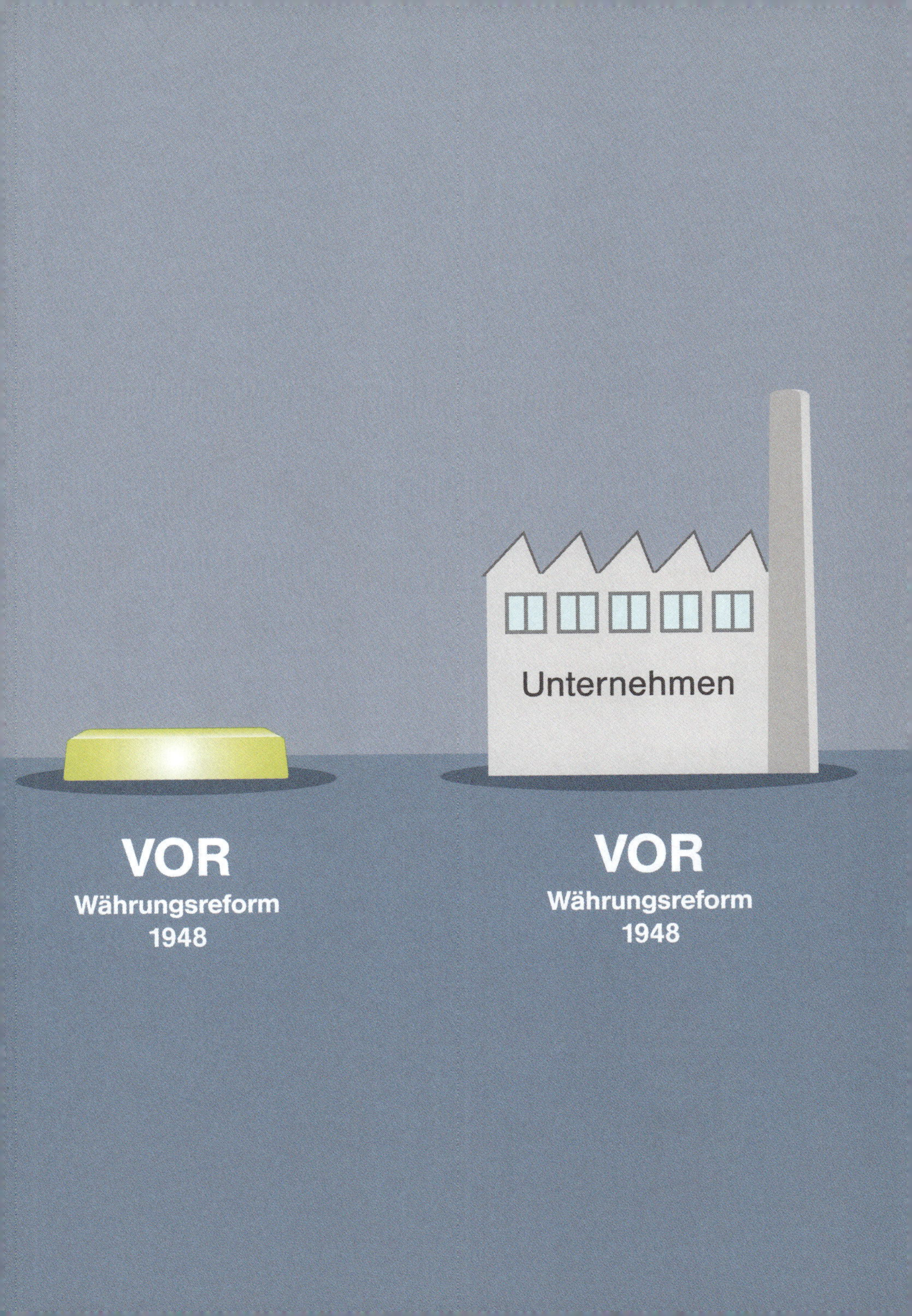
Unternehmen
VOR
Währungsreform
1948
VOR
Währungsreform
1948

Reale Werte bleiben krisenresistent.

Die Gewinner der Währungsreform.

NACH

Währungsreform 1948

Unternehmen
NACH
Währungsreform
1948
NACH
Währungsreform
1948

Zwei Monate später hatte sich der Preis auf 2.200 Mark erhöht. Anfang Oktober waren es dann 14 Millionen Mark und nur vier Wochen später erreichte der Brotpreis mit 5,6 Milliarden Mark pro Kilo seinen Höhepunkt. Die Bürger gingen damals mit Schubkarren und Wäschekörben voller Geld zum Einkaufen.

Dann wurde als Übergangswährung die Rentenmark eingeführt, bis die Reichsmark zum normalen Zahlungsmittel wurde. Daraufhin folgte nach dem Zweiten Weltkrieg die vorher beschriebene Währungsreform von 1948.«

Berti denkt an das Haus seines Vaters und fragt: »Was passierte damals eigentlich mit den Häusern und Wohnungen der Menschen?«

»Das ist sehr einfach«, antwortet der Professor. »Du hattest eine Immobilie vor der Währungsreform und eine danach. Denn der Grund und Boden und der Betonklotz darauf hat mit dem bedruckten Papier erst einmal wenig zu tun. Die Mauern stehen auch ohne Währung. Folglich sind reale und sichtbare Werte vorhanden, was man bei Papiergeld nicht behaupten kann.«

»Die Immobilienbesitzer waren also die Gewinner?«, fragt Fritz.

»Im Vergleich zu den Besitzern von Sparbüchern und Lebensversicherungsverträgen, ja. Da die Regierung zur Wahrung des sozialen Friedens einen Ausgleich schaffen wollte, wurden alle Immobilienbesitzer gezwungen, eine Sonderabgabe (Lastenausgleich) über die darauf folgenden 30 Jahre zu leisten. Ich gebe dir aber Recht. Die Immobilieneigentümer hatten in jedem Fall mehr als die Sparfüchse.«

»Sie haben vorhin Gold erwähnt. Was geschah denn damit?«, fragt Berti interessiert.

»Stell dir vor, du hast vor der Währungsreform einen Goldbarren in eurem Garten vergraben. Nach der Währungsreform gräbst du an der gleichen Stelle wieder. Was findest du vor?«, fragt der Professor Berti.

Berti lacht: »Na, denselben Barren natürlich! Das ist doch logisch.«

»Genau. Ein Barren bleibt ein Barren, denn er stellt einen realen Wert dar und ist nicht beliebig zu vermehren.«

»Und jetzt stelle ich euch noch eine Frage, damit ich mir sicher sein kann, dass ihr meine Ausführungen wirklich verstanden habt: Angenommen, ihr habt 100 Anteile, sprich 100 Aktien, zum Beispiel von Siemens vor der Währungsreform. Wie viel habt ihr danach?«

»Na wieder die 100«, antwortet Berti prompt.

»Sehr gut Berti, du hast es wirklich verstanden!«, sagt der Professor lachend und fügt hinzu: »Der Name ist Programm. Du besitzt 100 Anteile und bist Mitbesitzer an den Vermögenswerten der Firma. Große Unternehmen sind Eigentümer einiger Immobilien, Fabriken, Grundstücke, Maschinen, Patentrechte, der Marke, des Knowhows und so weiter. Das ist in unserer Welt sehr viel Geld wert, unabhängig von der gerade vorherrschenden Währung. Andererseits sei erwähnt, dass die Investition in eine einzige Firma riskant ist und starken Wertschwankungen unterliegt. Denn was war die erste goldene Regel beim erfolgreichen Investieren, Fritz?«

»Lege nie alle Eier in einen Korb!«, antwortet Fritz sofort ganz stolz.

»Jawohl!«, lobt ihn der Professor. »Ich hatte euch vorhin vom DAX erzählt. Wer nach dem Zweiten Weltkrieg oder schon davor bis zum Jahr 1948 die Summe von 10.000 Reichsmark in die 30 größten deutschen Unternehmen investiert hatte, musste erhebliche Buchverluste hinnehmen. Buchverluste sind nicht realisierte Verluste. Wer etwas Geduld und einige Jahre Zeit mitbrachte, konnte sich schon 1954 über ein Vermögen von knapp 13.700 DM freuen. Das waren in den sechs schlimmen Jahren von 1948 bis 1954 immerhin 4,6 Prozent Rendite pro Jahr. Das nenne ich wahre Sicherheit und Werterhalt in Krisenzeiten. In den Jahren danach vervielfachte sich das Vermögen. Wie ihr seht, folgt auf jedes Tief ein Hoch und auf jedes Hoch ein Tief. Wie im echten Leben sind wir an einem Tag tief betrübt. Am nächsten Tag könnten wir Bäume ausreißen und Luftsprünge machen vor Glück. Ein Mensch kann unmöglich nur einatmen. Irgendwann muss er auch wieder ausatmen. Für uns ist das selbstverständlich und wir tun es, ohne nachzudenken. Einatmen und Ausatmen müssen auch die Wirtschaft und die Börse. Nur dass wir es dann oft als störend oder nicht normal empfinden. Dennoch stehen hinter jeder Wirtschaft und jeder Börse der Welt Menschen, die die Schwankungen in vielen Fällen noch verstärken. In der digitalen Neuzeit werden die Schwankungen durch die vollautomatisierten Computersysteme noch weiter verschärft. Ohne Schwankungen gibt es allerdings auch keine nennenswerten Gewinne. Das war schon immer der Fall und daran wird sich auch in Zukunft nichts ändern.«

Der Professor zeigt auf seinem Laptop eine Übersicht mit der Überschrift »Das Geld gegen Extreme absichern – so verbrannte das Geld in den Jahren«. »Daraus wird ersichtlich, was mit den einzelnen Anlageformen bei den Währungskrisen von 1920 bis 1923 und 1948 passierte«, sagt er.

Das Geld gegen Extreme absichern – so verbrannte das Geld:

Quelle: Wikipedia, Focus 23/2010

	Unternehmen	Immobilien
Hyperinflation 1920–1923	Dividendenwerte unterlagen heftigen Schwankungen und ihr Handel war stark reglementiert und eingeschränkt. Per Saldo überstanden sie die Inflationszeit aber weit besser als Geldwerte. Aktien mit hoher Substanz, damals Bergbau und Schwerindustrietitel, erzielten später die höchsten Gewinne.	Wie bei den nachfolgenden Anlageformen waren hier die vorangegangenen Kriegsjahre bestimmend. Besitzer von Häusern oder Grundstücken kamen vergleichsweise gut durch die Wirren. Während ihre Kredite durch die galoppierende Teuerung entwertet wurden, behielten die Objekte real ihren Wert.
Währungsreform 1948	Die D-Mark-Kurse lagen etwa 10 Prozent unter den Kursen in Reichsmark. Dividendenwerte schnitten somit besser ab als Anleihen oder Bargeld. Zudem erholten sich die Kurse der meisten Firmenpapiere dank steigender Nachfrage nach deren Produkten im Zuge des Wirtschaftswunders später deutlich.	Immobilien blieben vergleichsweise wertvoll, schon weil Wohnraum nach dem Zweiten Weltkrieg extrem knapp war. Besitzer von Sachwerten mussten aber einen Lastenausgleich zahlen. Die 50-prozentige Abgabe fiel vierteljährlich an und wurde auf 30 Jahre bis 1979 gestreckt.

Gold

Schon seit Ausbruch des Ersten Weltkriegs begannen viele Deutsche, Gold zu kaufen, das Edelmetall wurde knapp. In den 1920ern beschränkte die Reichsbank den Goldhandel drastisch und durfte ab 1923 sogar Bestände von Privatpersonen einziehen. Sein Wert aber stieg sogar stärker als die Teuerung.

Zum Zeitpunkt der Währungsreform besaßen nur wenige Deutsche Gold, da dessen Besitz von der nationalsozialistischen Regierung verboten worden war. Gold spielte aber auch 1948 seinen Vorteil aus, eine internationale Ersatzwährung zu sein, deren Wert schwankt, aber zumindest nie komplett verfällt.

Anleihen

Auch damals steckte ein großer Teil der Ersparnisse der Bürger in Zinspapieren. Sie gelten zu Recht als der größte Verlierer der Hyperinflation. Anleihen, die zur Finanzierung des Ersten Weltkriegs ausgegeben worden waren, verloren komplett ihren Wert. Andere durch die Geldentwertung fast vollständig.

Anleihen stellen reine Geldforderungen gegen Banken, Unternehmen oder Regierungen dar und die gingen teils unter wie das Dritte Reich. Zinstitel wurden bei der Währungsreform wie andere Forderungen behandelt, was eine durchschnittliche Abwertung von 93,5 Prozent bedeutete.

Bargeld

Bargeld wurde von der Inflation vollständig erfasst und nahezu wertlos. Bargeld in Fremdwährungen behielt seinen Wert oder steigerte ihn drastisch. 1923 kostete ein US-Dollar mehr als 4 Billionen Mark. Allerdings konnte die Reichsbank ab 1917 Devisenbestände einfordern.

In der Zeit vor der Währungsreform (20. Juni) stiegen die Preise rasant, weil viele Bürger Waren horteten. Das Geld wurde drastisch abgewertet. Von 100 Reichsmark blieben im Schnitt 6,50 D-Mark. Bürger erhielten 60 D-Mark Erstausstattung. Devisen verhielten sich wie 1923.

Aufmerksam blicken die beiden auf das Bild, während der Professor erklärt, wie das Geld der Sparer in den Jahren 1923 und 1948 entwertet wurde.

MERKE:

Eine gegebene Garantie war noch nie sicher. Die Geschichte beweist es. Gib dich nicht diesem Irrglauben hin und misstraue daher den Versprechungen der Banken und dem Staat. In einem Extremfall wird es extreme Maßnahmen geben. Gerade in der heutigen Zeit, in der die Zinsen abgeschafft sind, die Staaten hohe Schulden angehäuft haben und Banken leicht in Schieflage geraten können, solltest du nicht alles auf eine Karte setzen. Wie ist dein Vermögen aktuell hinsichtlich wahrer Sicherheit, guter Rendite und Flexibilität aufgeteilt? Hast du einen Überblick? Trage hierzu deine Zahlen in die Tabelle »Sparformen« auf Seite 117 ein.

Die historische Wahrheit

»Also Jungs, nachdem ihr jetzt gesehen habt, dass reale Werte in Krisenzeiten die Joker sind, geht es nun an die Zahlen, Daten und Fakten der Aktien«, gibt der Professor zu verstehen. »Nun schauen wir uns einige unwiderrufliche Tatsachen an, die die Sicherheit und Überlegenheit der Aktien als historisch ertragreichste Anlageform belegen. Ihr erkennt auf der nächsten Abbildung ›Die Wertentwicklung des DAX von 1948 – 2017‹ einen sehr schwankenden Verlauf. Er zeigt, wie sich der DAX zur Einführung der DM im Jahr 1948 bis heute entwickelt hat. Wie vorhin schon erwähnt, haben die Aktien in der Nachkriegszeit bis zur Währungsreform 1948 schätzungsweise rund 90 Prozent ihres Wertes eingebüßt. Danach folgte eine beispiellose Aufwärtsbewegung. Die Investoren, die nach der Währungsreform einstiegen, verdienten ein gigantisches Vermögen und konnten ein unübertreffliches Plus von über 4.399 Prozent bis zum Jahr 1960 verbuchen. Die Anleger, die vor der Währungsreform schon Anteile besaßen, mussten nur abwarten und konnten aus damals 100 Reichsmark in zwölf Jahren bis 1960 eine durchschnittliche Wertentwicklung von circa 13 Prozent pro Jahr erzielen.

Sparformen	Guthaben
Sparbuch / Girokonto / Tagesgeldkonto	€
Bausparvertrag	€
Lebens- und Rentenversicherung	€
Aktien	€
Fonds / ETF	€
Immobilien	€
Sonstiges	€
Gesamtvermögen	**€**

Die Wertentwicklung des DAX von 1948 – 2017:

Quelle: Deutsches Aktieninstitut (Rückberechnung des DAX von 1948 – 1988 Stehle / Huber / Maier / Wulff / Richter)

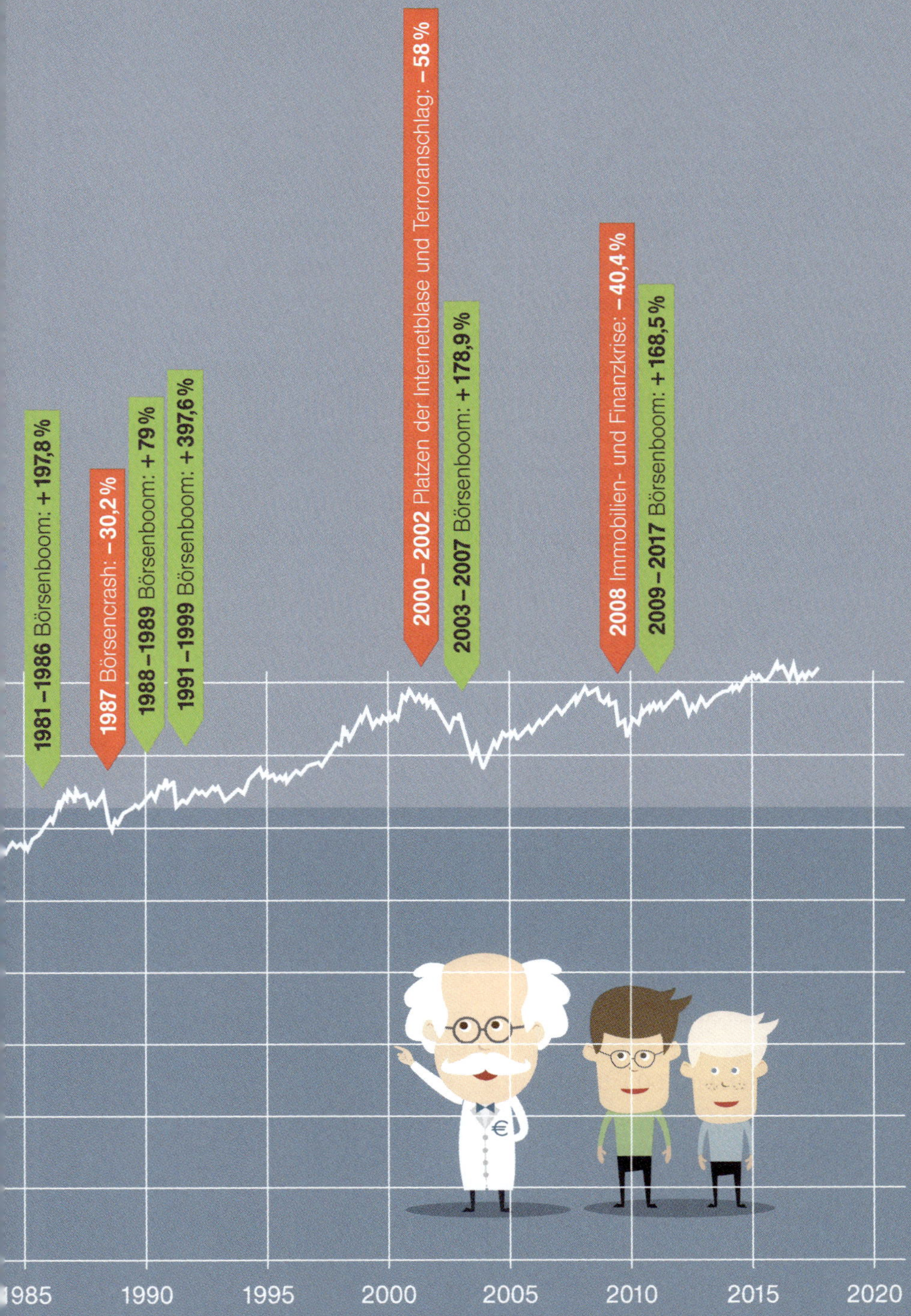

1981–1986 Börsenboom: +197,8 %
1987 Börsencrash: –30,2 %
1988–1989 Börsenboom: +79 %
1991–1999 Börsenboom: +397,6 %
2000–2002 Platzen der Internetblase und Terroranschlag: –58 %
2003–2007 Börsenboom: +178,9 %
2008 Immobilien- und Finanzkrise: –40,4 %
2009–2017 Börsenboom: +168,5 %
1985
1990
1995
2000
2005
2010
2015
2020

Die jüngste Immobilien- und Finanzkrise aus dem Jahr 2008 hingegen erscheint fast harmlos gegen das Börsenunwetter aus dem Jahr 1948. Die Finanzkrise hatte dennoch den zweitstärksten Börsenrückgang im DAX seit Einführung der DM zur Folge. Interessanterweise könnt ihr bei jeder Krise feststellen, dass die Börse davor und auch danach tief eingeatmet hat. Denn als der DAX im Jahr 2008 um über 40 Prozent nach unten fiel, hatte er zuvor von 2003 bis 2007 um knapp 179 Prozent zugelegt. Danach stieg er abermals von 2009 bis 2017 um knapp 169 Prozent. Alle weiteren größeren Kursanstiege und Kurseinbrüche sind auf dem Bild gut erkennbar. Seht euch das mal in Ruhe an«, sagt der Professor. Fritz und Berti verschlägt es fast die Sprache, als sie sehen, wie viele große Krisen es schon gab und welche Auswirkungen sie auf die Börse hatten.

»Herr Professor«, fragt Fritz, »wenn meine Oma damals monatlich umgerechnet 5 Euro für mich angelegt und das bis heute beibehalten hätte, wäre ich dann heute reich?«

»Abgesehen davon, dass du erst zwölf Jahre alt bist und deine Oma damals ganz andere Sorgen hatte, käme mit Sicherheit eine ansehnliche Summe heraus«, antwortet der Professor.

»Wie viel denn?«, fragt Fritz neugierig.

»Der älteste Investmentfonds Deutschlands heißt AGI Fondak. Er ist weder der Beste noch der Schlechteste«, erklärt der Professor. »In diesen Fonds konnten Anleger ab 1950 investieren. Wer das mit umgerechnet 1.300 Euro tat, wurde unweigerlich zum Euro-Millionär. Ich muss dazu sagen, dass deine Oma die 1.300 Euro damals wahrscheinlich gar nicht hatte und ihr auch das Wissen um diese Geldanlage fehlte. Heute sieht das hingegen anders aus. Fritz, du kannst das für dich ab heute und später für deine Kinder umsetzen, ich zeige dir nachher, wie einfach das geht.«

»In Amerika reichen die Zahlen sogar bis 1900 zurück«, bemerkt Professor Money und fragt: »Wie hieß die schlimmste aller Krisen neben dem Zweiten Weltkrieg der letzten 100 Jahre, Berti?«

Der 15-Jährige überlegt, überlegt und überlegt. »War es vielleicht die Weltwirtschaftskrise?«, antwortet er etwas verunsichert.

»Sehr gut, mein Lieber!«, lobt der Professor. »Wie bereits erwähnt, kam es 1929 nach einer exorbitanten Boomphase in den ›Goldenen 1920er-Jahren‹ zu einem Börsenkrach, den die Welt noch nicht gesehen hatte. Nachdem sich der Wert der 30 größten amerikanischen Unternehmen von 1924 bis 1928 mehr als verdreifacht hatte, büßten sie in den Jahren 1929 bis 1932 insgesamt 79,9 Prozent ihres Wertes wieder ein, um sich in den darauffolgenden drei Jahren wieder zu verdreifachen. Es war ein extremes Auf und Ab, mit dem sehr viele schreckliche menschliche Schicksale verknüpft sind. Schauen wir auf die Wertentwicklung des im Jahr 1896 gegründeten Dow Jones, der als Index die 30 größten amerikanischen Unternehmen abbildet. Er konnte bis heute im Schnitt knappe 6 Prozent pro Jahr zulegen. Hinzu kommt noch die regelmäßige Ausschüttung an die Investoren, im Fachjargon ›Dividende‹ genannt. Sie betrug zwischen circa 2 und 4 Prozent pro Jahr, sodass auch im amerikanischen Index eine durchschnittliche Gesamtrendite von 8 bis 9 Prozent pro Jahr zu verdienen war. Langfristig spiegelt sich die Wertentwicklung einer Aktie im Gewinnwachstum des Unternehmens wieder. Demnach wuchsen die 1.600 Unternehmen aus dem Welt-Aktien-Index (MSCI-World) im Durchschnitt mit circa 6 Prozent pro Jahr. Jährliche Dividende nicht mit einberechnet. Denn jedes Unternehmen ist bestrebt, von Jahr zu Jahr mehr Gewinn zu erzielen, um weiter zu wachsen. Du, Fritz, wünschst dir ja auch, jedes Jahr mehr Taschengeld zu bekommen, damit du dir mehr kaufen kannst. Und Dein Vater will mit Sicherheit auch etwas mehr verdienen, damit ihr euch mehr leisten könnt. Alle weiteren Krisen könnt ihr dem Bild ›Die Wertentwicklung des Dow Jones von 1900–2017‹ entnehmen«, sagt der Professor und beendet seine Ausführungen.

Fritz und Berti studieren die Kurve bis ins Detail, während sich der Professor zurücklehnt und zufrieden in die Ferne schaut.

Berti will wirklich alles wissen und fragt: »Herr Professor, wie hat sich denn der DAX in den einzelnen Jahren entwickelt und wie viel wurde an die Anleger ausgeschüttet?«

Der alte Mann antwortet: »Geh einfach ein Bild weiter, dann kannst du die Entwicklung jedes einzelnen Jahres von 1988 bis 2017 sehen. Allein im Jahr 2017 wurden über 30 Milliarden Euro an die Aktionäre ausgeschüttet. Das sind knapp 3 Prozent Dividende pro Jahr über die letzten Jahre beziehungsweise Jahrzehnte.«

Berti grübelt, rechnet im Kopf und gibt sein Ergebnis zum Besten: »Das ist fast das Dreißigfache im Vergleich zu meinem Sparbuch mit 0,1 Prozent pro Jahr, selbst wenn sich die Kurse im DAX 30 Jahre lang nicht bewegt hätten. Wahnsinn, ich kann es kaum fassen!«, ruft er begeistert.

»Die Gesamtrendite des DAX inklusive der Dividenden betrug in den letzten 30 Jahren runde 9 Prozent pro Jahr«, fügt der Professor ganz nebenbei hinzu.

Die Wertentwicklung des Dow Jones 1900 – 2017:

Quelle: www.boerse.de

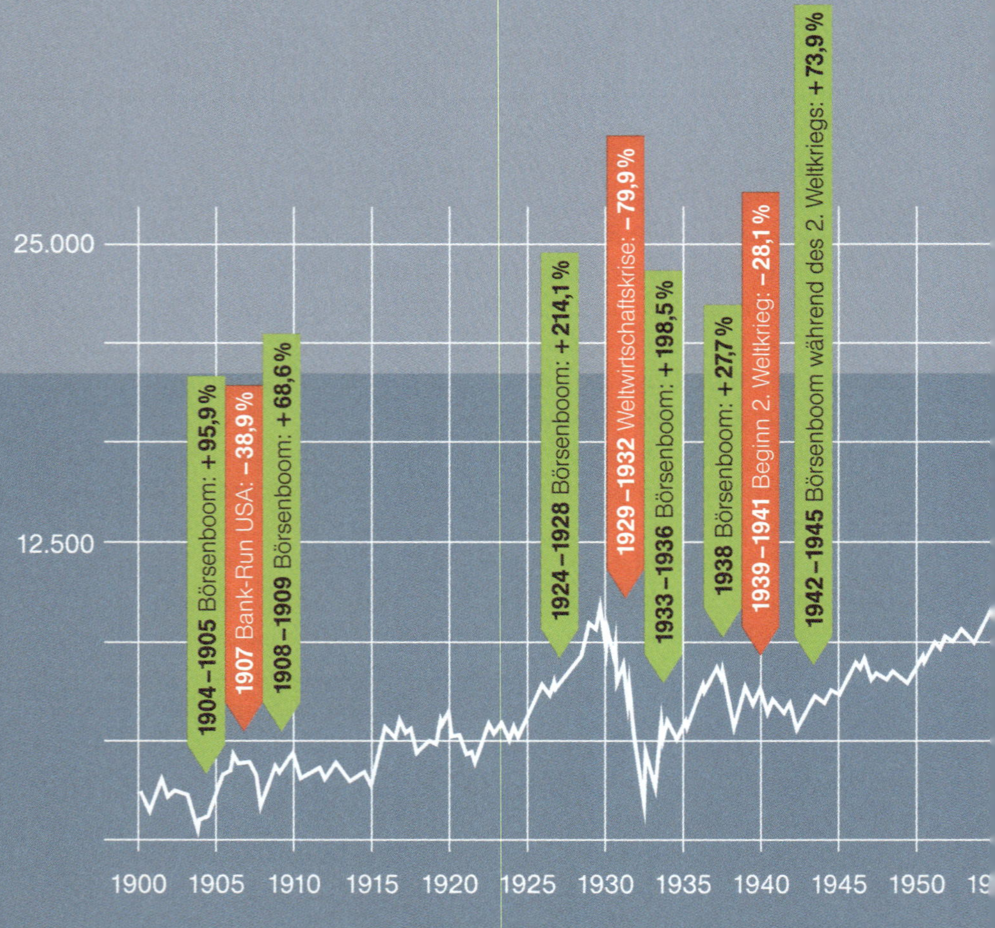

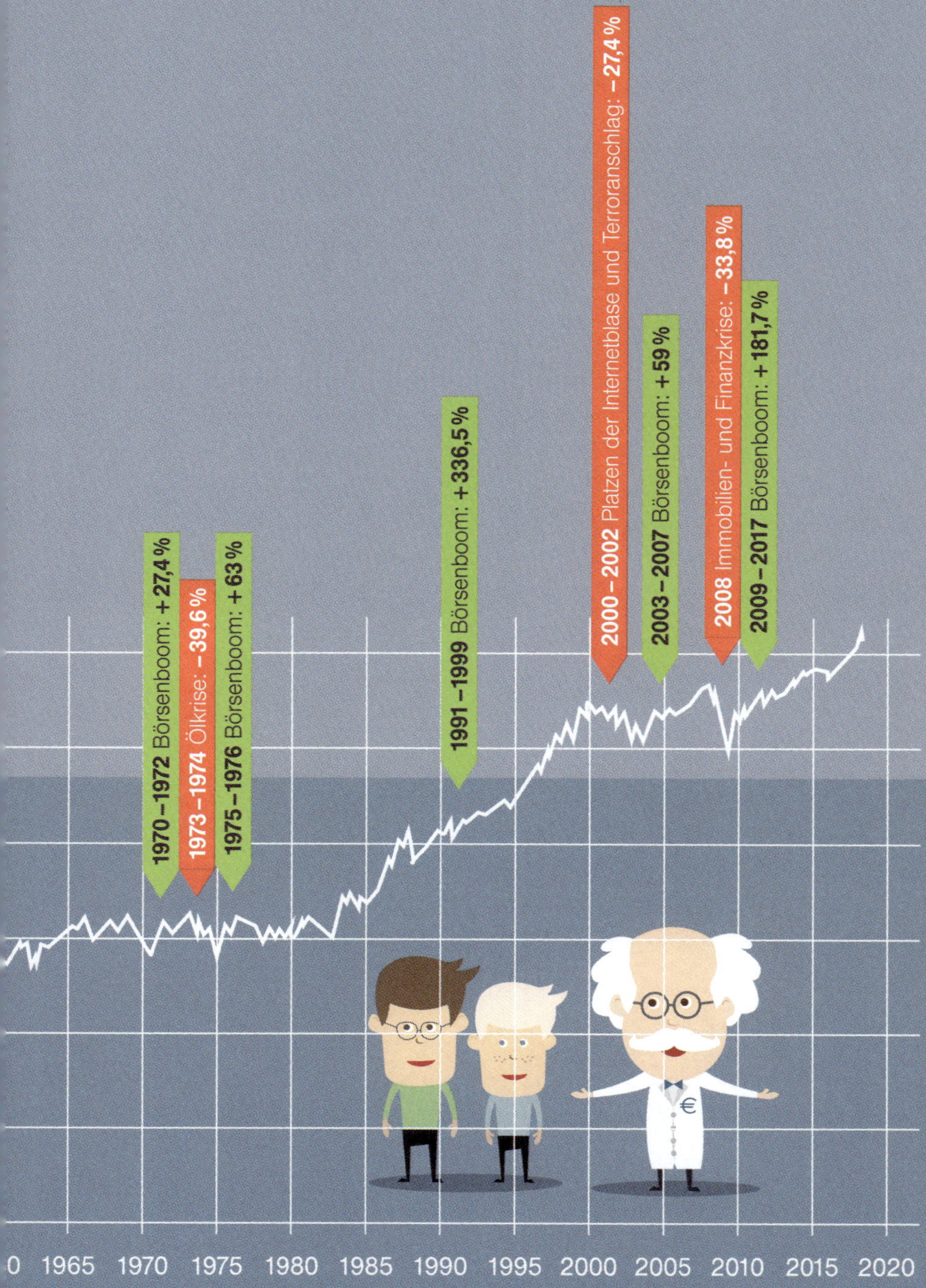

1970–1972 Börsenboom: +27,4 %
1973–1974 Ölkrise: −39,6 %
1975–1976 Börsenboom: +63 %
1991–1999 Börsenboom: +336,5 %
2000–2002 Platzen der Internetblase und Terroranschlag: −27,4 %
2003–2007 Börsenboom: +59 %
2008 Immobilien- und Finanzkrise: −33,8 %
2009–2017 Börsenboom: +181,7 %
€
1965 1970 1975 1980 1985 1990 1995 2000 2005 2010 2015 2020

Die DAX-Jahresrenditen von 1988 bis 2017:

Quelle: www.boerse.de

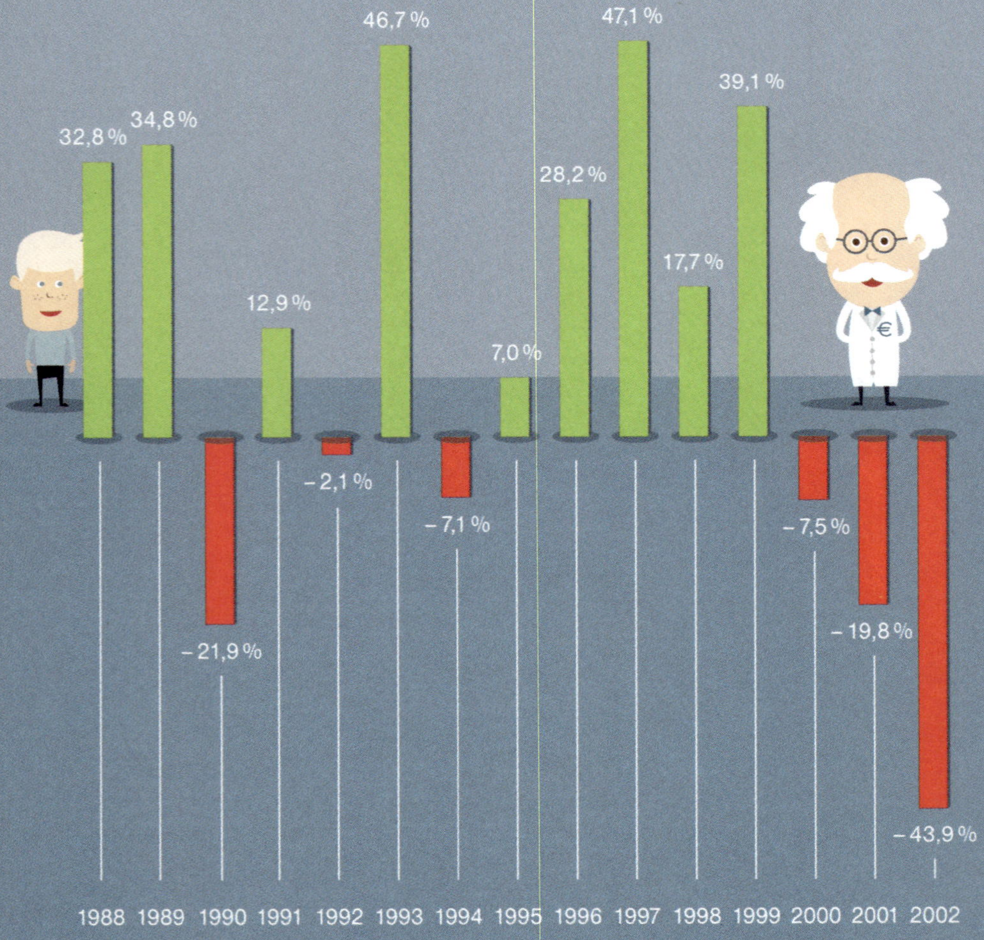

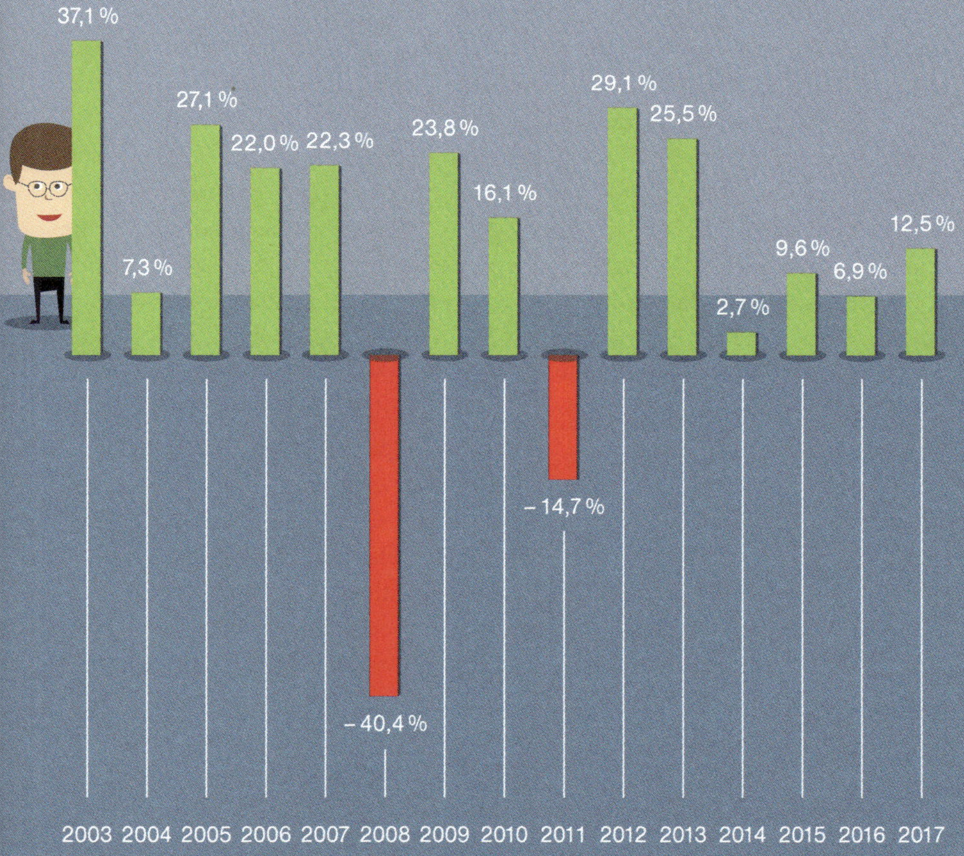

37,1 %
7,3 %
27,1 %
22,0 %
22,3 %
–40,4 %
23,8 %
16,1 %
–14,7 %
29,1 %
25,5 %
2,7 %
9,6 %
6,9 %
12,5 %
2003
2004
2005
2006
2007
2008
2009
2010
2011
2012
2013
2014
2015
2016
2017

»Professor Money, ich bin jetzt 16 Jahre alt und möchte vielleicht auch einmal ein Haus mit Garten haben, so wie mein Papa«, erklärt Berti.

»Aber mit Swimmingpool!«, ruft Fritz dazwischen.

Der Professor schmunzelt.

Berti stellt nun seine Frage: »Kann ich mir sicher sein, dass ich in 14 Jahren, also mit 30, auf keinen Fall wegen irgendwelcher Krisen weniger habe?«

Der Professor antwortet: »Kannst du dir sicher sein, dass du in 14 Jahren noch lebst?«

Berti meint dazu, etwas schockiert von der Antwort: »Ich hoffe es doch!«

»Das wünsche ich dir auch, mein Lieber«, sagt der Professor. »Ich will dich mit meiner Frage nicht demotivieren. Aber wie du weißt, kann dir niemand eine Garantie geben, weder für dein Leben noch für dein Geld. Die Wahrscheinlichkeit spricht für dich. Ich habe einmal alle Renditen des DAX, Dow Jones und des Anleihen-Index REX der letzten 50 Jahre analysiert und daraus die besten und die schlechtesten Durchschnittsrenditen in allen Fünf-, Zehn-, Zwanzig- und Dreißigjahresperioden untersucht. Stell dir vor, du hättest jeweils ein Drittel in den DAX, in den Dow Jones und in den REX investiert. Dann hättest du bereits bei allen Zehnjahresperioden ein positives Ergebnis erzielt und hättest noch nie Geld verloren. Von insgesamt 41 Zehnjahresperioden war die schlechteste Rendite 1 Prozent pro Jahr im Zeitraum von Anfang 2000 bis Ende 2009. Die beste Rendite wurde von Anfang 1991 bis Ende 2000 erwirtschaftet, mit vortrefflichen 13,3 Prozent pro Jahr. Zählt man alle 41 Zehnjahresperioden zusammen und bildet man daraus den Durchschnitt, dann betrug die Durchschnittsrendite exakt 7 Prozent pro Jahr. Die Renditen waren im Prinzip sogar noch etwas höher, da die Dividenden vom Dow Jones nicht einberechnet wurden. Wer hingegen nur fünf Jahre investiert hat, musste im schlechtesten Fall auch einmal ein Minus von 2,5 Prozent pro Jahr verkraften. Das war im Zeitraum von Anfang 1970 bis Ende 1974 der Fall. Dennoch kam selbst bei allen 46 Fünfjahresperioden in über 93 Prozent der Fälle eine positive Rendite heraus. Alle längeren Zeiträume von zehn, zwanzig oder dreißig Jahren waren zu 100 Prozent positiv, und das ist die wichtigste Botschaft. Ihr erkennt alle Zahlen auf einen Blick in dem Diagramm ›Verlustwahrscheinlichkeit bei einer Haltedauer von fünf, zehn, zwanzig und dreißig Jahren‹. Je kürzer euer Anlagezeitraum ist, desto höher ist die Wahrscheinlichkeit, dass auch einmal eine Periode mit einem Minuszeichen endet. Das liegt daran, dass das Geld dann zu wenig

Zeit hat, eine Börsenflaute mit einem Aufschwung wieder auszugleichen«, erklärt Professor Money.

»Damit sind wir bei einer weiteren goldenen Börsenregel angelangt. Je länger dein Anlagezeitraum, desto sicherer eine positive Rendite. Erstaunlicherweise könnt ihr feststellen, dass sich die schlechtesten und besten Renditen der Dreißigjahresperioden, an den Durchschnitt angleichen und keinen großen Unterschied mehr darstellen. Der Grund dafür liegt im langfristigen Anlagehorizont und der zeitlichen Möglichkeit, die schlechten Börsenphasen mit den guten zu kompensieren«, begründet der Professor.

»Mein Papa hat noch über 20 Jahre Zeit, bei ihm wird es dann auch noch funktionieren«, meint Berti. »Aber wie kann ich meiner Oma noch helfen?«

Der Professor lächelt und erklärt, dass er nächstes Jahr seinen 81. Geburtstag feiert und schon über 50 Jahre Aktien und Investmentfonds besitzt. »Die meisten älteren Menschen sollten daher eine Vermögensstruktur wählen, die weniger Wertschwankungen unterliegen«, stellt Professor Money fest. »Und wie soll das gehen?«, fragt Berti neugierig.

MERKE:

Je länger du investierst, desto sicherer hast du eine positive Rendite. Beim oben genanntem Beispiel mit einer Aufteilung von je einem Drittel, investiert in DAX, Dow Jones und REX, konntest du bereits ab einer Anlagedauer von zehn Jahren kein Geld verlieren und sogar sehr passable Durchschnittsrenditen von über 7 Prozent pro Jahr erzielen. Es spielte also keine Rolle, zu welchem Zeitpunkt der Einstieg erfolgte. Das Ergebnis war positiv. Also mach dir keine Sorgen, wenn du investierst. Die Zeit und die harten Fakten sprechen eine klare Sprache.

Die Verlustwahrscheinlichkeit bei einer Haltedauer von 5, 10, 20 und 30 Jahren:

Quelle: www.boerse.de, Wikipedia, 1/3 DAX, DOW JONES, REX (Anleihen)

Fünfjahresperioden

Es gab 46 Fünfjahresperioden von Anfang 1968 bis Ende 2017, davon waren 43 Perioden positiv (93,4 %) und 3 negativ (6,6 %).

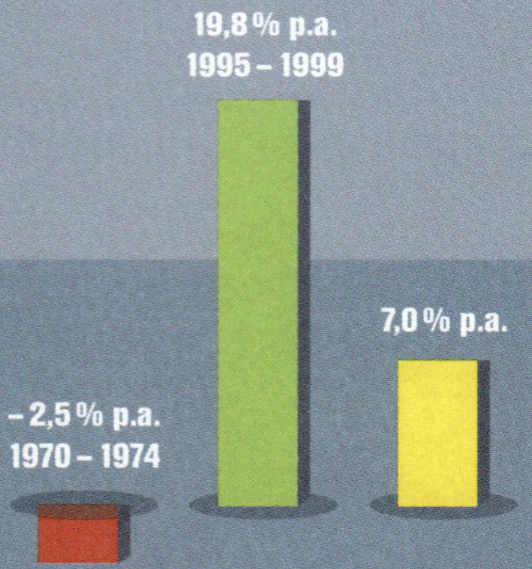

Zehnjahresperioden

Es gab 41 Zehnjahresperioden von Anfang 1968 bis Ende 2017, davon waren 100 % positiv.

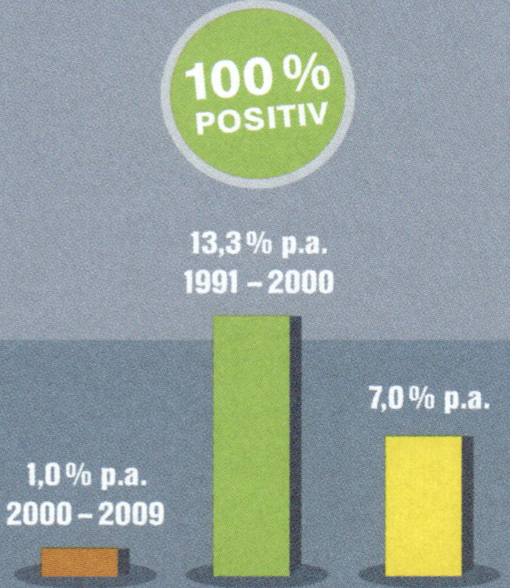

- Negativer Wert
- Schlechtester Wert
- Bester Wert
- Durchschnitt

Zwanzigjahresperioden

Es gab 31 Zwanzigjahresperioden von Anfang 1968 bis Ende 2017, davon waren 100 % positiv.

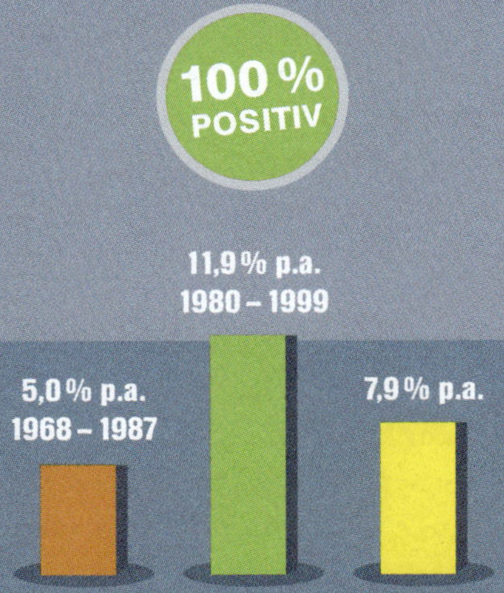

Dreißigjahresperioden

Es gab 22 Dreißigjahresperioden von Anfang 1968 bis Ende 2017, davon waren 100 % positiv.

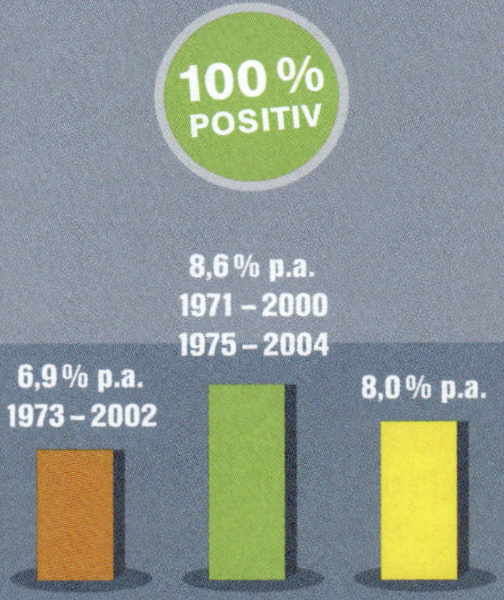

Vermögensaufbau ohne Baldrian-Tropfen

»Indem du in mehrere Anlageklassen wie zum Beispiel Aktien, Rohstoffe, Immobilien, Anleihen, Währungen und Tagesgeld investierst und diese miteinander vermischst, reduzierst du die Wertschwankungen«, erläutert der Professor.

»Könnten Sie uns das bitte etwas genauer erklären?«, fragt Berti.

»Sehr gerne«, antwortet der Professor und holt etwas weiter aus. »Durch die sich ständig verändernde Weltwirtschaftslage schwanken die Preise für alle Anlageklassen. Nehmen wir zum Beispiel den Sprit an der Tankstelle. Dieser wird aus Rohöl gewonnen. Das Rohöl wird am Weltmarkt von mehreren wirtschaftlichen und politischen Faktoren beeinflusst. Zum einen ganz klassisch von Angebot und Nachfrage. Die OPEC (Organisation erdölexportierender Länder) hat die Fördermenge, also das Angebot begrenzt, um den Preis einigermaßen konstant zu halten. Auf der anderen Seite steigt die Nachfrage, gerade aus Ländern, die überdurchschnittlich wachsen, wie zum Beispiel China und Brasilien. Das bedeutet: Je höher die Nachfrage bei konstantem Angebot ist, desto höher ist der Preis. Denn wenn mehr Menschen mit dem Auto fahren und Sprit verbrauchen, dann erhöht sich die Nachfrage und dadurch der Preis. Auf der anderen Seite kann sich das Angebot durch eine erneute Krise im Nahen Osten verringern. Auch dadurch kann der Preis steigen. Bei steigendem Angebot und gleichbleibender Nachfrage wiederum auch fallen. Ein weiterer Faktor ist der Dollar. Denn Öl wird weltweit in Dollar gehandelt und hängt vom Wechselkurs ab. Wie der Dollar zum Euro steht, das beeinflusst wiederum den Benzinpreis an unseren heimischen Tankstellen. Diese täglichen Preisschwankungen können von aktiven Fondsmanagern ausgenutzt werden.

Das könnt ihr euch vorstellen wie auf einem Bazar. Der Verkäufer will möglichst teuer verkaufen und der Käufer will die Ware möglichst günstig kaufen. Daran ist nichts Verwerfliches. Dieses Prinzip gilt im Übrigen für alle Handelswaren und auch für Währungen. In diesem Spiel gibt es auch leider immer wieder unfaire Mitspieler, die nicht an technologischem Fortschritt und Wohlstand für alle interessiert sind, sondern nur an den eigenen Profiten. Das ist aber im täglichen Leben auch nichts anders. Der eine wird von seinem Handwerker übers Ohr gehauen, der andere nicht. Entscheidend ist immer die Haltung der Menschen, die hinter der Dienstleistung stehen.

Mischt ein Investor Aktien mit anderen Anlageklassen wie zum Beispiel Gold, Silber, Öl, Anleihen, Tagesgeld und Währungen, dann ergibt sich eine deutlich breitere Streuung des Vermögens. Damit muss er keine Achterbahnfahrten erleben, sondern kann wesentlich ruhiger und gelassener in seinem Sessel sitzen und sorgenfrei seiner Geldvermehrung zuschauen. Jedoch ist auch hier ein Anlagezeitraum von mindestens drei Jahren, besser noch von fünf Jahren, entscheidend.

»Und in diesem Fall schwankt das Vermögen gar nicht mehr?«, fragt Fritz.

»Oh doch!«, gibt der Professor zu verstehen. »Allerdings nicht mehr so stark wie bei nur einer Anlageklasse wie zum Beispiel Aktien. Die Mutter aller Gewinne ist und bleibt die Schwankung. Ohne Schwankung gibt es keine nennenswerten Gewinne. Um überhaupt Gewinne realisieren zu können, ist Wirtschaftswachstum nötig. Wir sind also dazu verdammt zu wachsen. Denn sonst bleiben auch die Kursgewinne und Zinsen aus. Schreibt euch das dick hinter die Ohren, ihr beiden!«, rät der Professor. Er sucht kurz auf seinem Computer und ruft das nächste Bild auf: »Die Rendite unterschiedlicher Anlageklassen.«

»An dieser Tabelle erkennt ihr, wie unterschiedlich die einzelnen Renditen der verschiedenen Anlageklassen eines Jahres ausfallen können. Im Jahr 2008 sind die Aktienmärkte um bis zu 50 Prozent eingebrochen, während Anleihen, Tagesgeld und Gold ein Plus verzeichneten. Gold gilt grundsätzlich als sicherer Hafen und sein Wert hat schon über 5000 Jahre Bestand. Gerade in Krisenzeiten wie zum Beispiel 2008 schichteten einige Anleger ihr Geld in Gold um und konnten so den in diesem Jahr stattfindenden Wertverlust bei Aktien abfedern. Gold liefert allerdings keine Erträge wie zum Beispiel die Dividenden bei Aktien, somit steigt die Nachfrage nach Gold hauptsächlich, wenn schlechtere Zeiten bevorstehen. Es gilt vor allem wie eine Versicherung in wirtschaftlich schlechten Zeiten. Auf jeden Fall kann man sagen, dass eine Anlageklasse die andere immer wieder ausgleicht. Dadurch entstand ein wesentlich geringerer Rückgang von nur rund 19 Prozent Minus, die im Übrigen im Jahr 2009 schon fast wieder aufgeholt worden waren. Ein Investor, der also über viele Anlageklassen streut, hat in der Regel eine deutlich geringere Schwankung und immer noch eine ansehnliche Rendite. Hätte ein Anleger zur Börsenhochzeit im Januar 2008 die Summe von 10.000 Euro investiert, wären daraus bis zum Januar 2018 insgesamt 16.692 Euro geworden. Das sind stolze 5,3 Prozent pro Jahr, und er konnte mit diesem Investment ruhig schlafen.

Die Rendite unterschiedlicher Anlageklassen:

Quelle: www.boerse.de, www.finanzen.net, fundanalyzer, www.tagesgeldvergleich.net, JP-Morgan Assetmanagement, Statista

Anlageklasse	2008	2009	2010	2011	2012
DAX	–40,4 %	+23,9 %	+16,1 %	–14,7 %	+29,1 %
DOW JONES	–33,8 %	+18,8 %	+11,0 %	+5,5%	+7,3 %
Schwellenländer	–50,8 %	+73,4 %	+27,5 %	–15,4%	+16,8 %
Gold	+8,8 %	+23,1 %	+39,4 %	+11,7%	+6,1 %
Öl	–48,6 %	+10,6 %	+14,4 %	+9,0%	–8,3 %
Anleihen	+10,2 %	+4,9 %	+4,0 %	+8,3%	+4,6 %
Tagesgeld	+1,9 %	+1,1 %	+0,7 %	+0,8%	+0,7 %
Rendite gesamt	**–18,8 %**	**+21,0 %**	**+15,7 %**	**+0,6%**	**+10,5 %**

Anlageklasse	2013	2014	2015	2016	2017
DAX	+25,5%	+2,7%	+9,6%	+6,9%	+12,5%
DOW JONES	+26,5%	+7,5%	−2,2%	+13,4%	+25,1%
Schwellenländer	−6,5%	+11,8%	−4,9%	+14,9%	+17,5%
Gold	−30,4%	+13,6%	−2,2%	+12,6%	−1,0%
Öl	+8,6%	−45,6%	−31,0%	+44,7%	+12,1%
Anleihen	−0,5%	+7,1%	+0,5%	+2,3%	−1,0%
Tagesgeld	+0,4%	+0,3%	+0,2%	+0,2%	+0,2%
Rendite gesamt	**+5,6%**	**+4,4%**	**−0,8%**	**+10,2%**	**+9,6%**

Die Tabelle oben gilt als statische Betrachtung ohne jegliche Veränderung oder Anpassung bestimmter Anlageklassen seitens eines Profis.«

»Was bedeutet das?«, fragt Fritz.

»Das heißt, dass der Anleger bei 10.000 Euro Anlagesumme exakt 2.000 Euro im DAX, 2.000 Euro im DOW JONES, 1.000 Euro in Aktien von Schwellenländern, 1.500 Euro in Gold, 500 Euro in Öl und 2.000 Euro in Anleihen investierte sowie 1.000 Euro auf seinem Tagesgeldkonto parkte, ohne irgendetwas zu verändern«, erklärt der Professor. »Denn es gibt auch einige sehr gute in viele Anlageklassen gestreute Fonds, die in diesem Zeitraum noch deutlich bessere Ergebnisse erwirtschaftet haben. Sie haben zum Beispiel rechtzeitig vor der Krise schon Aktien verkauft, die hohen Schwankungen am Ölmarkt ausgenutzt oder das Geld noch breiter in andere Anlageklassen und Währungen gestreut. Leider ist auch festzustellen, dass es unzählige Investmentfonds gibt, die schlechter waren als der Durchschnitt. Davon erzähle ich euch später mehr. Durch die geringeren Wertschwankungen bei einem individuellen Anlagemix kann man in jedem Fall auch einen kürzeren Anlagezeitraum von mindestens drei, besser fünf Jahren in Betracht ziehen.«

»Meine Mama legt hin und wieder Geld für mich auf das Sparbuch. Kann eine monatliche Anlage auch in so einen Vermögensmix investiert werden?«, fragt Berti interessiert.

»Ja, selbstverständlich«, erwidert der Professor. »Das ist sogar ausgesprochen sinnvoll, weil du bei fallenden Kursen automatisch mehr Anteile erwirbst.«

»Wie geht das denn?«, fragt Berti.

Der Professor zeigt die nächste Abbildung »Der Schnäppchen-Effekt« und demonstriert die Vorteile der monatlichen Anlage.

»Stell dir vor, du willst über die nächsten drei Monate drei neue Hosen kaufen und dafür 100 Euro im Monat ausgeben. Im Januar kostet eine Hose 100 Euro. Wie viel Hosen kannst du kaufen?«, fragt der Professor.

»Natürlich eine, das ist ja einfach«, antwortet Berti.

»Im zweiten Monat sinkt der Preis aufgrund eines Räumungsverkaufs auf 50 Euro. Du hast wieder 100 Euro zur Verfügung. Wie viel Hosen kannst du jetzt kaufen?«, fragt er weiter.

»Zwei«, antwortet Berti prompt.

Der Schnäppchen-Effekt: Mit monatlicher Anlage lassen sich Kursschwankungen minimieren

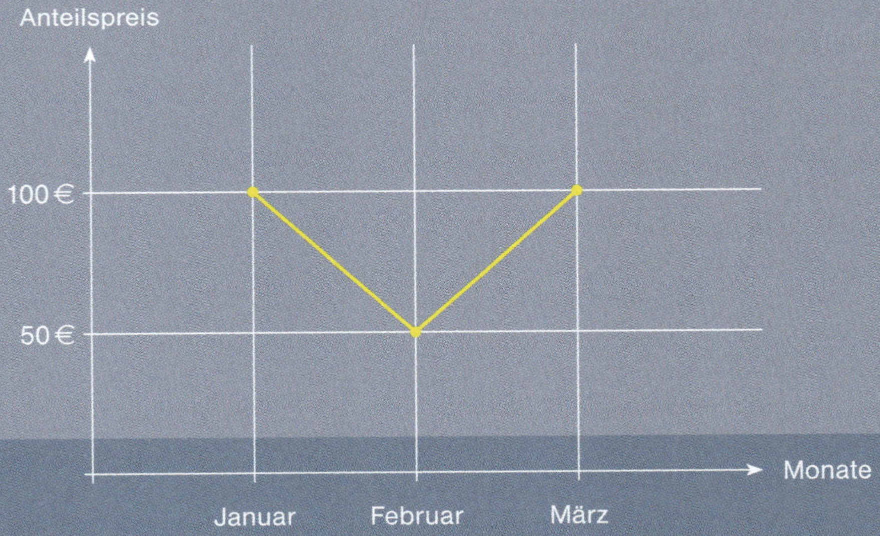

Monatsbeitrag: 100 €

Januar: 100 € = 1 Anteil
Februar: 100 € = 2 Anteile
März: 100 € = 1 Anteil

Gesamt: 300 € = 4 Anteile

Bewertung: 4 Anteile x 100 € = 400 €

100 € Gewinn (+33 %)

»Im dritten Monat erhöht sich der Preis wieder auf 100 Euro und du kannst wieder nur eine Hose kaufen. Wieviel Hosen hast du insgesamt für deine 300 Euro bekommen?«, fragt Professor Money.

Berti antwortet: »Vier Hosen. 300 Euro geteilt durch vier Hosen ergeben 75 Euro pro Hose anstatt 100 Euro.«

»Du hast also eine Hose geschenkt bekommen, weil du günstig eingekauft hast. Und jetzt stell dir vor, du kaufst keine Hosen, sondern Anteile an Investmentfonds und investierst monatlich 100 Euro. Ein Anteil kostet 100 Euro. Wie viele Anteile erwirbst du im ersten Monat?«, fragt der Professor.

»Natürlich einen Anteil, das ist ja das gleiche Spiel wie mit den Hosen.«, antwortet Berti.

An der Stelle meldet sich Fritz zu Wort: »Das habe ich ja sogar verstanden«, entgegnet er den beiden und rechnet laut vor: »Ich habe 300 Euro gesamt investiert und besitze vier Anteile zum Preis von 100 Euro, das sind zusammen 400 Euro. Ich habe also 100 Euro oder gut 33 Prozent Gewinn gemacht. Das ist erstaunlich, denn der Kurs ist unterm Strich ja genau gleich geblieben.«

»Wenn die Preise günstig sind, lohnt es sich, zu kaufen. Wenn die Schnäppchen im Sommer- und Winterschlussverkauf angeboten werden, greifen die Konsumenten ordentlich zu, weil sie für das gleiche Geld mehr Ware bekommen. Das gleiche Prinzip kann man an der Börse anwenden. So handelst du clever und kannst dadurch die Wertschwankungen nicht nur minimieren, sondern sogar zu deinem Vorteil nutzen, ganz wie ein Schnäppchenjäger beim Schlussverkauf«, erläutert der Professor augenzwinkernd.

»Hätte der Schnäppchen-Effekt auch in der Finanzkrise 2008 funktioniert?«, fragt Berti.

»Sehr gute Frage, Berti. Ich habe es ausgerechnet und das Ergebnis ist mehr als erstaunlich. Wer am 1. Januar 2008 bei einem DAX-Stand von rund 8.000 Punkten 2.400 Euro einmalig investierte, hatte zwei Jahre später nur noch 1.800 Euro oder 25 Prozent minus«, rechnet der Professor vor.

»Aber, Sie sagten, wer zwei Jahre investieren will, soll die Hände davon lassen?«, kritisiert Berti.

»Das ist richtig. Dieses Beispiel soll nur verdeutlichen, dass der ›Schnäppchen-Effekt‹ selbst in extremen Börsenkrisen und kürzerer Anlagedauer seinen Trumpf ausspielt. Gehen wir davon aus, du hättest keine 2.400 Euro einmalig angelegt, sondern monatlich 100 Euro über die zwei Jahre. Von Januar 2008 bis Dezember 2009. 100 Euro x zwei Jahre = 2.400 Euro investiert, der DAX hat rund 25 Prozent verloren. Mit dem Sparplan hättest Du ein Guthaben von über 2.600 Euro, also ein Plus von 200 Euro oder 9 Prozent Gewinn in einer der schlimmsten Finanzkrisen seit der Nachkriegsgeschichte«, rechnet Professor Money vor.

»Das ist wirklich unglaublich. Aus einer Krise ganz legal Gewinne erzielen. Das wird auch Papa überzeugen«, schlussfolgert Berti.

»Professor Money, Sie haben vorher auch eine Bankenkrise erwähnt. Was passiert eigentlich mit dem Geld, wenn eine Depotbank oder auch eine Investmentgesellschaft pleite geht?«, fragt Fritz.

»Das kann dir als Fondsanleger völlig egal sein«, antwortet der Professor. »Ich nenne euch mal ein einfaches Beispiel. Ihr besitzt drei Immobilien und setzt einen Verwalter ein. Der kümmert sich um die Mieter und die Instandhaltung eurer Objekte. Geht der Verwalter pleite, habt ihr euer Eigentum immer noch. Dasselbe gilt für euer Investmentvermögen. Geht der Verwalter oder die Depotbank pleite, bleiben deine Anteile unberührt und gehen nicht in die Insolvenzmasse über. Somit habt ihr auch noch eine zusätzliche Sicherheit. Beim Sparbuch sind dagegen nur bis 100.000 Euro pro Konto abgesichert. Denn durch ein neues Gesetz können Bankkunden, die ein Geldvermögen von über 100.000 Euro auf Bankkonten liegen haben, an der Pleite einer Bank beteiligt werden. Die Besitzer von Girokonten, Tagesgeldkonten und Sparbüchern werden mit ihrer Einlage Gläubiger der jeweiligen Bank. Das bedeutet, bei einer finanziellen Schieflage der Bank besteht für Sparer das Risiko, Teile ihres Sparvermögens zu verlieren.

In Zypern mussten die Sparer im Jahr 2013 durch die Pleite zweier Großbanken herbe Verluste von bis zu 50 Prozent ihres Vermögens oberhalb 100.000 Euro in Kauf nehmen. Sollten wirklich große Banken Pleite gehen und wir uns in einer extremen Krise befinden, kann die Grenze von 100.000 Euro auch herabgesetzt werden. Als Inhaber von Investmentfondsanteilen hingegen seid ihr Eigentümer eures eigenen Geldes und genießt daher doppelte Sicherheit«, erklärt der Professor abschließend und schlägt vor: »Lasst uns nun eine kleine Pause einlegen. Ich bin etwas müde und muss mich hinlegen, schließlich bin ich keine 50 mehr. Wenn ihr wollt, könnt ihr so lange im See schwimmen. Handtücher findet ihr im Regal. Eine kleine Abwechslung nach den vielen Zahlen wird auch euch guttun.«

Nachdem der Professor sich auf die Eckbank legt und seine Augen schließt, nehmen Berti und Fritz den Vorschlag des alten Mannes gerne an, springen in den See und kühlen sich ab.

> **MERKE:**
>
> Wertschwankungen lassen sich durch die Anlage in viele verschiedene Anlageklassen wie Immobilien, Aktien, Rohstoffe, Anleihen, Tagesgeld und so weiter minimieren. Denke hierbei immer an die goldene Regel des Investierens: »Lege nie alle Eier in einen Korb.« Das gilt vor allem, wenn du dein ganzes Geld auf dem Sparbuch, in einem Bausparvertrag und in einer Lebensversicherung hast. Zu einer noch größeren Stabilität des Vermögens trägt der »Schnäppchen-Effekt« bei. Nutze ihn, so wie beim Schlussverkauf, er lässt dich ruhiger schlafen. Außerdem sollte der Hauptteil deines Vermögens tatsächlich in deinem Eigentum stehen. Mit anderen Worten: Du solltest beim wesentlichen Teil deines Geldvermögens den Status des »Sondervermögens« haben. Ist das bei dir der Fall?

Das Finger-Weg-Programm für private Anleger

Die Pause ist rasch vorbei und schon nach einer guten Stunde sitzen Berti und Fritz wieder voller Wissbegier am Tisch. Professor Money erfrischt sich nach dem Mittagsschlaf kurz im See und setzt sich wieder zu seinen Schülern. Berti zeigt dem Professor einige Werbeanzeigen, die ihm bei seiner Internet-Recherche aufgefallen sind. Darauf steht: »8 Prozent mit Wohnimmobilien«, »Sichere 12 Prozent verdienen mit Edelholz«, »Bis zu 15 Prozent Ausschüttung mit Flugzeug-Beteiligung«.

»Diese und ähnliche angeblich sicheren Geldanlagen werden als Lockangebote reihenweise am Markt platziert«, kommentiert Professor Money. »Mit den Skandalen rund um geschlossene Beteiligungen, so werden diese Produktangebote genannt, könnte man ein ganzes Buch füllen. In der Vergangenheit gab es aber gerade in diesem Bereich viele spektakuläre Pleiten und Verurteilungen einzelner Initiatoren wegen Betrugs an Privatanlegern. Sparer verloren in den letzten Jahren und Jahrzehnten durch solche unseriösen Angebote Milliarden an Vermögen, ihre Investitionen endeten meistens im Desaster. Viele hatten ihr Geld aufgrund der vorgegaukelten Sicherheit in komplexe und undurchsichtige Firmengeflechte investiert. Die Initiatoren der entsprechenden Unternehmensgruppen konnten daher die Anlegergelder nach Belieben hin und her verschieben. Solche Geldanlagen unterliegen nicht dem strengen Wertpapierhandelsgesetz, und die Beteiligungen sind aus diesem Grund auch nicht mit Wertpapierkennnummern versehen wie Aktien oder die in Deutschland zum Vertrieb zugelassenen, offenen und täglich handelbaren Investmentfonds. Es ist daher wesentlich, das eine vom anderen zu unterscheiden.

Geschlossene Fonds haben aus meiner Sicht die Bezeichnung Fonds nicht verdient. Sie sind vom Bundesaufsichtsamt für Finanzdienstleistungen zwar zugelassen, stellen jedoch kein Sondervermögen mit Schutz der Anleger vor einer Insolvenz dar. Die Vertriebserlaubnis bietet weder eine Garantie noch stellt sie ein Qualitätsmerkmal dar.«

»Und wie funktioniert so eine geschlossene Beteiligung?«, fragt Berti etwas irritiert.

Professor Money denkt eine Weile nach und versucht, einfache Worte für die Erklärung dieses komplexen Finanzkonstrukts zu finden: »Nehmen wir an, ein Bankberater bietet dir anstelle deines Sparbuchs eine Beteiligung an einem neuartigen Hochhaus der Firma ›Hoch-Hinaus‹ an, das 50 Millionen Euro kostet. Du sollst dafür Zinsen in Höhe von 8 Prozent pro Jahr bei einer Laufzeit von zehn Jahren bekommen.«

»Ich komme also zehn Jahre nicht an mein Geld ran?«, unterbricht ihn Berti.

»Nein, denn bei den meisten Beteiligungen ist dein Geld auf fünf, zehn oder sogar zwanzig Jahre gebunden«, erklärt der Professor. »Die eine Hälfte der 50 Millionen Euro leiht sich die Firma ›Hoch-Hinaus‹ von einer Bank.«

»Warum finanziert die Bank nicht alles?«, fragt Fritz. »Durch den Wertverlust, das unternehmerische Risiko und die Anlaufkosten, wie zum Beispiel für den Notar, die Werbung, Organisation und dergleichen sind die Banken in den allermeisten Fällen nicht bereit, die komplette Summe zu finanzieren. Für das geliehene Geld bekommt die Bank das Grundstück und das Haus als Pfand und hat daher eine Sicherheit, falls die Firma ›Hoch-Hinaus‹ das Geld nicht mehr zurückzahlen kann. Der dahinter stehende reale Wert ist in der Regel bereits vor deiner Investition vergeben. Die restlichen 50 Prozent der Summe, die benötigt wird, um das Projekt umzusetzen, muss die Firma ›Hoch-Hinaus‹ von privaten Anlegern einsammeln. Das Blöde daran ist, dass du als Sparer für die ganzen Kosten aufkommen musst und das volle unternehmerische Risiko trägst. Nicht selten werden bis zu 30 Prozent deines Anlagebetrages mit Kosten belastet, für die du keinen Gegenwert erhältst. Schon mit der Unterschrift unter einem solchen Vertrag gehst du eines der größten Risiken bei einer Geldanlage ein. Denn sollte die Firma ›Hoch-Hinaus‹ in Schieflage geraten oder das Gebäude an Wert verlieren, besitzt die Bank das Objekt. Der angelockte Kleinsparer geht am Ende meist leer aus. In Deutschland und in der ganzen Welt mussten schon zahlreiche geschlossene Beteiligungsmodelle aus den Bereichen Immobilien, Filmproduktionen, Schiffe, Flugzeuge, Wälder, Metalle, Sonnenenergie und so weiter Insolvenz anmelden.

Deshalb kann ich euch nur raten, die Finger von diesem Teufelszeug zu lassen. Es gibt zwar immer wieder Ausnahmen, die funktionieren. Aber als privater Anleger kannst du Gut und Böse nur schwer voneinander unterscheiden. Dieser Markt hat seine Berechtigung und ist besser für größere Investoren und Firmen geeignet, die sich in der jeweiligen Branche auskennen, über reichlich Kapital verfügen und mit einem Totalverlust des investierten Geldes gut leben können, weil er ihre Existenz nicht gefährden würde«, resümiert der Professor.

»Solltet ihr also eines Tages über genügend Kapital verfügen, könnt ihr einen kleinen Teil davon in solche Projekte investieren.

»Und wie kann man als Laie solche unseriösen oder risikoreichen Modelle erkennen?«, fragt Berti.

Professor Money antwortet: »Solcherlei Geldanlagen zeichnen sich häufig dadurch aus, dass die Anbieter in Hochglanzprospekten mit einer vermeintlichen Sicherheit werben und mit hohen Zinsversprechen locken, die weit über den marktüblichen Zinsen liegen. Außerdem wird die Anlageentscheidung oft durch positiv besetzte oder ethisch korrekte Investitionsobjekte beeinflusst. Viele derartige Angebote zählen zum sogenannten grauen Kapitalmarkt und sind sehr facettenreich. Immer wieder lassen sich die Anbieter neue Wege und Anlagemöglichkeiten für ihre später geprellten Kunden einfallen. Bei Unternehmensbeteiligungen aller Art mit der oft verwendeten Rechtsform KG oder OHG ist höchste Vorsicht geboten. Gleiches gilt bei Genussrechten, Schuldverschreibungen, Nachrang-Darlehen und anderen nicht börsengehandelten

Anleihen. Darüber hinaus werden auch Direktanlagen in Holz, seltene Erden und riskante Projekte oder Unternehmungen zum Beispiel über Crowdfunding angeboten. Das sollen nur einige Beispiele für Investments sein, mit denen Anleger schon zu oft Milliarden verloren haben.

Ihr müsst nicht alle Begriffe verstehen und ich will den Teufel auch nicht an die Wand malen. Es gibt sicherlich Unternehmensgründungen, die ihren Sinn haben, lukrativ sind und dem technischen Fortschritt und dem Wohlstand der Gesellschaft dienen. Gerade im Bereich des Crowdfunding gibt es spannende Start-up-Unternehmen mit großartigen Ideen. Diese Firmen finanzieren sich durch viele kleine Beträge von vielen Anlegern. Eine Chance für beide Seiten. Wir brauchen solche Finanzierungsformen auf der anderen Seite, damit sich neue Geschäftsideen verwirklichen lassen. Der Knackpunkt ist nur: Wie wollt ihr seriöse von windigen Geschäftsmodellen unterscheiden? Wenn ihr also etwas nicht zu 100 Prozent versteht und große Intransparenz vorherrscht, dann lasst lieber die Finger davon. Zudem verfügen die meisten Sparer nicht über genügend Geld, um einen Totalverlust zu verkraften.«

Mit diesen warnenden Worten beendet der Professor seine Ausführungen über Investmentangebote am grauen Kapitalmarkt.

MERKE:

Sei vorsichtig bei allen Produkten, die dir eine Garantie oberhalb der marktüblichen Zinsen versprechen. Wie wenig von Garantien zu halten ist, hast du bereits weiter vorn in diesem Kapitel erfahren. Wenn du die Verkaufsprospekte diverser Investment-Angebote aufmerksam liest, wird dir schnell klar, dass es sich bei geschlossenen Beteiligungen, Genussrechten oder außerbörslichen Anleihen um höchstriskante Anlagemodelle handelt, bei denen ein Totalverlust nicht ausgeschlossen ist. Sei also achtsam!

Die kapitalvernichtende Lebensversicherung

Berti und Fritz sind die Informationen über diese seltsamen Beteiligungsmodelle völlig fremd. Aber sie finden die Ausführungen des Professors höchst interessant. Denn schon jetzt können sie anhand der oben beschriebenen Kriterien zumindest besser als vorher einschätzen, ob es sich um eine höchst riskante Geldanlage handelt oder nicht.

Berti erzählt, dass sein Papa vor einigen Jahren eine Kapitallebensversicherung abgeschlossen hat. Heimlich hat er heute Morgen die Unterlagen dazu aus Papas Ordner genommen, um sie Professor Money zu zeigen.

»Wie funktioniert denn eine Lebens- oder Rentenversicherung überhaupt?«, fragt Fritz dazwischen.

Professor Money antwortet: »Nehmen wir einmal an, du bist dein Papa. Du hast eine Frau und zwei Kinder, und du hast ein Haus gebaut. Du willst deine Familie für den Fall deines Todes absichern und schließt daher eine Kapitallebensversicherung ab. Das bedeutet, deine Frau bekommt Geld von der Versicherung, um zum Beispiel den Kredit für das Haus zurückzuzahlen oder die Ausbildung der Kinder zu finanzieren, wenn du nicht mehr da bist. Passiert dir nichts, bekommst du das Kapital bei Fälligkeit der Versicherung einmalig oder in Form einer monatlichen Rente ausgezahlt. Solche Policen sind sehr gängig und wurden früher zigtausendfach abgeschlossen. Aber die meisten zahlen dafür einen völlig überzogenen Preis. Es geht deutlich günstiger.

Die Rentenversicherung funktioniert im Prinzip gleich wie eine kapitalbildende Lebensversicherung, nur gibt es hier keinen Todesfallschutz, also keine Auszahlung an die Hinterbliebenen, wenn dir als Familienvater etwas passieren würde.

Aktuell gibt es in Deutschland circa 90 Millionen solcher Verträge, und nur ein kleiner Bruchteil davon ist etwas günstiger und transparenter für den Versicherungskunden. Statistisch gesehen entfällt auf jeden Bürger mindestens ein Vertrag. Bei allen Verträgen, die bis Ende 2004 abgeschlossen wurden, sind die Auszahlungen steuerfrei. Bei den Versicherungsverträgen, die danach abgeschlossen wurden, werden die Gewinne teilweise besteuert«, erklärt der Professor.

Berti fragt: »Welchen Zins bieten diese Versicherungen den Kunden an?«

»Der Garantiezins für Neuverträge beträgt aktuell nur bei jetzt neu abgeschlossenen Policen noch 0,9 Prozent, vor 20 Jahren lag er noch bei 4 Prozent«, antwortet der Professor.

»Das sind ja knapp 80 Prozent weniger!«, rechnet Berti schnell und löchert den Professor weiter: »Warum sind die Zinsen so extrem gefallen?«

»Das liegt maßgeblich daran, dass die Versicherer aufgrund der Niedrig- beziehungsweise Nullzinspolitik der Europäischen Zentralbank mit dem Geld der Kunden keine hohen Zinsen mehr erwirtschaften können. Denn wie ihr bereits gelernt habt, gibt es für deutsche oder europäische Staatsanleihen kaum mehr Zinsen«, sagt Professor Money.

»Aha. Und wie steht es dann um den Vertrag meines Papas?«, will Berti wissen. »Lass mich die Versicherungspolice einmal genauer ansehen«, erwidert der Professor und erläutert den beiden nun anhand von Papas Zahlen die Bedeutung der einzelnen Begriffe im Detail.

»Euer Papa hat diese Kapitallebensversicherung mit einem Monatsbeitrag von 150 Euro ohne Dynamik abgeschlossen. Mit der Dynamik werden Beiträge und Leistung jedes Jahr erhöht. Viele Leute haben das in ihren Verträgen vereinbart. Euer Papa nicht. Versicherungsvertreter argumentieren oft damit, dass durch den dynamischen Verlauf die Inflation ausgeglichen werden soll. Das ist aber ein Trugschluss, denn wer mehr in einen Vertrag einzahlt, hat nur deswegen eine höhere Auszahlung, weil er mehr einbezahlt hat. Ein echter Inflationsschutz kann nur durch mehr Rendite zustande kommen. Weiterhin liegt die Höhe der Todesfallsumme bei 100.000 Euro. Die garantierte Ablaufleistung, also der Betrag, den die Versicherung deinem Vater zusichert, beläuft sich bei Fälligkeit, also im Jahr 2042, auf 73.000 Euro.

Jede Versicherungsgesellschaft erwirtschaftet in der Regel Überschüsse. Anders als der garantierte Mindestzins sind diese aber nicht garantiert. Die Überschüsse werden, wenn vorhanden, dem Kunden gutgeschrieben. In der Versicherungsmitteilung von 2017 beträgt die gesamte Ablaufleistung 90.000 Euro. An der Mitteilung von 2007, als die Prognose noch bei 120.000 Euro lag, könnt ihr erkennen, dass die gesamte Ablaufleistung jedes Jahr um einige Tausend Euro nach unten korrigiert wurde. Somit entstand für euren Vater ein Verlust von 30.000 Euro. Diese Zahlen werden voraussichtlich noch weiter nach unten korrigiert, da die Versicherungskonzerne die zukünftigen Überschüsse nicht garantieren müssen. Das liegt erstens an den fehlenden Zinseinnahmen und zweitens an den hohen Kündigungszahlen und dem stark rückläufigen Neugeschäft.

Die Beteiligung an den stillen Reserven der Gesellschaft wird hier nicht separat aufgeführt und kann aufgrund der geringen Auswirkung und Vereinfachung

Repräsentativer Schnitt aus über 1.000 selbst geprüften Versicherungsverträgen:

Beispiel für eine Kapitallebensversicherung Versicherungsmitteilung von 2017	
Beginn	**01.01.2005**
Ablauf	**01.01.2042**
Monatsbeitrag	**150 €**
Dynamik	**keine**
Todesfallschutz	**100.000 €**
Garantierte Ablaufleistung	**73.000 €**
Ablaufleistung inklusive nicht garantierter Überschüsse	**90.000 €**
Rückkaufswert	**20.000 €**

vernachlässigt werden. Der sogenannte Rückkaufswert von 20.000 Euro ist der Betrag, den dein Papa heute ausgezahlt bekäme, wenn er den Vertrag kündigen würde«, erklärt der Professor.

»Und wieviele Zinsen bekommt er?«, fragt Berti interessiert.

Der Professor antwortet: »Im Abschlussjahr 2004 versprach man deinem Papa einen Garantiezins von 2,75 Prozent pro Jahr. Der Zinssatz gilt allerdings nur für den Sparanteil und nicht auf den vollen Beitrag von 150 Euro monatlich.«

»Was bitte bedeutet denn der Begriff Sparanteil?«, fragt Berti nach.

»Die Versicherung teilt den Beitrag deines Vaters auf. Sie zieht die Abschluss- und Verwaltungskosten ab und ebenso die Kosten für das Risiko im Todesfall«, erläutert der Professor.

Er erklärt weiter: »Der Versicherungskunde kauft letzten Endes ein nicht transparentes Produkt, bei dem er nicht exakt nachvollziehen kann, in was sein Geld investiert und wie viel davon tatsächlich verzinst wird. Er bekommt zwar einen Garantiezins, weiß aber nicht genau, welcher Anteil von seinen 150 Euro überhaupt garantiert verzinst wird. Denn die Versicherung musste dem Kunden früher bei Abschluss nicht mitteilen, wie sie die Beiträge aufteilt und wie hoch der Sparanteil ist. Die Überschüsse sind ohnehin nicht garantiert.

Seit 2008 gelten strengere Richtlinien zur Offenlegung der Kosten. Bei alten Verträgen wie dem eures Vaters ist das hingegen nicht der Fall. Die Verzinsung gilt also ausschließlich für den Sparanteil. Nach Abzug der gesamten Kosten beläuft sich der Sparanteil selten auf mehr als 70 Prozent, gerade bei Altverträgen. In unserem Fall wären das nur 105 Euro, die mit 2,75 Prozent verzinst werden. Der Sparanteil kann aber variieren und auch mehr oder weniger als 70 Prozent vom Monatsbeitrag ausmachen. Das entscheidet die Versicherung, und viele Verbraucherzentralen bemängeln das schon seit Jahrzehnten«, erläutert der Professor.

»Das klingt ja nach Betrug!«, ruft Fritz dazwischen.

»Ja, Fritz, aber dieser Betrug ist legal!«, gibt ihm der Professor zu verstehen. »Mit dem neuen Offenlegungsgesetz hat die Regierung schon einen wichtigen Schritt unternommen, allerdings ist das noch lange nicht ausreichend«, fügt er hinzu.

»Und warum legen die Versicherer das Geld nicht rentabler an?«, fragt Berti.

»Es gibt gewisse gesetzliche Richtlinien, wie das Geld der Versicherungskunden angelegt werden muss. Das ist den Versicherungskonzernen zusätzlich

Aufteilung des Sparanteils der Kapitallebens- und Rentenversicherung:

zum Verhängnis geworden. Einige können selbst beim Sparanteil noch nicht einmal den versprochenen Garantiezins erwirtschaften. Denn fast 90 Prozent des Kundengeldes der Versicherungen liegen momentan in festverzinslichen Wertpapieren wie zum Beispiel Staatsanleihen und werden nur minimal verzinst.«

»Mit ihrer Versicherungspolice finanzieren dein Papa und alle anderen Kunden über ein Hintertürchen den Staat und auch die Banken. Wahrscheinlich wird das deinem Vater nicht bewusst sein. Die Versicherungsgesellschaft investiert ihr eigenes Geld natürlich wesentlich ertragreicher in Aktien, Fonds, Immobilien und Firmenbeteiligungen, wie ihr euch vorstellen könnt«, schildert Professor Money.

»Lohnt sich denn ein Ausstieg aus der Lebensversicherung für unseren Papa?«, fragt Berti.

»Lass uns erst einmal nachrechnen, wie hoch seine Nettoverzinsung ist, wenn er die Versicherung beibehält. Danach rechnen wir dann aus, ob er durch Umschichtung einen Mehrwert erzielen kann«, sagt der Professor und rechnet vor: »In den letzten 13 Jahren hat dein Papa 150 Euro monatlich eingezahlt. Das sind insgesamt 23.400 Euro. Der aktuelle Rückkaufswert beträgt 20.000 Euro.«

»Das ergibt ja 3.400 Euro Verlust!«, schimpft Berti.

»Wenn er die 150 Euro weiterhin über die restlichen 24 Jahre einzahlt, ergibt sich eine Summe von 66.600 Euro. Die garantierte Auszahlung beträgt 73.000 Euro. Das sind 0,5 Prozent Nettoverzinsung pro Jahr auf den eingezahlten Beitrag gerechnet. Mit den nicht garantierten Überschüssen bekäme er 90.000 Euro, sofern diese Zahl nicht weiter nach unten korrigiert wird. Dann läge die Nettoverzinsung bei knappen 1,6 Prozent pro Jahr«, rechnet der Professor weiter.

»Das ist ja mehr als enttäuschend, vor allem wenn man bedenkt, dass mein Papa dann ganze 37 Jahre lang Beiträge eingezahlt hat!«, schimpft Berti weiter.

»Ein absoluter Mist! Das sind ja Verbrecher!«, motzt auch Fritz. Verärgert schaut er Berti und Professor Money an und kann nicht verstehen, warum die beiden so ruhig und sachlich diskutieren.

»Wenn man jetzt noch die Inflation abzieht, hat unser Papa sogar noch ein dickes Minus gemacht. Ich finde das eine riesengroße Sauerei, ihr nicht?«, wirft Fritz in die Runde.

Aufteilung des Sparanteils der Versicherungen:

Quelle: Gesamtverband deutscher Versicherungswirtschaft

»Du hast Recht, Fritz. Nur bringt es uns nicht weiter, wenn wir uns darüber aufregen. Für deinen Papa stellt sich vor allem diese Frage: Was kann er ab heute besser machen?«, sagt der Professor. »Des Weiteren stellt sich die Frage, ob euer Papa aufgrund seines Gesundheitszustandes einen anderen Versicherungsschutz bekommt, mit dem die Familie wieder genauso abgesichert ist wie vorher. Eine Risikolebensversicherung, die je nach Laufzeit und Eintrittsalter nur ein paar Euro kostet, wäre hier die günstigste Möglichkeit. Hier zahlt die Versicherung nur im Todesfall, es gibt keine Ablaufleistung bei Fälligkeit. Dafür ist eine solche Police weitaus günstiger. Ihr müsst wissen: Geldanlage und Hinterbliebenenschutz in einer Police zu kombinieren, stellt sich beim Nachrechnen meist als deutlich überteuert heraus«, fasst der Professor seine Ausführungen zusammen.

»Wie hoch ist die Auszahlung, wenn mein Papa das Geld einfach umschichtet und in ein oder mehrere sichere und ertragreiche Investmentfonds investiert?«, will Berti nun wissen.

Professor Money präsentiert nun ein Bild mit dem Titel »Lohnt sich der Ausstieg aus einer Lebensversicherung« und macht einen Rentabilitätsvergleich. »Nehmen wir einmal an, er bekommt eine günstige Risikolebensversicherung für 10 Euro im Monat. Den Rückkaufswert in Höhe von 20.000 Euro und den monatlichen Beitrag von 140 Euro, 150 Euro abzüglich 10 Euro, schichtet er in mehrere gut gestreute Investmentfonds um. Im Durchschnitt könnte ihm das in den kommenden 24 Jahren eine Rendite von 6 Prozent pro Jahr bringen. Nach Abzug von 26,375 Prozent Abgeltungssteuer (das ist die Steuer, die auf die Gewinne anfällt) inklusive Solidaritätszuschlag hat er dann ein Guthaben von circa 140.872 Euro. Das sind im Vergleich zu den 90.000 Euro immerhin über 50.000 Euro mehr Gewinn«, rechnet der Professor vor.

»Und das, ohne einen Cent mehr zu investieren«, fügt Berti hinzu. »Denn Papa hat nur sein bisher angespartes Guthaben und seine bisher gezahlten Monatsbeiträge investiert. Mehr nicht, richtig?«

»Exakt, mein Lieber. Du hast es verstanden«, antwortet der Professor. »Jeder kann mit 0 Euro Zusatzaufwand einen fünf- bis sechsstelligen Mehrwert für sich erwirtschaften, wenn sich die Umstellung seines Vertrages lohnt und der Gesundheitszustand den Abschluss einer Risikolebensversicherung zur Absicherung der eigenen Familie zulässt. Man sollte einen unabhängigen Profi berechnen lassen, ob es sich lohnt, weiterzuzahlen oder auszusteigen, sofern man es nicht selbst kann. Es gibt auf diese Frage keine pauschale Antwort.

Lohnt sich für Fred und Susi der Ausstieg aus ihrer Lebensversicherung?

Monatsbeitrag: 150 €
Laufzeit: 37 Jahre

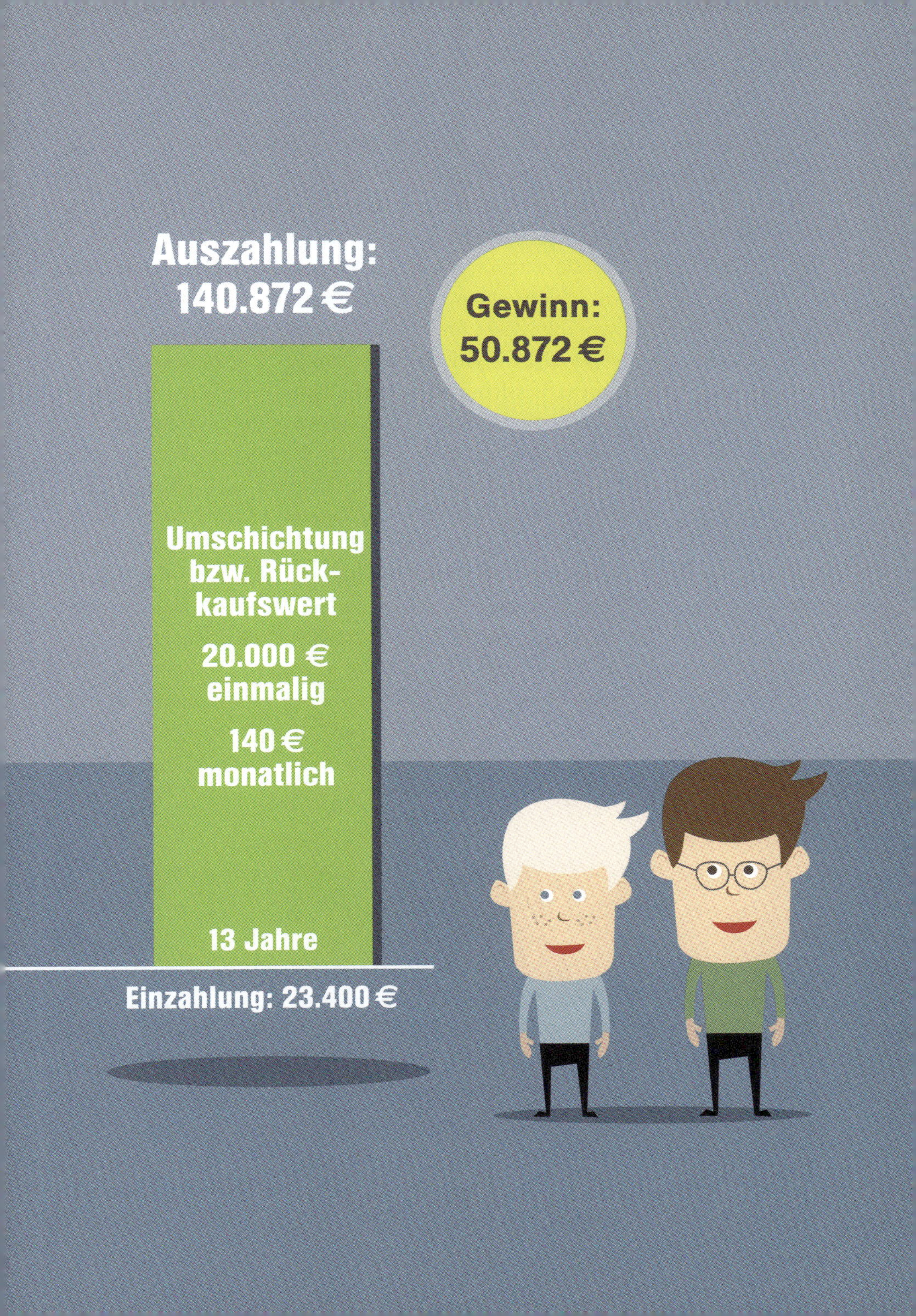
Auszahlung:
140.872 €
Gewinn:
50.872 €
Umschichtung bzw. Rückkaufswert
20.000 € einmalig
140 € monatlich
13 Jahre
Einzahlung: 23.400 €

Eine Bekannte von mir hatte zum Beispiel einen Vertrag auf zwölf Jahre abgeschlossen. Als sie mich im zehnten Jahr um Rat fragte, ob sie kündigen soll, riet ich ihr davon ab. Denn die Restlaufzeit von zwei Jahren ist zu gering, um davon profitieren zu können. Sie bekam nach zwölf Jahren weniger von ihrer Versicherung zurück, als sie eingezahlt hatte. Bei so kurzen Laufzeiten sind die Zahlen fast immer noch schlimmer als bei eurem Papa.

Bei Verträgen, die zwischen 1994 und 2007 abgeschlossen wurden, wurden den Neukunden teilweise falsche Widerrufsbelehrungen gegeben, sodass sich ein Widerruf lohnt und der Versicherungsvertrag damit vollständig rückabgewickelt werden kann. Das bedeutet, euer Papa kann so unter Umständen noch die fehlenden eingezahlten Beiträge zum aktuellen Rückkaufswert und eine Zinsentschädigung zurückbekommen«, erwähnt der Professor.

»Können Sie aus den Unterlagen ersehen, ob das der Fall ist?«, fragt Berti. Professor Money liest aufmerksam Seite für Seite der Versicherungsdokumente. Nach einigen Minuten wird der Professor fündig: »Ich habe die Widerrufsbelehrung gefunden und gelesen. Sie ist fehlerhaft und daher hat euer Vater mit einem Widerspruch gute Chancen, mehr als den Rückkaufswert zurückzubekommen.«

Bertis Augen leuchten. Er sieht Licht am Ende des Tunnels und freut sich, dass er seinem frustrierten Papa vielleicht aus der Patsche helfen kann. Motiviert stellt der 16-Jährige gleich seine nächste Frage: »Und was kann mein Papa mit seinem Bausparvertrag machen?«

MERKE:

Hast du auch noch kapitalbildende Lebens- oder Rentenversicherungen? Wenn ja, überprüfe die Verträge auf Rentabilität. Solltest du nicht sicher sein, lasse die Verträge am besten von einem unabhängigen Profi überprüfen. Professor Money bietet speziell hierzu einen Lebensversicherungs-Rentabilitäts-Rechner an. Vielleicht lohnt sich der Ausstieg auch bei deinem Vertrag? Näheres am Ende des Buches unter der Überschrift »Persönliche Tipps«.

Bausparen – ein Tal der Tränen

»Die Grundidee des Bausparens ist recht einfach. Die fleißigen Sparer zahlen über viele Jahre hinweg meist 40 Prozent der vereinbarten Bausparsumme ein. Die fehlende restliche Summe bekommen sie dann als zinsgünstiges Darlehen von der Bausparkasse ausgezahlt. Soweit die Theorie. In Deutschland existieren aktuell rund 30 Millionen Bausparverträge. Einige Altverträge mit noch hohen Guthabenzinsen werden den Kunden auf Initiative einiger Bausparkassen willkürlich gekündigt. Das wurde vom Bundesgerichtshof dummerweise zumindest dann als rechtens ausgelegt, wenn der Bausparvertrag bereits zuteilungsreif ist und schon mindestens zehn Jahre lang läuft. Offensichtlich machen die Bausparkassen mit den höher verzinsten Altverträgen kein gutes Geschäft. Wer also seinen mit bis zu 4 Prozent verzinsten Bausparvertrag zehn Jahre oder länger besitzt und das angebotene Darlehen nicht in Anspruch nimmt, muss mit einer Kündigung rechnen. Aus welchem Grund sollte auch nur ein Kunde das Darlehen der Bausparkasse aus einem Altvertrag mit hohen Kreditzinsen in Anspruch nehmen, wenn er heute einen Immobilienkredit zu deutlich günstigeren Konditionen von der Bank bekommt? Kommen wir nun zu dem Bausparvertrag deines Vaters, Berti.«

Nach dieser kurzen Einleitung schaut sich der Professor nun den Vertrag genauer an und rechnet vor: »Auf sein Guthaben von rund 10.000 Euro bekommt er aktuell einen Zins von 1 Prozent. Die Bausparsumme beträgt 25.000 Euro und die sich daraus ergebenden Darlehenszinsen bei Inanspruchnahme des Kredits betragen knapp 4 Prozent. Der Vertrag wäre zuteilungsreif. Für knapp 4 Prozent pro Jahr ein Darlehen in Anspruch zu nehmen, wäre aber schlichtweg zu teuer. Denn aktuell liegen die Bauzinsen je nach Laufzeit zwischen 1 und 2 Prozent pro Jahr.

Davon abgesehen müsste man klären, ob dein Vater momentan überhaupt ein Darlehen benötigt. Denn wenn er vor einigen Jahren ein Haus gebaut hat, wird voraussichtlich alles finanziert sein und so schnell nichts anfallen. Vorausgesetzt, er braucht das Geld nicht und kann es zehn Jahre oder länger liegen lassen. Was würdet ihr mit diesem Vertrag denn tun?«, fragt der Professor die beiden.

»Kündigen!«, ruft Fritz. »Weil mein Papa nur 1 Prozent Zinsen bekommt und die Teuerungsrate mindestens 2 Prozent beträgt.«

Lohnt sich Bausparen wirklich?

Das Original-Angebot einer deutschen Bausparkasse und eine Fonds-Alternative im Vergleich:

	Angebot Bausparkasse	Fonds-Alternative
Ansparphase	15 Jahre	15 Jahre
Bausparsumme / benötigte Geldsumme	100.000 €	100.000 €
Guthabenzins pro Jahr	0,1 %	6,0 %
Einmalige Abschlussgebühren 1 %	1.000 €	keine
Jährliche Gebühren	12 €	1 % (vom Depotvermögen)
Effektive Darlehenszinsen pro Jahr	2,65 %	noch nicht bekannt
Monatliche Ansparrate	232 €	232 €
Einzahlung in 15 Jahren	41.760 €	41.760 €
Guthaben nach 15 Jahren	40.179 €	58.772 €
Gewinn / Verlust in Ansparphase	**–1.581 €**	**+ 18.593 €**
Bauspardarlehen / Bankdarlehen (11,43 % Zins)	59.821 €	41.228 €
Monatl. Rückzahlungsrate: Zins und Tilgung	600 €	600 €
Rückzahlungszeit	9 Jahre, 4 Monate	9 Jahre, 4 Monate
Restschuld	0 €	0 €

Der Zinssatz des Bankdarlehens könnte bis auf 11,43 Prozent pro Jahr steigen, um in der gleichen Rückzahlungszeit mit der gleichen Rate von 600 Euro monatlich schuldenfrei zu sein.

»Gute Idee, Fritz. Das würde ich auch tun«, bestätigt Professor Money.

»Sind Bausparverträge denn überhaupt empfehlenswert?«, fragt Fritz den Professor abschließend.

»In den allermeisten Fällen nicht«, erwidert dieser. »Erst neulich besuchte mich mein 30-jähriger Sohn und erzählte, seine Bank habe ihm einen Bausparvertrag aufs Auge drücken wollen. Er zeigte mir das Originalangebot der Bausparkasse, und wir schauten uns die Zahlen einmal genauer an. Dann haben wir eine Alternative für ihn durchgerechnet.« Gemeinsam analysieren sie das Angebot der Bausparkasse im Vergleich zur Alternative, das Geld in einem Fondssparplan anzulegen.

Der Professor erzählt: »Die Bausparkasse hat meinem Sohn angeboten, für die Bausparsumme von 100.000 Euro monatlich 232 Euro mit einer Verzinsung von 0,1 Prozent pro Jahr anzusparen. Wir vernachlässigen dabei einfach einmal, dass man heutzutage mit einer Summe von 100.000 Euro kein Haus mehr kaufen kann. Nach 15 Jahren hätte er nach Abzug der Abschlussgebühren von 1.000 Euro und 12 Euro jährlichen Kontogebühren ein Guthaben von 40.179 Euro, also weniger als seine Einzahlung von 41.760 Euro. Hier entsteht also schon ein Verlust von 1.581 Euro in der Ansparphase. Ist ein Guthaben in Höhe von circa 40 Prozent der Bausparsumme erreicht und der Vertrag damit zuteilungsreif, kann er ein Darlehen in Höhe von 59.821 Euro mit einem effektiven Zinssatz von 2,65 Prozent pro Jahr in Anspruch nehmen.«

Der mathematikbegeisterte Berti blickt den Professor fassungslos an und sagt: »Ist das Ihr Ernst? Die Leute schließen einen Vertrag, bei dem sie heute schon wissen, dass sie in 15 Jahren weniger Guthaben besitzen, als sie einbezahlt haben?«

Der Professor schmunzelt und antwortet: »Zumindest machen das Millionen Deutsche, mit der Aussicht auf ein zinsgünstiges Darlehen. Dass sie dabei in der Ansparphase ihr eigenes Geld aus dem Fenster werfen, wird leider gerne übersehen. Für die Bausparkasse ist das hingegen sehr lukrativ. Sie sammelt zum Nulltarif Geld ihrer Kunden ein. Das bedeutet, der Kunde schenkt der Bausparkasse 15 Jahre lang sein Geld und bezahlt sogar noch eine nette Gebühr oben drauf. Er bezahlt die Abschlussgebühr von meist 1 Prozent der Bausparsumme nämlich nicht nur für sein eigenes Geld, sondern auch noch für das noch gar nicht in Anspruch genommene Darlehen. Also 1 Prozent von 100.000 Euro.«

»Das hört sich ja völlig irrsinnig an«, meckert Fritz lautstark.

Der Professor erklärt weiter: »Das Spiel ist noch nicht zu Ende, Fritz. Wenn der Bausparer nach 15 Jahren das Darlehen bekommt, zahlt er es mit einer Rate von 600 Euro monatlich ab und ist nach 9 Jahren und 4 Monaten schuldenfrei. Soviel zum Angebot der Bausparkasse. Das eigene Geld ist grundsätzlich immer noch das günstigste Geld, weil man dafür keine Sollzinsen zahlen muss«, fügt der Professor hinzu.

»Nun wollen wir dennoch einmal eine Alternative durchrechnen. Diese findet ihr hier in der rechten Spalte der Tabelle. Wir benutzen die gleichen Rahmenbedingungen wie beim Bausparvertrag und investieren in einen oder mehrere Fonds mit einer Nettorendite von 5 Prozent pro Jahr. Diese Renditeerwartung ergibt sich aus 6 Prozent pro Jahr abzüglich 1 Prozent pauschal angenommene Verwaltungsgebühr. Nach 15 Jahren besitzen wir nach Steuerabzug ein Guthaben von 58.772 Euro oder können einen Gewinn von 18.593 Euro verbuchen. Je mehr eigenes Geld wir zur Verfügung haben, desto weniger Geld müssen wir uns von anderen leihen. In diesem Fall läge der Darlehensbetrag nur noch bei 41.228 Euro, das ist deutlich weniger als die Kreditsumme von 59.821 Euro bei der Bausparkasse. Allerdings haben wir keine Zinsgarantie, da wir nicht wissen, wie hoch die Darlehenszinsen in 15 Jahren sind. Wir müssten also dann ein Bankdarlehen für die 41.228 Euro aufnehmen. Die Rate von 600 Euro monatlich behalten wir bei, um direkt vergleichen zu können. Darüber hinaus wollen wir im selben Zeitraum schuldenfrei sein. Um tatsächlich schlechter gestellt zu sein als beim Bausparvertrag müsste der Zinssatz des Bankdarlehens auf über 11,4 Prozent pro Jahr steigen. Erst dann würde sich das Bausparen lohnen. Aktuell belaufen sich die Zinsen für ein zehnjähriges Darlehen bei der Bank auf circa 1,3 Prozent pro Jahr.

Der schlaue Berti grübelt und errechnet im Kopf: »Das heißt, der Kredit könnte knapp neunmal teurer werden, als er heute tatsächlich ist und als Bausparkunde hätte ich immer noch keinen Vorteil durch den versprochenen zinsgünstigen Kredit?«

»Richtig, Berti«, antwortet Professor Money. »Lasst uns deshalb mit einem realistischen Beispiel rechnen. Nehmen wir an, der Zinssatz von 1,3 Prozent pro Jahr würde sich zum Beispiel auf 3 Prozent pro Jahr erhöhen. Aufgrund dieser Annahme und bei gleichbleibender Rate wie oben wäre der Darlehensnehmer der Bank 3 Jahre früher fertig und würde sich einige Tausend Euro an

Zinsen sparen. Sollten nur zehn Jahre angespart werden, könnte der Darlehenszins auf runde 7,8 Prozent pro Jahr steigen.

Es lohnt also selbst bei einem kürzeren Zeitraum, sich über Alternativen Gedanken zu machen. Entscheidet sich der Darlehensnehmer dafür, seine Immobilie früher zu erwerben, so hat er mit der Investmentlösung die entsprechende Flexibilität. Denn der Bausparvertrag muss erst zuteilungsreif sein, bevor die Darlehenssumme in Anspruch genommen werden kann. Außerdem sind Voraussetzungen wie Mindestguthaben, Mindestvertragsdauer, Mindestbewertungszahl und Mindestsparzeit nötig, um genau diese Zuteilungsreife zu erlangen. Wenn zu viele Bausparer gleichzeitig ein Darlehen wollen und auf der anderen Seite zu wenige einzahlen, kann es durchaus zu ungeliebten Wartezeiten kommen. Die Bausparkasse gibt keine Garantie für einen bestimmten Auszahlungszeitpunkt. Sie stellt ein Darlehen nur aufgrund kalkulatorischer Planung in Aussicht. So steht es auch in den Allgemeinen Geschäftsbedingungen. Das kann für den Kunden unter Umständen bedeuten, dass er mit höherem Zinssatz einige Monate oder Jahre zwischenfinanzieren muss, bis er das Geld der Bausparkasse bekommt.

Das System der Bausparkassen ähnelt daher einem legalen Schneeballsystem. Kunden können immer nur so lange Geld zu bestimmten Zinsen bekommen, wie andere zu bestimmten Zinsen einzahlen. Sollte hier ein markantes Ungleichgewicht entstehen, kann die Bausparkasse in Schieflage geraten. Somit könnte das auch zum Problem des Kunden werden. Die staatliche Förderung habe ich beim kompletten Vergleich unberücksichtigt gelassen, da sie zu keiner signifikanten Änderung führen würde.«

»Und was ist, wenn die Zinsen doch aus unerklärten Gründen in ungeahnte Höhen steigen?«, fragt Berti.

»Das ist eine ausgezeichnete Frage, mein Lieber«, erwidert der Professor. »Allerdings muss ich dazu etwas ausholen. Davor brauche ich jedoch einen Schluck Wasser. Ihr macht mich ganz schön durstig«, sagt er und schmunzelt. Er steht auf, um eine große Kanne Wasser zu holen.

> **MERKE:**
>
> Hast du auch noch einen Bausparvertrag? Wenn ja, überprüfe ihn auf Rentabilität. Solltest du nicht sicher sein, lass den Vertrag am besten von einem unabhängigen Profi überprüfen. Vielleicht lohnt sich der Ausstieg? Nähere Informationen im Abschnitt »Persönliche Tipps« am Schluss dieses Buches.

Wo sind nur meine Zinsen hin?

Während der Professor im Haus verschwindet, legt Fritz seinen müden Kopf auf dem Tisch ab, um die kleine Unterbrechung zum Ausruhen zu nutzen. Ganz kurz schließt er seine Augen und seine Gedanken schweifen etwas ab. Es wird ganz still um ihn herum. In seiner Fantasie geht es um Zinsen, Sparen und seinen grinsenden Papa, der ihn voller Stolz anlächelt. Mit dem Wissen, dass sein Sohn sein »großes finanzielles Problem« gelöst hat.

Nach wenigen Minuten schon betritt Professor Money mit einer großen Kanne Wasser die Veranda und reißt Fritz aus seinem Sekundenschlaf. Nach einem kleinen Plausch über dies und das beantwortet Professor Money Bertis Frage, was denn passieren würde, wenn die Zinsen doch stark ansteigen würden.

»Der effektive Hypothekenzins, also die Bauzinsen mit zehn Jahren Zinsbindung, betrug in den letzten zwanzig Jahren im Durchschnitt circa 4,7 Prozent pro Jahr. Er ist innerhalb dieses Zeitraums von über 8 Prozent pro Jahr auf aktuell rund 1,3 Prozent pro Jahr gefallen. Das hat viele Gründe. Lasst mich auf einen ganz besonderen Grund näher eingehen. Aus der Immobilien- und Finanzkrise von 2008 wurde eine Bankenkrise. Sie mündete in einer Staatsschuldenkrise, da in Deutschland, in anderen europäischen Ländern, in Amerika und Japan der Staat viele Banken aufgrund der faulen Kredite in ihren Büchern retten mussten.«

»Und wer bezahlt das alles?«, fragt Fritz dazwischen.

»Letzen Endes bezahlen wir das. Wir, die Steuerzahler«, gibt ihm der Professor klar zu verstehen. »Aufgrund der enorm ausgeweiteten Staatsschulden, der Gefahr für die Wirtschaft und der in Schieflage geratenen Banken war die Zentralbank gezwungen, die Zinsen bis auf den Nullpunkt zu senken. Damit können sich Banken bis heute, wie bereits schon erwähnt, für 0 Prozent Zinsen Geld bei

Die Entwicklung der Staatsverschuldung und der 10-jährigen Staatsanleihen in Deutschland:

Quelle: Statistisches Bundesamt und JP Morgan Asset Management

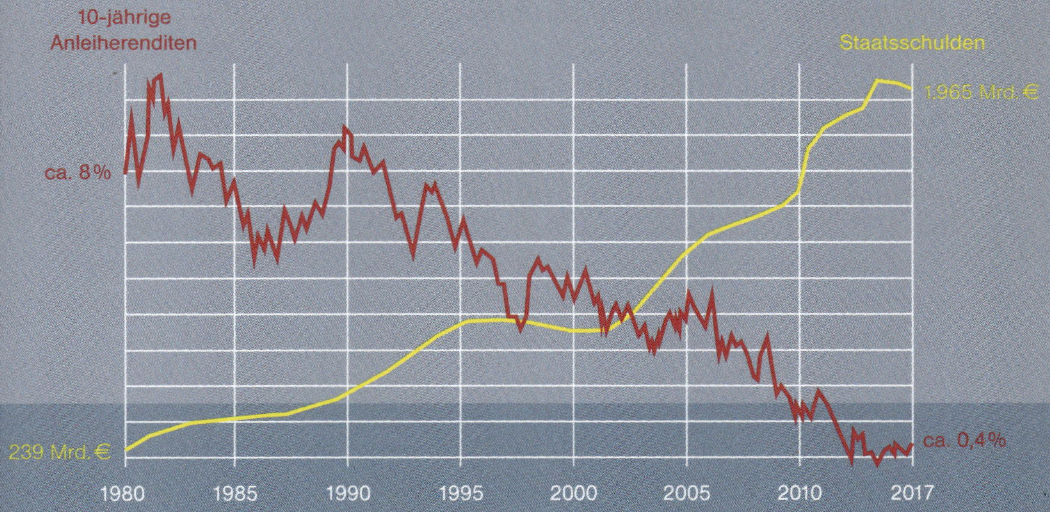

der Zentralbank leihen und als Kredite in den Wirtschaftskreislauf weiterleiten. Wenn die Zentralbank die Zinsen wieder auf ein Normalniveau von 3 bis 4 Prozent anheben würde, hätten viele Länder massive Probleme, sich am Kapitalmarkt Kredite zu besorgen beziehungsweise Staatsanleihen an den Mann zu bringen und würden in finanzielle Schwierigkeiten geraten. So war das auch in Griechenland. Ohne Hilfe wäre das Land längst insolvent. Kaum ein Staat ist wirklich daran interessiert, die Zinsen extrem steigen zu lassen. Denn welches Land kann sich das schon leisten? Seit längerer Zeit kaufen zudem die Zentralbanken Staatsanleihen in Milliardenhöhe. Das bedeutet, der Staat zahlt die Minizinsen an die Zentralbank und diese überweist am Ende des Jahres die Zinseinnahmen über die Gewinne der Zentralbank wieder zurück. Man könnte das für den Staat auch als Nullsummenspiel betrachten. Das wäre so, als würdest du, Berti, deinem Bruder Fritz zum Beispiel 1.000 Euro zu 3 Prozent Zinsen leihen und am Ende des Jahres gibst du ihm, weil du ihn lieb hast, die 3 Prozent Zinseinnahmen wieder zurück. Das Geld bleibt also in der Familie. Der Staat kann mit Hilfe der Zentralbank seine Zinslast abbauen, weil die Zentralbank die am Kapitalmarkt angebotenen Staatsanleihen aufkauft. Somit muss der Staat weniger Zinsen an seine Gläubiger zahlen und das Kapital wandert aus der privaten in die öffentliche Hand. Ein ganz normaler Vorgang«, gibt Professor Money zu verstehen und öffnet auf seinem Laptop das Bild »Die Entwicklung der Staatsverschuldung und der zehnjährigen Staatsanleihen in Deutschland«.

»Die Staatsschulden sind stetig gestiegen und die Renditen von zehnjährigen Staatsanleihen sind über die letzten knapp 40 Jahre von über 10 Prozent auf fast 0 Prozent gefallen. Man muss dazu sagen, dass wir Deutschen im Vergleich zu anderen höher entwickelten Industrienationen noch bei Weitem am besten dastehen. Je höher die Schulden, desto weniger können sich die Staaten hohe Zinsen leisten, die sie an private Gläubiger zahlen müssen. Kauft aber die Zentralbank einen Teil dieser Schulden in Form von Staatsanleihen auf, hat der betreffende Staat mehr Flexibilität. Die Zinslast der kommenden Jahre wird laut Prognosen aufgrund der Nullzinsen sogar für einige Länder etwas weniger.«

Der Professor zeigt den beiden ein Bild mit dem Titel »Staatsverschuldung vom Bruttoinlandsprodukt in Prozent nach ausgewählten Ländern 2017« (Seite 162/163).

»Schaut mal, hier könnt ihr die Verschuldung mehrerer Länder miteinander vergleichen. Es fällt auf, dass Japan die höchste Staatsverschuldung im

Verhältnis zum Bruttoinlandsprodukt hat, gefolgt von Griechenland. Allerdings mit dem Unterschied, dass Japan eine funktionierende Wirtschaft hat und Griechenland nach wie vor am Tropf hängt.«

»Was heißt das?«, möchte Fritz wissen.

Der Professor antwortet: »Stellt euch jemanden vor, der im künstlichen Koma liegt. Wenn er nicht künstlich ernährt und versorgt wird, stirbt er. So hängt auch Griechenland von den Steuergeldern aus Europa ab, die immer wieder die Löcher im griechischen Haushalt stopfen, um die Staatspleite zu verhindern.«

»Warum muss mein Papa als Steuerzahler für die finanziellen Schwierigkeiten anderer Länder aufkommen, er hat doch selbst genügend Probleme?«, fragt Fritz.

Professor Money lächelt und sagt: »Das nennt sich Politik, mein Lieber. Aber es wäre vergebene Liebesmühe, tiefer in dieses Thema einzutauchen.«

»Kann ein Staat denn überhaupt pleite gehen?«, fragt Berti.

»Oh ja, das kann er. Stellt euch vor, Deutschland war in den letzten 200 Jahren schon häufiger pleite als Griechenland«, antwortet der Professor.

»Wirklich?«, staunt Berti.

»Seht selbst, ich habe hier ein Diagramm mit verschiedenen Ländern, die Staatsbankrott anmelden mussten. Den Spitzenplatz belegt Venezuela mit sage und schreibe zehn Staatspleiten in den vergangenen 200 Jahren. Dabei ist die aktuelle Staatskrise noch gar nicht eingerechnet.«

»Deutschland ging schon siebenmal pleite!«, bemerkt Berti und kann es kaum fassen.

»Ihr seht also, auch Staaten können pleite gehen, und das passiert gar nicht einmal so selten. Danach geht es trotzdem immer wieder weiter. Denn die Konsumenten, also wir, sind auch nach der Staatspleite noch da und wollen wie gewohnt weiterleben, Produkte kaufen und Dienstleistungen nutzen. Deshalb lasst uns nun lieber darüber sprechen, was eure Eltern jetzt tun können, um ihre finanzielle Situation zu verbessern. Dazu brauche ich allerdings einige Zahlen eurer Eltern, die ihr wahrscheinlich nicht kennt«, mutmaßt Professor Money.

»Da kennen Sie mich aber schlecht, Herr Professor!«, stellt Berti klar und zückt aus seinem Rucksack die Kontoauszüge seines Vaters.

»Wenn dein Papa das mitbekommt, wird er bestimmt stinksauer sein«, sagt der Professor.

»Ich weiß, aber am Ende ist er bestimmt froh, dass ich es getan habe. Denn mein Bruder und ich können den ewigen Streit ums Geld zu Hause nicht mehr

Staatsverschuldung vom Bruttoinlandsprodukt in Prozent nach ausgewählten Ländern 2017:

Quelle: Internationaler Währungsfonds

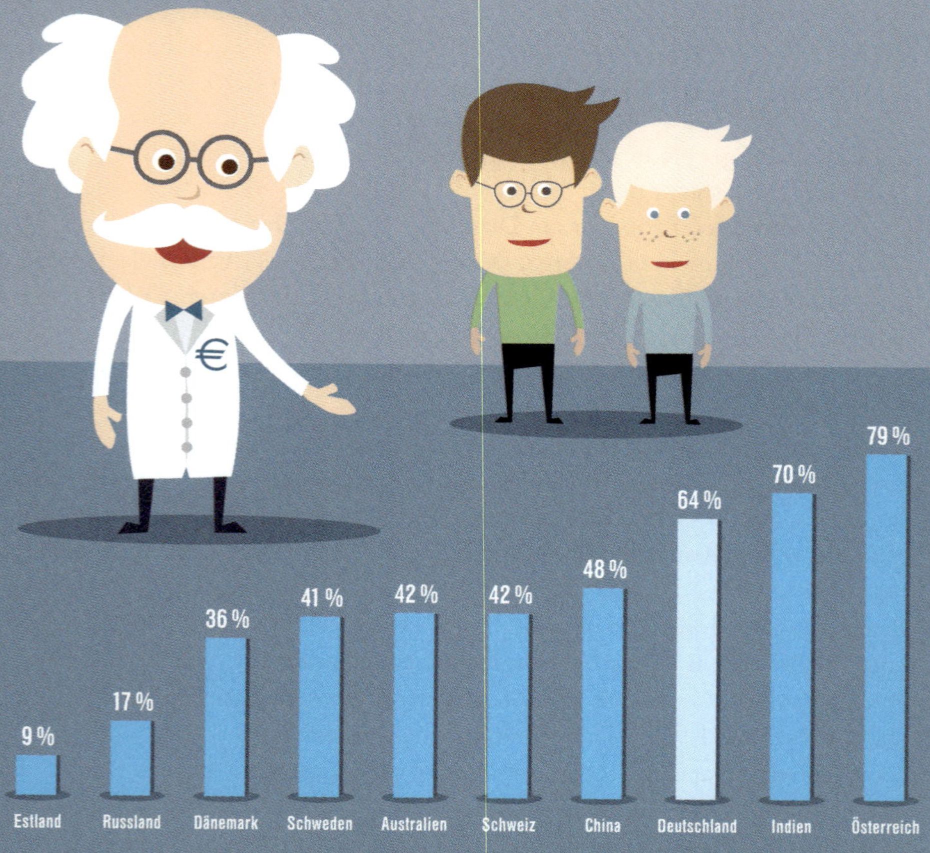

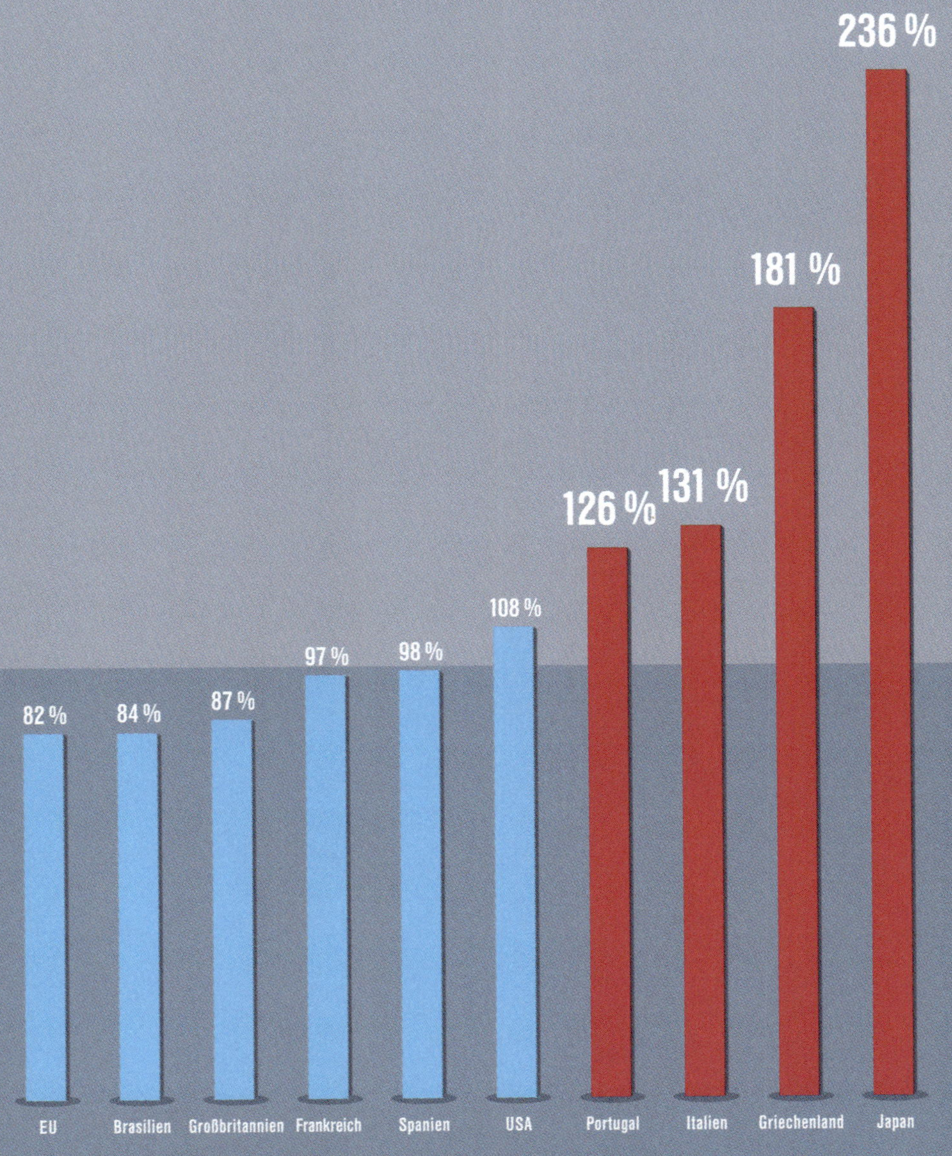
82 %
84 %
87 %
97 %
98 %
108 %
126 %
131 %
181 %
236 %
EU
Brasilien
Großbritannien
Frankreich
Spanien
USA
Portugal
Italien
Griechenland
Japan

Anzahl der Staatspleiten in den letzten 200 Jahren:

Quelle: Dieses Mal ist alles anders: Acht Jahrhunderte Finanzkrisen.
FinanzBuch Verlag

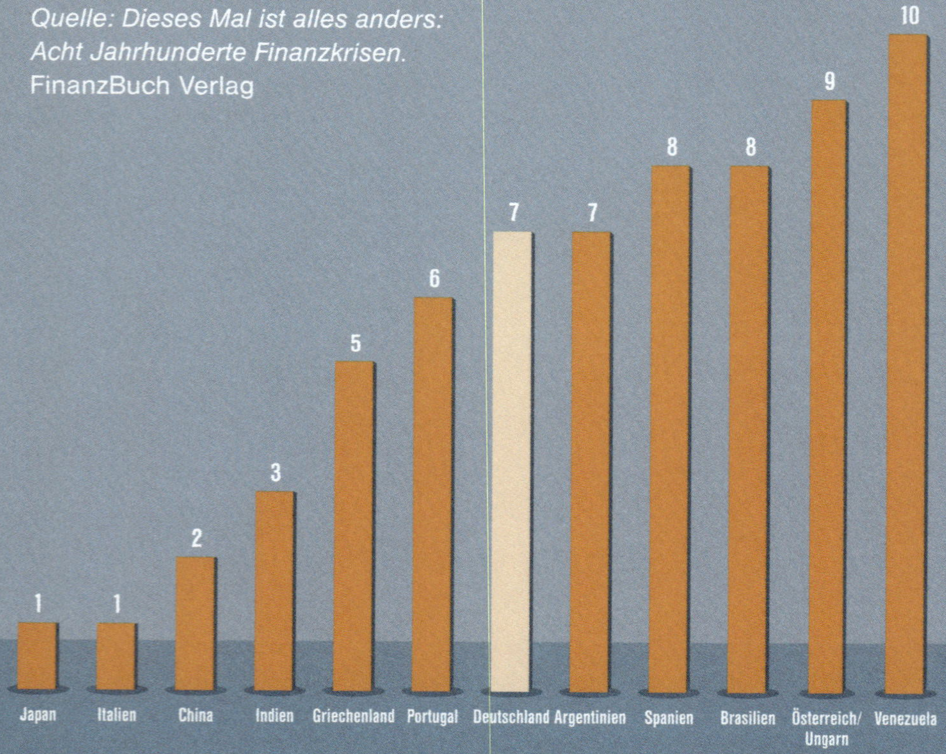

ertragen. Das drückt jedes Mal unglaublich auf die Stimmung, und Mama weint deshalb auch häufig. Ich habe Angst, dass sich unsere Eltern deswegen irgendwann trennen. Deshalb versuchen wir mit allen Mitteln, ihnen zu helfen«, betont Berti.

MERKE:

Akzeptiere den aktuellen Nullzins. Ein Anstieg der Zinsen wird, wenn überhaupt, so schnell nicht kommen. Mit höchster Wahrscheinlichkeit steht uns eine längere Eiszeit mit minimalen Zinsen bevor. Es stellt sich daher nur eine Frage: Schaust du untätig zu, wie dein Geld Stück für Stück immer weniger wert wird oder handelst du wie ein ausgeschlafener Geldanleger?

Status quo – Wo stehst du wirklich?

»Ich verstehe, ihr beiden tut mir sehr leid. Ich kann eure Situation gut nachvollziehen, denn in sehr vielen Familien führt die ewige Diskussion ums Geld immer wieder zu Konflikten. Die Leidtragenden sind oft die Kinder. Viele Eltern glauben, ihre Sprösslinge bekommen das nicht mit, doch die negative Stimmung nehmen die Kinder sehr wohl in sich auf. Sie beeinflusst ihr weiteres Leben im Allgemeinen und auch ihr Denken und Handeln im Hinblick auf das Thema Geld. Ich will sehen, was ich tun kann. Eure Eltern sind euch sehr wichtig und diese Einstellung schätze ich sehr. Außerdem meint ihr es ja gut und wollt euren Eltern helfen«, fügt der Professor hinzu und ergänzt: »Zunächst analysieren wir erst einmal die Ausgaben eurer Eltern. Anschließend benötige ich die Renteninformation der beiden. Der Verdienst eures Vaters steht als monatliche Überweisung auf dem Kontoauszug.«

»Den habe ich schon gefunden«, ruft Fritz dazwischen.

»Ihr seid mir zwei Schlitzohren«, meint Professor Money schmunzelnd. »Nun gut, es hat wohl alles seinen Sinn, dass die Dinge so geschehen, wie sie geschehen. Wir machen weiter und schreiben die monatlichen Ausgaben eurer Eltern Fred und Susi in einer Tabelle zusammen.«

Fred und Susis monatliche Ausgaben:

Art der Kosten	Betrag
Darlehensrate Haus	800 €
Nebenkosten Haus (inklusive Strom)	300 €
Lebenshaltungskosten	300 €
Kapitallebensversicherung	150 €
Bausparvertrag	100 €
Sparbuch	50 €
Kontogebühren Girokonto	10 €
Private Haftpflichtversicherung	10 €
Berufsunfähigkeitsversicherung	50 €
Hausratversicherung	10 €
Kfz-Versicherung	50 €
Telefon	50 €
Kfz-Kosten (Steuer, Sprit, Service und Wartung)	150 €
Konsumkredit Fernseher	50 €
Lotto spielen, Glücksspielautomaten etc.	100 €
Schul- und Taschengeld	300 €
Friseur	50 €
Kleidung	100 €
Fitnesscenter	50 €
Urlaub	200 €
Gesundheit	70 €
Sonstiges	150 €
Monatliche Ausgaben gesamt	**3.100 €**

»Wenn ich mir die Ausgaben eurer Eltern so anschaue, scheint es, als kalkulierten sie Spitz auf Knopf. Hier darf wirklich nichts Außergewöhnliches passieren, sonst müssen eure Eltern sofort an ihre Reserven. Insgesamt geben eure Eltern rund 3.100 Euro jeden Monat aus. Euer Papa bekommt circa 2.300 Euro Nettolohn monatlich auf sein Konto überwiesen. Hinzu kommt der Minijob eurer Mutter mit 400 Euro monatlich und zweimal das Kindergeld. Das beträgt 2019 monatlich 204 Euro. Das ergibt eine Summe von 3.108 Euro an Einnahmen, berechnet der Professor.

»Und jetzt?«, fragt Berti.

Der Professor denkt nach und rechnet weiter: »Zunächst sollten eure Eltern ihre Ausgaben reduzieren, wo sie können. Am einfachsten geht das beim Telefon, bei der Auto-Versicherung und beim Kredit für den Fernseher. Konsumkredite schaffen keinen Mehrwert, sondern kosten nur Geld und machen die Leute ärmer. Kredite für Immobilien hingegen schaffen einen realen Wert, der in der Regel langfristig steigt.«

»Der Fernseher ist nächsten Monat abbezahlt, das weiß ich zufällig. Denn ich war dabei, als Papa ihn letztes Jahr um die gleiche Zeit gekauft und eine Finanzierung mit zwölf Monatsraten vereinbart hat«, weiß Berti.

»Sehr gut«, lobt der Professor und geht die Liste weiter durch: »Die Versicherungen, bis auf die Kapitallebensversicherung, scheinen mir vom Preis-Leistungs-Verhältnis her recht günstig zu sein. Eine Änderung würde ich hier nicht vornehmen, eine unabhängige Überprüfung kann aber trotzdem nicht schaden. Eure Eltern sind auch nicht überversichert; sie haben wirklich nur das Nötigste abgeschlossen. Das ist gut so. Die restlichen Positionen sind aus meiner Sicht soweit auch in Ordnung, denn ihr müsst schließlich in die Schule und wollt jeden Monat euer Taschengeld, oder?«

»Also am Taschengeld können wir nichts streichen, das ist sowieso schon so wenig«, ruft Fritz.

Professor Money lacht.

Berti schlägt vor: »Den Posten Fitnessstudio mit 50 Euro jeden Monat könnten sie streichen, denn Papa geht eh nie hin!«

»Ist dein Papa etwa so ein Passivmitglied wie tausend andere, die sich nur wegen ihrem schlechten Gewissen im Fitnessstudio anmelden, sich an den Geräten einweisen lassen, um dann nie ins Training zu gehen?«, fragt der Professor.

Berti antwortet: »Genau. Er spricht immer nur davon, er müsste mal wieder anfangen zu trainieren, aber hingehen tut er nie.«

Der Professor nimmt diese Aussage schmunzelnd zur Kenntnis. Er weiß genau, was sich im Kopf von Bertis Vater abspielt.

Der rational denkende Berti geht die Auflistung weiter durch und bleibt bei dem Punkt Lottospielen hängen. Er fragt: »Wie war das doch gleich? Es ist viel wahrscheinlicher, vom Blitz getroffen zu werden, als sechs Richtige im Lotto zu haben? Ein Millionengewinn ist damit also fast aussichtslos.«

Der Professor fügt hinzu: »Es mag dem einen oder anderen vielleicht Spaß machen, sich jeden Samstag gespannt vor den Fernseher zu setzen und dann wieder einmal festzustellen, auf die falschen Zahlen getippt zu haben. Aber so funktionieren Reichtum und Geldvermehrung nicht. Dennoch geben die Deutschen Unsummen für Lotto und sonstige Glücksspiele aus, einige sogar weit über 100 Euro jeden Monat. Berti, wie viel Geld schmeißt dein Papa aus dem Fenster, wenn er 25 Jahre Lotto spielt?«

Berti rechnet schnell nach und sagt: »30.000 Euro.«

»Mit Zins und Zinseszinseffekt gehen ihm über 60.000 Euro durch die Lappen. Das wäre immerhin ein nagelneues, schickes Auto«, erklärt der Professor und ergänzt: »Um auf deine Frage zurückzukommen, Berti: Wer sein Geld vernünftig investiert, muss nicht Lotto spielen, um wohlhabender zu werden, sondern lediglich eine Entscheidung treffen und abwarten.«

Der Professor hält die »Reduzierung von Fred und Susis Ausgaben« fest:

»Die Ausgaben könnten um 280 Euro jeden Monat gesenkt werden.«, schlussfolgert Professor Money.

»Das ist ja ganz schön viel Geld!«, stellt Fritz mit Erstaunen fest und freut sich insgeheim schon darauf, dann auch mehr Taschengeld zu bekommen.

»Richtig Fritz, aber das heißt nicht, dass das gesparte Geld nun zur freien Verfügung steht. Ein Teil davon muss umgeschichtet werden, um später das Haus nicht verkaufen zu müssen«, meint der Professor.

»Ach ja, das habe ich ganz vergessen«, antwortet Fritz.

»Hinzu kommen jetzt noch die bisherigen Sparbeiträge, die laut unserer Analyse zu wenig bringen und die wir entsprechend umschichten könnten«, erklärt der Professor und listet das umschichtbare Vermögen auf.

»Über den Sinn und die Rentabilität der Kapitallebensversicherung, den Bausparvertrag und das Sparbuch haben wir bereits in aller Ausführlichkeit

Reduzierung Fred und Susis monatlicher Ausgaben:

	Vorher	Nachher	Monatliche Ersparnis
Nebenkosten Haus (inklusive Strom)	300 €	250 €	50 €
Kfz-Versicherung	50 €	40 €	10 €
Telefon	50 €	30 €	20 €
Konsumkredit Fernseher	50 €	0 €	50 €
Lotto spielen, Glücksspielautomaten etc.	100 €	0 €	100 €
Fitnesscenter	50 €	0 €	50 €
Summe	**600 €**	**320 €**	**280 €**

Übersicht über Fred und Susis umschichtbares Vermögen:

	Vorher	Nachher	Monatliche Ersparnis	Einmalig zur Verfügung
Kapitallebensversicherung	150 €	0 €	150 €	26.000 €
Bausparvertrag	100 €	0 €	100 €	10.000 €
Sparbuch	50 €	0 €	50 €	10.000 €
Summe	**300 €**	**0 €**	**300 €**	**46.000 €**

diskutiert. Im Falle eures Vaters lohnt sich eine Umstellung dieser Verträge. Der Wegfall des Todesfallschutzes wird durch den Abschluss einer Risikolebensversicherung wieder hergestellt. Diese Police kostet eure Eltern zusammen nur 20 Euro jeden Monat«, resümiert der Professor.

»Wie viel Geld brauchen Mama und Papa denn später, um ihr Haus behalten zu können?«, fragt Berti. »Genau das rechnen wir jetzt aus, ihr beiden«, erklärt der Professor und erläutert weiter: »Hierzu benötigen wir eine Ziel-Vermögensrechnung, bei der wir die voraussichtliche gesetzliche Rente und die Inflation berücksichtigen müssen. Berti, Fritz, nun stellt euch einmal Folgendes vor: Ihr seid Papa und Mama, geht mit 67 in den Ruhestand und verdient ab diesem Zeitpunkt kein Geld mehr. Ihr wart bisher immer gewohnt, insgesamt circa 3.100 Euro auszugeben. Wie viel Geld benötigt ihr, um entspannt und sorglos im Alter leben zu können?«

Berti antwortet: »Na, wahrscheinlich dieselbe Summe. Mama erzählt immer davon, dass sie im Alter oft auf Reisen gehen will, um das Leben so richtig zu genießen. Andererseits fallen auch einige Ausgaben weg. Wenn ich das richtig sehe, sind mein Bruder und ich dann schon erwachsen und Papa und Mama müssen nicht mehr für uns sorgen. Die Kosten von 300 Euro für Schulbedarf, Kleidung und Taschengeld sind dann hinfällig. Außerdem müssen unsere Eltern im Rentenalter auch nicht mehr sparen, das heißt, es fallen nochmal 300 Euro weg.«

»Sehr gut, Berti.« antwortet der Professor. »Es kommt auch noch darauf an, ob das Haus abgezahlt ist. Es sind also einige Faktoren, die wir jetzt noch nicht hundertprozentig kennen. Nehmen wir deshalb einfach mal an, eure Eltern hätten das Ziel, ihr heutiges Nettoeinkommen abzusichern, dann wären das circa 2.300 Euro monatlich für deinen Vater und circa 400 Euro für deine Mutter, insgesamt also 2.700 Euro. Laut Renteninformation bekommen sie Stand heute 1.100 Euro und 400 Euro Bruttorente von der gesetzlichen Rentenversicherung. Macht zusammen 1.500 Euro. Dieses Geld steht ihnen unterm Strich aber nicht vollständig zur Verfügung, da sie noch circa 11 Prozent Kranken- und Pflegeversicherungsbeiträge entrichten müssen. Die Nettorente beträgt dann aufgerundet circa 1.300 Euro.«

»Und Steuern müssen sie nicht zahlen?«, fragt Berti.

»In diesem Fall nicht, sofern sich die Steuergesetzgebung nicht gravierend verändert«, antwortet der Professor und führt weiter aus:

»Der Steuerfreibetrag für Verheiratete liegt 2019 bei 18.336 Euro im Jahr. Für Ledige liegt er bei 9.168 Euro pro Jahr. Das heißt, bis zu diesem Renteneinkommen zahlen sie keine Steuern, es sei denn, sie haben aus anderem Vermögen noch Erträge, die versteuert werden müssen. Wir gehen aus Vereinfachungsgründen nun von einer Nettorente von 1.300 Euro aus, woraus sich eine Versorgungslücke von 1.400 Euro im Vergleich zum Nettolohn ergibt. Was erschwerend hinzu kommt, ist der Wertverlust durch Inflation, wie ihr bereits wisst. Mit den 1.400 Euro können eure Eltern in 24 Jahren nicht gleich viel kaufen wie heute. Somit muss dieser Wertverlust ausgeglichen werden. Wisst ihr noch, wie hoch die offizielle Inflationsrate war?«

Berti grübelt: »Ja, so rund 2 Prozent pro Jahr, oder?«

»Exakt«, antwortet der Professor. »Das bedeutet, aus 1.400 Euro werden 2.200 Euro. Eure Eltern können also in 24 Jahren für 2.200 Euro genauso viel kaufen, wie heute für 1.400 Euro.«

»Und wie viel Vermögen brauchen Papa und Mama dann mit 67?«, fragt Fritz etwas überfordert.

Professor Money rechnet vor und notiert alle Zahlen mitsamt dem Rechenweg. Am Ende steht die gigantische Zahl von 528.000 Euro.

»So viel!«, ruft Fritz entsetzt.

»Ja, selbstverständlich«, antwortet der Professor und rechnet vor, wie er zu dieser Zahl gekommen ist: »Wenn eure Eltern monatlich 2.200 Euro benötigen, dann sind das im Jahr 26.400 Euro an durchschnittlichen Gewinnen, bestehend aus Zinsen, Dividenden und Kurssteigerungen. Wir nehmen einmal weiter an, dass dieses Vermögen durchschnittlich etwa 5 Prozent Gewinn pro Jahr abwirft. Mit diesen Rahmenbedingungen muss das Zielvermögen bei 528.000 Euro liegen, damit sie von den Erträgen leben können. Dabei schwankt der Wert des Guthabens je nach Anlage sowohl nach oben als auch nach unten. Bei einer durchschnittlichen Netto-Rendite von 5 Prozent pro Jahr und mäßigen Schwankungen können eure Eltern ewig von dem Geld leben, da sich das Vermögen nicht aufbraucht. Liegt die durchschnittliche Rendite bei 3 Prozent pro Jahr, können sie 30 Jahre lang Geld entnehmen, bis das Kapital zur Neige geht. Wenn sie zudem noch einen schlechten Startzeitpunkt erwischen und 10 Prozent ihres Vermögens von 528.000 Euro gleich zu Beginn an Kursverlusten einbüßen, dauert die Entnahmephase nur noch 25 Jahre. Da ist euer Papa dann 92 Jahre alt. Deshalb ist es sehr wichtig, in einer

Fred und Susis notwendige Zielvermögensrechnung:

		Bemerkung
Nettolohn heute	2.700 €	Nettolohn Fred ca. 2.300 € + Nettolohn Susi ca. 400 €
Bruttorente mit 67	1.500 €	Gesetzliche Rente Fred 1.100 € + Gesetzliche Rente Susi 400 €
Nettorente mit 67	1.300 €	Bruttorente – 11 % Kranken- und Pflegeversicherungsbeitrag
Versorgungslücke heute	1.400 €	Nettolohn heute – Nettorente mit 67
Versorgungslücke mit 67	2.200 €	Versorgungslücke heute +2 % Inflationsausgleich pro Jahr
Zielvermögen mit 67	**528.000 €**	Versorgungslücke mit 67: 2.200 € x 12 Monate = 26.400 € pro Jahr 26.400 € x 100 : 5 = 528.000 €

solchen Phase auf die genaue Auswahl der Fondszusammenstellung zu achten«, warnt der Professor.

»Und wie sollen meine Eltern diese große Summe jemals erreichen?«, fragt Berti mit großen Augen.

»Lass uns eine kurze Pause machen, noch eine Tasse Tee trinken und ein paar Kekse essen, bevor wir darauf eingehen«, antwortet Professor Money und geht ins Haus, um eine weitere Kanne Tee aufzubrühen.

MERKE:

Analysiere deine Ausgaben und deine Sparformen. Mit dem Rentenrechner von Professor Money auf www.professor-money.de/renten-rechner kannst du ganz einfach und schnell dein Zielvermögen ausrechnen, um zu sehen, wo du stehst. Eine genaue Anleitung findest du unter »Persönliche Tipps«.

Mit Strategie und Köpfchen zu 500.000 Euro

Berti und Fritz lehnen sich zurück und schauen auf den kleinen See. In der kurzen Zeit, die sie bei Professor Money verbracht haben, haben sie schon viele wesentliche Dinge über Geld gelernt. Die beiden schöpfen langsam wieder Hoffnung.

Der schon fast weise Berti erinnert sich an ein paar Sätze, die er mal irgendwo aufgeschnappt hat, und sagt zu Fritz: »Ich glaube, das wird schon wieder, Fritz. Schau mal, selbst ein halb ausgetrockneter See kann durch viel Regen wieder Wasser bekommen. Und dann werden auch wieder mehr Fische darin leben. Ich bin mir jedenfalls jetzt schon sicher, dass das zufällige Zusammentreffen mit Professor Money für Mama und Papa die Rettung aus der finanziellen Misere sein wird.«

Der Professor kommt mit einem Teller voller Schokokekse aus seinem Haus und schenkt den beiden Jungs noch Tee nach.

»So Jungs«, sagt er. »Jetzt esst erst einmal ein paar Kekse, um wieder zu Kräften zu kommen.«

Nach einer kurzen Entspannung machen sie sich wieder zusammen ans Werk.

Professor Money greift die Frage von Berti auf und fasst noch einmal die wichtigsten Zahlen zusammen. »Also«, sagt er, »eure Eltern brauchen circa 528.000 Euro.«

»Die monatliche Ersparnis beläuft sich auf 280 Euro abzüglich 20 Euro im Monat für eine günstige Risikolebensversicherung. 300 Euro jeden Monat können aus den bisherigen Sparformen lockergemacht werden. Das ergibt 560 Euro monatlich. Hinzu kommt der Rückkaufswert aus der Lebensversicherung, das sind 20.000 Euro plus der Anspruch aus der Rückabwicklung von circa 6.000 Euro. Das einmalige Guthaben aus dem Bausparvertrag beträgt 10.000 Euro und die Summe auf dem Sparbuch ebenfalls 10.000 Euro. Insgesamt sind das also 46.000 Euro Guthaben und 560 Euro an monatlichen Beträgen. Daraus werden wir jetzt einen finanziellen Maßanzug schneidern, der euren Eltern wie angegossen passt.«

Umschichtungsplan der bestehenden Sparformen für Fred und Susi:

	Monatlich	Einmalig
Ersparnis der Ausgaben	260 €	0 €
Umschichtung aus der Lebensversicherung	150 €	26.000 €
Umschichtung aus dem Bausparvertrag	100 €	10.000 €
Umschichtung aus dem Sparbuch	50 €	10.000 €
Summe	**560 €**	**46.000 €**

Der Professor betont: »Jeder sollte mindestens 10 bis 20 Prozent seines verfügbaren Nettoeinkommens intelligent und modern investieren, um es später finanziell leichter zu haben und den Ruhestand in vollen Zügen genießen zu können. Ich habe mir deshalb schon früh ein sehr einfaches, höchst effektives und leicht nachvollziehbares Konzept für jedermann ausgedacht. Ich nenne es ›Professor Moneys Zwei-Topf-Strategie‹.«

Der Professor erklärt weiter: »Zunächst ist es wichtig, dass eure Eltern jederzeit genügend Geld zur Verfügung haben, vor allem kurzfristig. Wenn das Auto repariert werden muss, die Waschmaschine kaputt geht oder sonstige außergewöhnliche Belastungen auf sie zukommen, rettet sie ein Topf mit ein paar Tausend Euro Reserve: die Kasse. Dieser Topf dient als Notgroschen, aber auch als Spaßkonto. Auf dieses Spaßkonto sollte man bewusst einen monatlichen Betrag legen, den man in jedem Fall wieder ausgeben darf für alles, was Spaß macht. Das kann ein langersehnter Ausflug mit Freunden sein oder auch ein schon lange versprochenes Wellness-Wochenende. Die Kasse deckt alles Kurzfristige ab und ersetzt das Sparbuch vollständig. In der Praxis stellt man sich dafür keine Kasse ins Haus, sondern eröffnet ein kostenloses Tagesgeldkonto. Das Geld steht dann täglich zur Verfügung, kann also jederzeit abgehoben werden. Es gibt keine Wartezeiten wie bei einem Sparbuch oder einem Bausparvertrag. Der Zins liegt momentan zwischen circa 0,2 und 1 Prozent pro Jahr und in den meisten Fällen deutlich über den Zinsen für ein Sparbuch.«

»Und wie viel Geld sollte mein Papa von den 46.000 Euro darauf überweisen?«, fragt Berti.

»Etwa die Summe von drei Monatseinkommen«, antwortet der Professor und ergänzt: »2.700 Euro x 3 Monate = 8.100 Euro. Die runden wir auf 8.000 Euro und einen monatlichen Betrag von 60 Euro, die bewusst für Dinge ausgegeben werden, die man sich sonst nicht gönnen würde.«

Professor Moneys
2-Topf-Strategie
für Fred und Susi:

»Der zweite Topf nennt sich ›Vermögen‹ und dient, wie der Name schon sagt, dem Vermögensaufbau. Dieser Topf besteht ein Leben lang. Sowohl in der Phase der Einzahlung wie bei euren Eltern, als auch in der Auszahlungsphase im Ruhestand.«

»Haben Mama und Papa jederzeit Zugriff auf das Geld, wenn zum Beispiel Oma etwas zustößt?«, fragt Berti.

»Ja, selbstverständlich. Denn der Vermögenstopf ist von der Verfügbarkeit her fast zu vergleichen mit einem Girokonto. Er heißt bloß anders, nämlich Wertpapierdepot oder einfach nur Depot. Heutzutage können eure Eltern fast bei jeder Bank ein Depot eröffnen. Eine Depotbank verwahrt die Anteile eines oder mehrerer Investmentfonds oder auch Aktien. Wird das Geld ganz oder teilweise benötigt, werden Anteile verkauft. Der Erlös landet dann innerhalb weniger Tage auf dem angegebenen Girokonto«, erklärt Professor Money.

»Das hört sich ja sehr einfach an«, bestätigt Berti.

»Das ist auch sehr einfach. Aber nur die wenigsten haben es bislang umgesetzt«, meint der Professor. Weiterhin erklärt er: »Eure Eltern haben nun die Möglichkeit, ihr frei verfügbares Geld in ein Depot einzuzahlen, sowohl monatlich als auch einmalig«, antwortet der Professor und teilt die Beträge auf: »Von 46.000 Euro sind nun 8.000 Euro in die Kasse gewandert. Es verbleiben also 38.000 Euro einmalig und 500 Euro monatlich. Um einen kleinen Puffer zu haben, würde ich von den 500 Euro monatlich nur 400 Euro für den Vermögensaufbau verwenden. Sollte das auch noch zu viel sein, können eure Eltern den Betrag jederzeit nach unten korrigieren. Das vorrangige Ziel bleibt die Summe von rund einer halben Million Euro im Rentenalter.«

Fritz fragt: »Wird das viele Geld später dann auf das Girokonto ausgezahlt?«

»Das wäre möglich, ist aber nicht sinnvoll«, antwortet der Professor und fährt fort: »Alles Geld, das eure Eltern während der gesamten Einzahlungsphase investiert haben, wird in der Auszahlungsphase wieder regelmäßig entnommen, wie bei einer Rente. Ein Depot besitzt man also ein Leben lang, so wie ein Girokonto.«

»Erreichen unsere Eltern denn das Zielvermögen von 500.000 Euro?«, fragt Fritz zweifelnd.

»Lasst uns doch einfach mal nachrechnen, Jungs«, erwidert der Professor und murmelt die Zahlen vor sich hin, die er in seinen Vermögensrechner eingibt: »Einmalige Anlage 38.000 Euro, monatliche Anlage 400 Euro,

Professor Moneys Kassen-Topf für Fred und Susi:

Anlagedauer 24 Jahre und eine angenommene Rendite von 6 Prozent. Das ergibt 405.000 Euro«, teilt der Professor den beiden mit.

»Da fehlen ja noch etwa 100.000 Euro«, merkt Fritz an.

»In diesem Fall haben eure Eltern drei Möglichkeiten«, meint der Professor. »Erstens: Sie akzeptieren, dass sie im Alter mit weniger Geld auskommen müssen. Bei 405.000 Euro sind zwar 1.700 Euro Entnahme monatlich möglich, jedoch sind hier Steuern, Gebühren oder ein Puffer für höhere Kursschwankungen nicht berücksichtigt. Zweitens: Sie erhöhen die Rendite und lassen sich dafür auf eine größere Schwankungsbreite in der Ansparphase ein. Sollten sie mit 7 Prozent pro Jahr statt wie bereits gerechnet, mit 6 Prozent im Ziel einlaufen, erhöht sich die Summe auf circa 482.000 Euro. Die dritte Möglichkeit besteht in einer Erhöhung der monatlichen Sparbeiträge, damit sie mehr investieren können. Der einmalige Betrag von 38.000 Euro scheint mir erschöpft zu sein, es sei denn, eure Eltern hätten noch Geld im Garten vergraben.«

»Moment.« Fritz fällt in diesem Augenblick ein, dass er darüber vor einigen Wochen mit Mama gesprochen hat. »Sie meinte, dass sie vielleicht auch wieder mehr arbeiten könnte, um den Finanzhaushalt zu entlasten. Dadurch kämen 300 bis 400 Euro mehr aufs Konto.«

»Das ist die Lösung!«, ruft Berti.

»Professor Money, wie viel Geld müssten meine Eltern denn monatlich mehr zur Seite legen, um die magische Grenze von einer halben Million Euro zu erreichen?«

Der Professor rechnet: »Also mit 200 Euro zusätzlich und einer gleichbleibenden Rendite von 6 Prozent pro Jahr kommen wir auf über 530.000 Euro.«

»Das ist ja spitze! Dann können wir es also schaffen?«, fragt Berti mit leuchtenden Augen.

»Jawohl, so sieht es aus«, bestätigt Professor Money.

Nach einem kurzen Freudentaumel hat Berti noch eine Frage: »Warum haben Sie eigentlich nur mit 6 Prozent Rendite pro Jahr gerechnet?«

Der Professor schildert bereitwillig seinen Gedankengang: »Ich bin mir ziemlich sicher, dass die langfristigen Renditen höher liegen. Betrachten wir alle Zwanzigjahreszeiträume der letzten rund 50 Jahre im DAX (deutsche Aktien), Dow Jones (US-amerikanische Aktien) und REX (deutsche Anleihen), betrug die Rendite im schlechtesten Fall nur 5 Prozent pro Jahr. Im besten Fall

Professor Moneys Vermögens-Topf für Fred und Susi:

Einzahlung:
38.000 € einmalig
400 € monatlich

lagen wir bei 11,9 Prozent pro Jahr. Aber Ihr wisst ja bereits: Bei der großen Mehrzahl der Zwanzigjahresperioden war die Rendite höher als 6 Prozent pro Jahr. Im Durchschnitt betrug die Rendite exakt 7,9 Prozent pro Jahr. Die Wahrscheinlichkeit, dass sich die Rendite bei einem so langen Zeitraum oberhalb von 6 Prozent pro Jahr befindet, liegt also bei über 87 Prozent. Dennoch müssen deine Eltern je nach Fondsauswahl die anfallenden Gebühren und Steuern berücksichtigen. Darüber hinaus spielen ihre persönliche Neigung und die Schwankungsbereitschaft für ihr Vermögen eine wesentliche Rolle. Fakt ist, dass all die Zinsen unter 2 Prozent, die sie bisher bekommen haben, von der Teuerungsrate vollständig aufgefressen wurden. Das führt nicht zum Vermögensaufbau. Wenn ihr euch erinnert, brachte das Sparbuch nur 0,1 Prozent Zinsen und der Bausparvertrag und die Lebensversicherung nur unwesentlich mehr ein. Das heißt: Alles was sie über der Inflationsrate erwirtschaften, macht sie langfristig reicher und finanziell unabhängiger als zuvor. Ob am Ende 5 Prozent, 6 Prozent oder 7 Prozent pro Jahr erreicht werden, kann niemand exakt vorhersagen. Bei diesem langen Zeitraum jedoch kann aber durchaus mit gutem Gewissen eine höhere Aktienquote im Depot vorhanden sein, um eine höhere Rendite zu erzielen. Gegen Ende des Anlagezeitraums kann dann in schwankungsärmere Wertpapiere umgeschichtet werden, um größere Kursverluste zu vermeiden. Selbst wenn eure Eltern die 38.000 Euro zu 100 Prozent in Aktien investieren würden, läge der prozentuale Anteil an ihrem Gesamtvermögen nur bei 13 Prozent. Ihre Immobilie habe ich pauschal mit 500.000 Euro bewertet abzüglich 250.000 Euro Kredit. Insgesamt besitzen eure Eltern somit aktuell 296.000 Euro.« Professor Money zückt einen Stift und zeichnet ein Diagramm mit der prozentualen Aufteilung des Gesamtvermögens.

Prozentuale Aufteilung des Gesamtvermögens von Fred und Susi:

Berti stellt mit erfreuter Miene fest: »Im Rentenalter sind Mama und Papa mit ihrer Immobilie ja sogar Millionäre!«,

»Ja, Berti, zwangsläufig. Der Wert der Immobilie steigt in 24 Jahren bei einer angenommen Wertsteigerung von nur 1 Prozent pro Jahr schon auf knapp 634.000 Euro. Hinzu kommt das Depotvermögen von über 530.000 Euro. Und schon ist über 1 Million Euro zusammen. Berücksichtigt aber, dass die Inflation hierbei eine wesentliche Rolle spielt und die Million dann nicht der heutigen Kaufkraft entspricht«, warnt Professor Money.

»Hätte Oma das Vermögen heute schon, könnte sie sofort mit der monatlichen Entnahme beginnen, richtig?«, fragt Fritz.

»Genau, die Entnahme aus einem Depotvermögen kann jederzeit flexibel gestaltet werden. Im Notfall könnte das Vermögen innerhalb von drei bis fünf Werktagen auch komplett geräumt und auf das Girokonto überwiesen werden. Jedoch ist es nicht sinnvoll, heute zu investieren und im nächsten Jahr schon alles abzuräumen. Denn wie ihr wisst, hat der Zeithorizont eine enorm große Bedeutung«, bestätigt der Professor.

Fritz löchert den Experten weiter: »Und was machen die Leute, die keine Immobilie besitzen?«

»Genau das Gleiche. Sie müssen im Rentenalter dann noch zusätzlich ihre Miete aus der gesetzlichen Rente und den Entnahmen aus dem Depotvermögen aufbringen. Unabhängig davon, ob jemand ein Haus besitzt oder nicht, in beiden Fällen ist genügend Depotvermögen notwendig, um seinen Lebensabend genießen zu können. Ein Immobilienbesitzer sollte zudem noch einen Extra-Puffer für Renovierungsarbeiten an seinem Haus einrichten. Darüber hinaus kann das Vermögen im Rentenalter in ganz bestimmten Fällen durch sorgfältig ausgewählte Förderprodukte noch etwas aufgebessert werden. Hierbei unterstützt der Staat den Anleger in der Einzahlungsphase mit einigen Hundert Euro. Durch die gesetzlichen Vorgaben können die monatlichen Sparbeträge aber leider nur zu einem geringen Teil in lukrative Fonds fließen, was die Förderprodukte insgesamt wieder unattraktiver macht. Trotzdem kann es sich in einigen Fällen lohnen. Das Gleiche gilt für die Versicherungen. Auch hier stellt die unabhängige Produktauswahl den größtmöglichen Gewinn und die höchste Kostenersparnis für den Kunden dar«, bekräftigt Professor Money.

»Und welche Fonds sollen meine Eltern nun kaufen?«, fragt Berti aufgeregt.

MERKE:

Lege mindestens 10 bis 20 Prozent deines Nettoeinkommens zur Seite. Etwa drei Nettogehälter kommen in die Kasse (auf ein Tagesgeldkonto). Investiere den restlichen Betrag in ein Depot, sowohl in Form eines Einmalbetrags als auch als monatliche Sparraten. Mit dieser Zwei-Topf-Strategie bist du für deine Zukunft vernünftig aufgestellt und die Ziele »Sicherheit«, »eine gute Rendite« und »Flexibilität« sind gewährleistet. Mit Professor Moneys Vermögensrechner auf www.professor-money.de/vermoegens-rechner kannst du berechnen, wie viel du für dein Zielvermögen anlegen musst. Mehr dazu auch am Ende dieses Buches unter »Persönliche Tipps«. Trage in der nächsten Abbildung dein gewünschtes Zielvermögen ein.

€
Mein Zielvermögen:
€

Die Qual der Wahl bei der Geldanlage

Die Frage nach geeigneten Fonds beantwortet der Professor ausführlich: »Die Auswahl ist fast grenzenlos. Denn es gibt mittlerweile über 8.000 Fonds für private Anleger, die zum Vertrieb in Deutschland zugelassen sind. Leider gehört nur ein Bruchteil davon zur Weltspitze. Die großen Banken und Versicherungen haben oft eigene Investmentgesellschaften und bieten in allererster Linie die hauseigenen Produkte an. Diese müssen nicht schlecht sein. Viele davon entwickeln sich aber im Vergleich zu allen zugelassenen Investmentfonds oft durchschnittlich oder sogar unterdurchschnittlich. Jedes Investmenthaus hat grob gesagt bis zu 200 verschiedene Fonds. Einige davon sind sehr gut. Die große Masse hingegen ist qualitativ nicht überragend. Die Klasse von der Masse zu unterscheiden, ist für Laien oft nicht ganz einfach. Denn neben der Rendite spielen noch weitere Kennzahlen wie zum Beispiel Volatilität, also die Schwankungsbreite, und maximaler Verlust eine wichtige Rolle. Ferner steht am Anfang der Auswahl schon die Entscheidung, bei welcher Bank ein Depot eröffnet werden soll. Das hängt unter anderem mit dem Produktangebot, der Service- und Beratungsqualität und den Kauf-, Depot- und Verwaltungsgebühren zusammen. Letzten Endes ist relevant, welche Fonds in das Depot gekauft werden. Bei allen aktiv gemanagten Fonds trifft ein Fondsmanager die Entscheidung über die Geldanlage, unterstützt von seinem Team aus Analysten für die einzelnen Anlageklassen wie Aktien, Rohstoffe, Anleihen. Er kauft also beispielsweise die Aktien, von denen er sich gute Gewinne verspricht, und verkauft sie, wenn er denkt, eine Aktie habe schlechte Zeiten vor sich. Diese Art des Managements kostet logischerweise Geld. Die jährlichen Gebühren für die Fondsverwaltung liegen bei bis zu 1,9 Prozent pro Jahr und werden direkt vom Fondsvermögen einbehalten. Die Anleger bekommen also keine extra Rechnung dafür. Bei ganz bestimmten Fonds sind die Kosten sogar etwas höher. Bei qualitativ gut gemanagten Produkten lohnen sich diese Gebühren aber allemal, da die Nettorenditen weit über dem Durchschnitt liegen. Ich möchte an dieser Stelle auch eine Lanze brechen für die eher wenigen sehr gut gemanagten Fonds, die immer wieder ins Kreuzfeuer der Kritik kommen, weil die Mehrheit der aktiven Fonds leider zu schlechte Ergebnisse liefert. Merkt euch das am besten am folgenden Beispiel: Ein Schüler, der in den letzten fünf oder zehn Jahren seine Hausaufgaben immer zuverlässig erledigt hat und gute Noten schreibt, wird im Regelfall seine Herausforderungen auch weiterhin meistern. Ein anderer Schüler, der schon jahrelang schlechte Noten schreibt, wird in der Tendenz auch weiterhin unterdurchschnittliche Ergebnisse bringen. Trotz dieser Erkenntnis ist es sinnvoll, die bestehenden Fonds regelmäßig zu überprüfen, da zum Beispiel ein Wechsel des Fondsmanagers oder eine Anpassung der Anlagerichtlinien über zukünftige Ergebnisse entscheiden kann. Darüber hinaus gibt es Fondsstrategien, die besonders geringe Wertschwankungen aufweisen und den Anleger ruhiger schlafen lassen. Wie bereits erwähnt, ist die Rendite ein wichtiges Anlagekriterium, aber bei Weitem nicht das einzige. Ich glaube, viel wichtiger für die Anleger ist das Ausmaß der Wertschwankungen. Gerade bei sehr guten vermögensverwaltenden Fonds wird sehr achtsam mit dem Geld des Kunden umgegangen. Die große Masse hingegen ist jedoch ihren Preis nicht wert und schlichtweg zu teuer. Deshalb greifen einige auch oft zu sogenannten passiven Fonds. Diese nennen sich auch ETF, eine Abkürzung, die für Exchange Traded Funds, also börsengehandelte Fonds, steht.«

Berti und Fritz schauen den Professor mit großen Augen an. »Jetzt wird es kompliziert, oder?«, fragt Berti. Der Professor sagt: »Keine Angst, Jungs. Ich versuche, es euch mit einfachen Worten zu erklären.«

»Der größte Unterschied zu herkömmlichen aktiv gemanagten Fonds liegt in der passiven Verwaltung. Es werden lediglich Indizes wie zum Beispiel der DAX nachgebildet, die nach verschiedenen Kriterien zusammengesetzt sind. Somit wird das Geld zum Beispiel in die 30 größten Unternehmen Deutschlands investiert, unabhängig davon, ob alle 30 im DAX enthaltenen Aktien zu diesem Augenblick attraktiv erscheinen. Das heißt, ein ETF-Anleger investiert einen Teil seines Geldes in Aktien, die unter Umständen gar kein großes Potenzial aufweisen oder im Moment viel zu teuer sind. Aus diesem Grund erzielt man bei einem gewöhnlichen ETF immer nahezu das Ergebnis, das auch der nachgebildete Index erreicht. Geht der DAX 10 Prozent nach oben, dann entwickelt sich auch der ETF auf den DAX mit knapp 10 Prozent positiv. Verliert der DAX 20 Prozent, dann macht auch der ETF-Anleger 20 Prozent Minus. Bei einem passiven Produkt läuft es also nie wirklich schlechter und nie besser als im Gesamtmarkt. Man erhält die Marktrendite abzüglich der Kosten oder erwirtschaftet mit anderen Worten den Durchschnitt. Möchte jemand hingegen die Chance nutzen, eine Rendite oberhalb des Durchschnitts zu erzielen oder möglichst geringe Wertschwankungen in seiner Geldanlage eingehen, kann eine Suche nach guten aktiv vermögensverwaltenden Fonds sehr sinnvoll sein. Ein Vorteil der ETFs hingegen sind die geringeren Kosten, die in der Regel 0,1 Prozent bis 0,7 Prozent pro Jahr betragen. Die Vergangenheit und mehrere Studien zeigen, dass nur der kleinere Teil der aktiv gemanagten Fonds die ETFs im Ergebnis schlagen konnte. Ich komme hierauf gleich im Detail zu sprechen. Der Versuch, Börsenstimmungen zu erkennen und aufgrund dieser zu handeln, scheitert oft. Selbst die erfahrensten Investoren wissen oft nicht, wie sich die Börsentrends kurzfristig entwickeln. Auf der anderen Seite gibt es nach wie vor genügend aktive Fonds, die eine sehr geringe Schwankungsbreite aufweisen und mehr als ansehnliche Erträge für den Anleger erwirtschaften.«

»Jetzt bin ich aber verwirrt«, sagt Berti und schaut den Professor fragend an.

Der antwortet: »Das kann ich gut verstehen, Berti. Die Fondsauswahl muss man allerdings nicht selbst übernehmen. Es gibt bereits viele Anbieter, die exzellente Fertiggerichte servieren. Hier ist für jeden Anleger was dabei. Aus meiner Sicht stellen sich jedem interessierten Anleger vor der Investition vier essentielle Fragen, die beantwortet werden müssen.«

»Der eine fühlt sich bei 4 Prozent Rendite pro Jahr und sehr geringen Schwankungen wohl, der andere will lieber 8 Prozent pro Jahr erwirtschaften und kann mit starken Kursschwankungen leben. Von diesen individuellen Präferenzen hängt ab, wie und mit welchen Fonds das Depot bestückt wird. Falsch wäre es, sich nur auf einen Index wie zum Beispiel den DAX zu fokussieren. Außerhalb Europas gibt es so viel aufstrebende Länder wie zum Beispiel China, Indien, Brasilien, die großartige Wachstumschancen bieten. Am Ende wollen die Anleger ordentlich belohnt werden für ihr hart erarbeitetes Geld und möglichst ruhig und sorglos schlafen. Schlussendlich kann man Folgendes festhalten: In einer der vorher angesprochenen Studien einer renommierten Bewertungsagentur sind im Zehnjahreszeitraum rund 20 Prozent der aktiven Fonds besser gelaufen als der Index, mit dem sie sich vergleichen. Im Fünfjahreszeitraum waren es sogar knapp 39 Prozent. In der langfristigen Betrachtung nimmt die Wahrscheinlichkeit ab, dass ein aktiv gemanagter Fonds den Markt schlägt. Das heißt, die Fonds sollten, wie bereits erwähnt, nach einer gewissen Haltedauer regelmäßig überprüft werden, um gegebenenfalls einen Tausch vorzunehmen. Wer zum Beispiel nur in bestimmte Anlagekategorien oder Länder investieren will, der wird sowohl bei aktiv gemanagten Fonds als auch bei ETFs fündig. Wer hingegen eine solide Basis für seine Geldanlage wünscht, verbunden mit einer persönlich festgelegten Höhe der Wertschwankungen, der kommt an einem breit gestreuten Depot, bestehend aus mehreren Fonds oder ETFs unterschiedlicher Anlagekategorien nicht vorbei. Dazu gehören zum Beispiel Aktien, Rohstoffe, Anleihen und Währungen. Folgendes kommt jedoch situationsbedingt erschwerend hinzu: Bis vor einigen Jahren gab es für Staatsanleihen mit guter Bonität, sprich Zahlungsfähigkeit, noch Zinsen. Anleihen und Anleihenfonds galten bis dato als solider Baustein eines jeden Depots. Die Zinsen tendieren jetzt aber, wie schon mehrfach angesprochen, gegen null und werden auch nicht so schnell ein zufriedenstellendes Niveau erreichen und als verlässliche Ertragsquelle dienen. Somit fällt es den Fonds und ETFs, die in Anleihen investieren, zunehmend schwerer, ordentliche Erträge für die Anleger zu generieren. Die Anleiheseite sollte daher in den nächsten Jahren nicht als hundertprozentig verlässliche Ertragsquelle angesehen werden. Eine weitere Schwierigkeit sehe ich bei bestimmten ETFs. Bei manchen Indizes, die diese ETFs nachbauen, haben einzelne Aktien durch eine sehr gute Kursentwicklung in der Vergangenheit ein zu großes Gewicht erhalten. So zum Beispiel die FAANG-Werte (Facebook, Apple, Amazon, Netflix und Google beziehungsweise Alphabet). Dies könnte bei Anlegern zu einem Klumpenrisiko führen. Ein Klumpenrisiko entsteht, wenn zu viel Vermögen in nur wenige einzelne Werte investiert ist. Sollten diese Tech-Werte irgendwann einen großen Rückwärtsgang einlegen, könnte es für viele ETF-Anleger, deren Anlage bis dato stets im Wert gestiegen war, zum bösen Erwachen kommen. Aufgrund dieser Sachlage könnte ich mir gut vorstellen, dass sich in den kommenden Jahren sorgfältig ausgewählte aktive Premium-Fonds einer größeren Beliebtheit erfreuen. Um die Anleihezinsen als verlässliche Ertragsquelle zu kompensieren und Klumpenrisiken zu vermeiden, sind diverse andere Marktstrategien notwendig. Diese Aufgabe könnten speziell aktiv gesteuerte Strategiefonds übernehmen. Damit würden sie die Anlegerwünsche, wie zum Beispiel weniger Wertschwankungen und konstantere Erträge positiv begünstigen. Durch gezielte Investitionen in attraktive Einzelwerte mit ganz bestimmten Kennzahlen aus den unterschiedlichsten Bereichen versuchen Manager aktiver Fonds, einen Mehrwert zu erzielen. Des Weiteren wird zum Beispiel in bestimmte Währungspaare investiert, um an den Preisdifferenzen mit zu verdienen. Das heißt, wenn die eine Währung, etwa der US-Dollar steigt, dann fällt die andere Währung, etwa der chinesische Renminbi oder anders herum. Dies sind nur zwei Beispiele von einer großen Anzahl an

Möglichkeiten. Langfristig jedoch kommen wir alle an Aktien nicht vorbei, da sie nachweislich das sicherste und ertragreichste Anlageinstrument aller Zeiten sind. Ob nun der passive Ansatz oder der aktive die richtige Wahl ist: Am Schluss muss sich jeder mit seiner Entscheidung wohlfühlen. Ausschlaggebend für deine Eltern sowie alle Sparer wird der Besitz eines Depots sein, um in Zukunft finanziell besser aufgestellt zu sein als bisher. Darüber hinaus bin ich fest davon überzeugt, dass die meisten Sparer eigenständig entscheiden können und auf einen Berater verzichten können, sofern das nötige Grundwissen vorhanden ist. Um den ersten Schritt in die richtige Richtung zu gehen, sollte zunächst die Erkenntnis in jedem selbst wachsen, dass ein Depotkonto so wichtig ist wie ein Girokonto. Mittlerweile gibt es für eigenverantwortliche Anleger sehr einfache Online-Depots mit einer ausreichend großen Auswahl an fertigen Anlagekonzepten.« Damit beendet Professor Money seinen Vortrag.

»Ich glaube aber, dass mein Papa schon mit der Entscheidung, wo er das Ganze am einfachsten und schnellsten umsetzen kann, überfordert ist«, gibt Berti zu bedenken.

»Davon gehe ich aus, Berti«, bestätigt Professor Money. »So geht es am Anfang doch fast allen. Ich helfe euch und euren Eltern schon dabei, keine Angst. Wie eure Eltern gibt es natürlich genügend Leute, die einen vertrauenswürdigen Ansprechpartner benötigen. Wer dies wünscht, sollte auf die Produktunabhängigkeit eines solchen Experten achten. Diese sollten sich auch auf das Thema Vermögensaufbau und -betreuung mit Depotkonten spezialisiert haben und keine Kaufgebühren verlangen. Gute und seriöse Anbieter arbeiten in der Regel mit einer Servicepauschale abhängig von der Höhe des Depotvermögens. Dafür werden bestimmte betreuende Dienstleistungen bereitgestellt. Denn oftmals ändern sich die Lebensumstände kurzfristig. Somit muss auch die Zielplanung angepasst werden. Dafür wünschen sich viele Kunden einen persönlichen Ansprechpartner, der ihnen mit Rat und Tat zur Seite steht. Darüber hinaus bieten solche Profis häufig ein Rundum-sorglos-Paket an, bei dem sich der Geldanleger zurücklehnen kann und jegliche Änderung am Depot mitgeteilt oder empfohlen bekommt. Mittlerweile gibt es aber auch Anbieter, die eine schlanke Online-Depot-Eröffnung ermöglichen und bei denen dennoch im Hintergrund ein kompetenter Ansprechpartner aufkommende Fragen beantwortet. Bei einer Online-Depot-Eröffnung kann jeder selbst in Ruhe auswählen und sich ohne verkäuferischen Einfluss von außen entscheiden«, erklärt Professor Money.

»Woran erkennt man denn, wem man vertrauen kann, Herr Professor?«, fragt Berti.

»Diese Frage ist schwer zu beantworten. Hier rate ich, zum einen das Bauchgefühl entscheiden zu lassen und zum anderen auf den gesunden Menschenverstand zu vertrauen. Bevor jemand vertrauensvoll seinen Vermögensaufbau in fremde Hände legt, sollte er sich informieren. Beispielsweise über Seminare, Vorträge, Bücher oder sonstige Informationsmedien. Denn je mehr ein Anleger selbst weiß, umso weniger kann er von einem anderen aufs Korn genommen werden. Wie schon erwähnt, bin ich fest davon überzeugt, dass viele Geldanleger auf einen Berater verzichten können, wenn sie sich ein finanzielles Grundwissen angeeignet haben und etwas Zeit investieren.«

Der mathematikbegeisterte Berti versteht schnell und will sein Wissen gleich weiter vertiefen. Er fragt den Professor: »Wann verdoppelt sich bei einer Rendite von 6 Prozent pro Jahr eigentlich mein Geld?«

Der Professor antwortet: »Hierfür gibt es eine Faustformel. Die sogenannte *72er-Regel*. Du teilst die Zahl 72 durch den Zinssatz und erhältst den ungefähren Verdoppelungszeitraum.« »Aha, also 72 geteilt durch 6, dann verdoppelt sich das Vermögen in zwölf Jahren«, rechnet Berti aus.

»Genau«, antwortet der Professor. »Alle zwölf Jahre verdoppelt sich dein Vermögen bei 6 Prozent pro Jahr im Durchschnitt.«

»Gibt es noch weitere solcher Faustformeln?«, fragt Berti.

»Ja, selbstverständlich«, erwidert der Professor. »Etwa die *Inflationsformel*: Bei 2 Prozent Inflation pro Jahr halbiert sich der Wert des Geldes alle 34 Jahre. Bei 3 Prozent pro Jahr alle 22 Jahre. Und hier gleich noch eine Formel, die sogenannte *Entnahmeregel*. Damit kann man Folgendes berechnen: Für etwa 1.000 Euro dauerhafte monatliche Entnahme ist ein Vermögen von 250.000 Euro notwendig. Bei 2.000 Euro monatlich 500.000 Euro und so weiter. Mindestens reicht es 20 Jahre. Mit einem qualitativ gut aufgestellten Depot sind diese Zahlen auf lange Sicht realisierbar. Je nach Anlagemix könnte zum Beispiel ein Drittel in Anleihen investiert werden mit einem Zins von 1 Prozent pro Jahr, zwei Drittel in konservative Aktien mit 3 Prozent jährlicher Dividende und 4 Prozent durchschnittlichen Kurszuwächsen. Das ergibt in Summe 5 Prozent Gewinn pro Jahr auf das gesamte Depotvermögen.« Die beiden Jungs schauen den alten Mann an und Berti notiert sich die drei Formeln.

Fritz will wissen: »Kann ich ein Depot eröffnen, auch wenn ich noch nicht erwachsen bin?«

»Oh ja, das kannst du. Es gibt Junior-Depots ab einem Alter von null Jahren. Lediglich deine Eltern müssen als gesetzliche Vertreter unterschreiben«, bestätigt der Professor.

»Oh, toll! Ich habe noch 3.000 Euro auf dem Sparbuch, die ich gerade nicht brauche. In meinem Zimmer liegen eine ganze Menge ungenutzter Spielsachen rum. Die könnte ich auf dem Flohmarkt verkaufen. Dann kommen da bestimmt noch 500 Euro obendrauf«, rechnet Fritz motiviert zusammen.

Während Berti über den Tatendrang seines kleinen Bruders staunt, überlegt er selbst, was er auf dem Flohmarkt alles zu Geld machen könnte, um möglichst viel gewinnbringend anlegen zu können. Das soll, wenn es geht, noch mehr sein als bei seinem kleinen Bruder. »Ich könnte insgesamt 5.000 Euro investieren«, ruft Berti. »Herr Professor, wenn wir das heute anlegen und bis zum Rentenalter warten, welches Vermögen hätten wir dann?«

MERKE:

Mach dir Gedanken über folgende Fragen und schreibe die Antworten gleich auf. Du willst dich bei deiner neuen Geldanlage in Zukunft schließlich wohlfühlen und ruhig schlafen können. Was ist dir ganz persönlich wichtig? Notiere die Antworten am besten gleich unter den Fragen auf Seite 196.

Welches
Anlageziel verfolgst du?
Vermögensaufbau, Kapitalerhalt,
Altersvorsorge, Immobilienkauf
etc.?
Welchen Anlage-
zeitraum veranschlagst du?
> 5 Jahre, > 10 Jahre,
> 20 Jahre, > 30 Jahre?
Welches
Renditeziel strebst du an?
1–2%, 3–4%, 5–6%, 7–8 %
9–10% oder mehr?
Welche Schwankungs-
bereitschaft bringst du mit?
Maximaler Kursverlust in einem
Jahr von bis zu 10%, 20%,
30%?
€

Welches
Anlageziel verfolgst du?

Welchen Anlage-
zeitraum veranschlagst du?

Welches
Renditeziel strebst du an?

Welche Schwankungs-
bereitschaft bringst du mit?

Von Generationen für Generationen

Der Professor zückt nun wieder seinen Stift, schreibt die Zahlen auf ein Blatt Papier, greift zu seinem Vermögensrechner, rechnet und fragt: »Fritz, wie alt bist du?« »14«, antwortet Fritz. »Gut, dann hast du 53 Jahre Zeit, bis du 67 bist«, erwidert der Professor und gibt die Zahlen in den Vermögensrechner ein. »Mit 3.500 Euro und einer Rendite von angenommen 6 Prozent pro Jahr besitzt du nach 53 Jahren ein Vermögen von knapp 83.000 Euro.«

Fritz strahlt vor Begeisterung: »Wow, aus nur 3.500 Euro! Die Schachbrett-Erfindung ist echt genial.«

»Und was steht bei mir unterm Strich, Herr Professor?«, fragt Berti. Dieser antwortet: »Du hast zwei Jahre weniger, dafür aber 1.500 Euro mehr zur Verfügung. Dein Ergebnis liegt bei 105.000 Euro.«

Berti ist sichtlich enttäuscht: »Wirklich nur so viel mehr? Ich lege doch 1.500 Euro mehr an als Fritz. Wie kann das sein?«

»Das liegt an der Anlagedauer, Berti. Je länger der Zeithorizont, desto weniger Geld muss angelegt werden. Der Zinseszinseffekt entfaltet sich in seiner vollen Kraft mit der Anlagedauer und natürlich mit der Höhe der Rendite«, erklärt der Professor. »Dann brauche ich mehr Rendite!«, sagt Berti entschieden. Der Professor erklärt: »Ich kann euch beruhigen, ihr werdet beide unverkennbar mehr als 100.000 Euro haben. Denn bei eurer Anlagedauer dürft ihr gerne mehr als 6 Prozent Rendite pro Jahr annehmen. Ich will euch das an folgendem Beispiel veranschaulichen. Wer 1950 im ältesten Investmentfonds von Deutschland 1.300 Euro angelegt hätte, wäre heute Euro-Millionär. Das war damals freilich eine Menge Geld. Nichtsdestotrotz lag die Nettorendite des Fonds bei über 10,6 Prozent pro Jahr. Man hätte es aber schaffen können, hätte man seit 1950 zum Beispiel alle Geldgeschenke von Verwandten zum Geburtstag oder zu Weihnachten in diesen Fonds eingezahlt.«

Die Wertentwicklung einer Einmalanlage von 1.300 Euro von November 1950 bis Mai 2018:

AGI-FONDAK
Auszahlung:
1.094.912 €
+10,6 % p.a.

»Wenn wir uns diese enorme Wertentwicklung ansehen, liegt die Basis für die Lösung des zukünftigen Rentenproblems förmlich vor uns.«

»Wie meinen Sie das, Herr Professor?«, fragt Berti.

Der schildert seine Überlegungen: »Ich spreche von einem einmaligen Anlagebetrag zur Geburt eines jeden Kindes in Deutschland. Angenommen, einen Teil zahlen die Eltern, den anderen Teil zahlt der Staat. Damit könnten wir zukünftige Generationen vor der Verarmung retten, ohne dass es den Staat und die Eltern viel Geld kosten würde. Denn die Zeit und das Anlagevehikel sind die wesentlichen Erfolgsfaktoren. Im Jahr 2017 gab es hierzulande rund 785.000 Geburten. Wenn die Eltern zum Beispiel 1.500 Euro aufbringen würden und der Staat würde pro Geburt 500 Euro für in Deutschland geborene Nachkommen investieren, käme eine Anlagesumme von 2.000 Euro zustande. Der Betrag könnte sogar in ausschließlich deutsche Unternehmen fließen. Somit bliebe das Geld in deutscher Hand. Die Investition von 500 Euro würde den Staat bei 785.000 Geburten pro Jahr gerade mal 392 Millionen Euro kosten. Das sollten ihm seine Kinder doch wert sein, gerade in Anbetracht dessen, dass Millionen und Milliarden für andere Zwecke entfremdet werden. Der Staatshaushalt hingegen würde einige Dekaden später aufgrund von geringeren Auszahlungen an Bedürftige finanziell signifikant entlastet werden. Es würde also jeder profitieren. In erster Linie unsere Kinder, aber unsere Wirtschaft und letzten Endes auch der Staat beziehungsweise die Rentenkasse. Aus den einmalig angelegten 2.000 Euro stünde zum Beispiel in 67 Jahren mit angenommenen 6 Prozent pro Jahr für jedes Neugeborene ein Vermögen von über 100.000 Euro *zusätzlich* zur Verfügung. Dieser Plan könnte um 40 Euro monatlich von Geburt an ergänzt werden, dann stünden, bei gleicher Rendite, dem Kind mit 67 Jahren weitere knapp 400.000 Euro zur Verfügung. Die monatliche Sparrate von 40 Euro monatlich könnten sich zum Beispiel Staat und Eltern teilen, somit wäre der Betrag für die meisten erschwinglich. 500.000 Euro sind zwar kaufkraftbereinigt nur ein Grundstock. Dennoch wäre es eine Idee, worüber Eltern und auch die Regierung nachdenken könnten. Rechnen wir mit den tatsächlich in der Vergangenheit erzielten Renditen, wäre das Vermögen noch deutlich größer.«

Von Generationen für Generationen: Zeit ist Geld. Mit wenig Geld und viel Zeit zu 500.000 Euro:

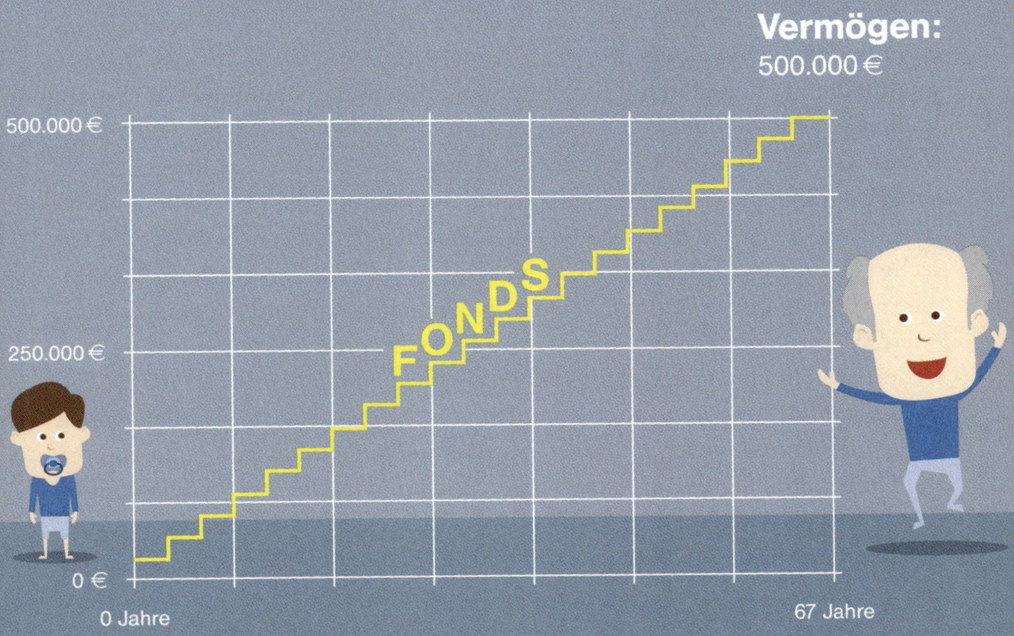

Einzahlung:
2.000 € einmalig
40 € monatlich
(z. B. Eltern und Staat)
Modellrechnung mit 6 % p.a. Wertentwicklung

Berti und Fritz sitzen da und sind beeindruckt, wie einfach es sein könnte. Jeder ihrer Freunde besitzt ein Sparbuch und bekommt so gut wie nichts dafür. Es wäre also eine vernünftige Lösung für alle.

»Zu schön um wahr zu sein«, denkt sich Berti und fragt den Professor: »Was muss eigentlich passieren, damit das alles, was wir bis jetzt besprochen haben, nicht mehr funktioniert?«

»Das ist die alles entscheidende Frage, Berti«, antwortet Professor Money und führt weiter aus: »Ich möchte sie dir gern in aller Kürze beantworten. Egal, was auf der Welt passiert, ob Kriege, Krisen, Aktienblasen, politische Desaster, Währungsreformen oder sonstige Börsenkatastrophen: Die Welt bleibt nicht stehen. Die Menschheit wird weiterleben und immer versuchen, ihren Lebensstandard mindestens zu halten und durch Technologie und Fortschritt weiter auszubauen. Das liegt in der Natur der Menschen. Es kann daher nur eine Ursache geben, dass all das, was ich euch heute erzählt habe, nicht mehr funktioniert: Wenn weltweit und zeitgleich kein Mensch auf dieser Erde mehr konsumiert. Mit anderen Worten, dass wir weder Häuser noch Wohnungen nutzen, weder essen noch trinken, nicht mehr von einem zum anderen Ort reisen, keine Kinos, Freizeitparks und Schwimmbäder mehr besuchen, weder kleine noch große Geschenke kaufen und mit keinem unserer Freunde mehr telefonieren oder im Internet surfen. Ich frage euch: Wie hoch ist die Wahrscheinlichkeit, dass wir all das nicht mehr tun?«

Es herrscht Stille am Tisch. Berti und Fritz fällt es wie Schuppen von den Augen. Ihnen wird auf einmal klar, worauf der Professor hinauswill.

Dieser schildert weiter: »So lange ihr glaubt, dass ihr in die Schule geht, euer Papa zur Arbeit fährt, ihr jeden Tag konsumiert, irgendwelche Dienste von anderen in Anspruch nehmt, wird es eine Wirtschaft geben. In dieser Gesellschaft bieten Unternehmen Produkte an, die wir nachfragen und kaufen. Die vielen wiederkehrenden Käufe erzeugen bei den Unternehmen regelmäßige Umsätze, die in der Regel zu wiederkehrenden Gewinnen führen. Und diese Gewinne fließen in die Taschen derjenigen, die an diesen Unternehmen beteiligt sind. Die werden ihr Geld dann wieder ausgeben. Somit beginnt das Spiel wieder von vorne. Am Ende beteiligen wir uns an unserem eigenen Konsum, und dieser ist so sicher wie das Amen in der Kirche. Anhand der Übersicht mit dem Titel ›Diese zehn Konzerne lenken deinen Einkaufswagen‹ könnt ihr erkennen, dass mächtige Großunternehmen bestimmen, was wir in unsere

Einkaufswägen legen und was nicht. Sie verdienen Milliarden und Abermilliarden an unserem Konsum. Die meisten Produkte, die diese Konzerne anbieten, werden euch bekannt vorkommen. Sollten wir ein vollständig anderes Wirtschaftssystem finden, in der Geld, Nachfrage und Angebot überhaupt keine Rolle mehr spielen, würden alle Anlage- und Sparformen ihre Bedeutung verlieren. Die Wahrscheinlichkeit, dass dieses Szenario in den nächsten Jahrzehnten eintritt, tendiert aber gegen null.«

Professor Money lehnt sich nach diesem Plädoyer für die Investmentidee zurück, nimmt einen Schluck Tee aus seiner Tasse und greift nach einem weiteren Keks. Berti und Fritz sitzen etwas erschlagen da und versuchen, die wertvollen Worte und die reichhaltigen Informationen des Professors zu verdauen.

Diese zehn Konzerne lenken Deinen Einkaufswagen:

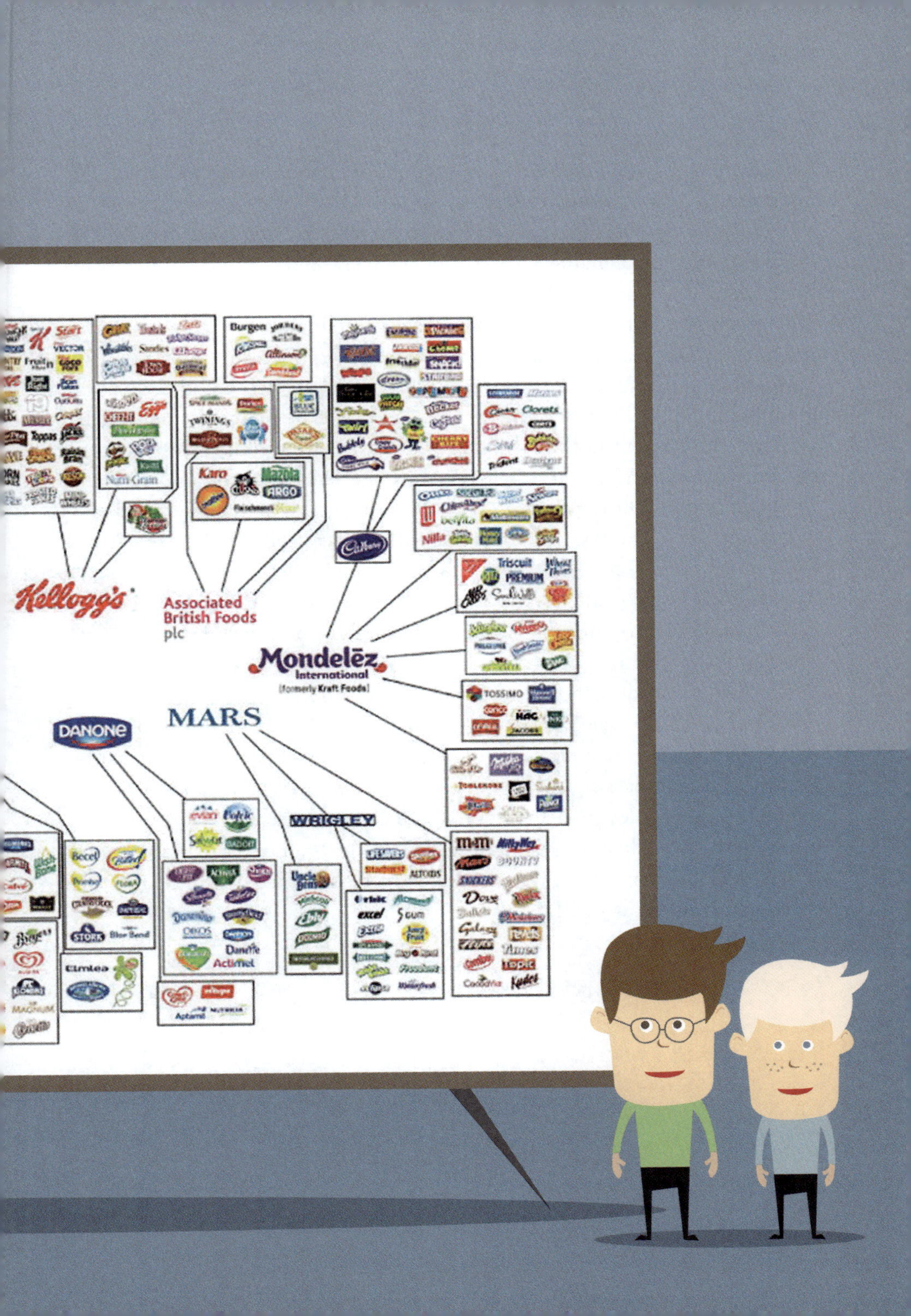

Kellogg's
Associated British Foods plc
Mondelēz International
(formerly Kraft Foods)
MARS
DANONE
WRIGLEY

Nach einigen Minuten der Stille stellt Berti eine letzte Frage: »Herr Professor, Sie scheinen auf jede Frage eine klar nachvollziehbare Antwort zu haben. Woher wissen Sie das eigentlich alles?«

Der Professor entgegnet: »Ich bin nun 80 Jahre alt. Ich habe den Zweiten Weltkrieg und vor allem die Nachkriegszeit am eigenen Leib zu spüren bekommen. Ich habe Ölkrisen erlebt, etliche Börsencrashs überstanden und Terroranschläge sowie politische Regimewechsel mitansehen müssen. Ich weiß, wovon ich spreche. Diese gesammelten Erfahrungen haben mich zum Nach- und Vorausdenken gebracht. Ich konnte mich schon in jungen Jahren für die Zusammenhänge von glücklichen Beziehungen, Gesundheit, Wirtschaft und Geld begeistern. Aus diesem Grund gründete ich nach einigen Jahren des Studiums der Betriebs- und Volkswirtschaft verschiedene Unternehmen und verkaufte sie später wieder. Diese Erfahrungen wollte ich an andere weitergeben, und so wurde ich für viele zum Coach und Ansprechpartner in allen Lebensfragen und auch zum Thema Geld. Ich kannte und kenne mich sehr gut mit Geld aus und habe es immer intelligent investiert. Ich besaß irgendwann so viel Geld, dass ich es nicht ausgeben konnte, und habe den Großteil meines Vermögens in die von mir gegründete Stiftung überführt.«

Die beiden Brüder sind schwer beeindruckt und können es kaum fassen, dass dieser unglaubliche Tag mit einem so außergewöhnlich netten und schlauen Menschen mit einem Streit begonnen hat. Sie bedanken sich herzlichst bei Professor Money, dass er sich für sie so viel Zeit genommen hat und so viel Geduld hatte, ihnen alles einfach und verständlich zu erklären.

»Sehen wir Sie denn irgendwann einmal wieder?«, fragt Fritz.

»Wer weiß?«, antwortet der alte Mann, verabschiedet sich und zieht sich winkend in sein Haus zurück.

MERKE:

Je länger der Anlagezeitraum, desto weniger Geld ist nötig, um ein großes Vermögen aufzubauen. Haben all deine Kinder und Enkelkinder schon ein Depot?

KAPITEL 5

Kostbarer Wissensschatz im Gepäck

Dicke Luft – Scheitert die Mission?

Nachdem sich Berti und Fritz verabschiedet haben, marschieren sie einen Pfad entlang und kommen schon kurze Zeit später zur Straße. Erleichtert und stolz machen sich die beiden Brüder auf den Weg nach Hause. Professor Money hat sie einfach begeistert. Er war in der Lage, die Dinge auf so einfache Art zu erklären, dass wirklich jeder sie verstehen konnte.

Berti fragt: »Fritz, was hat dir am besten gefallen?«

Sein kleiner Bruder überlegt und antwortet: »Die Wette. Vor allem, wie du geschwitzt hast, und am Ende natürlich das verblüffende Ergebnis.«

Berti lacht. »Oh ja, das war wirklich ein schwieriges Rätsel mit einer Lösung, die ich nie erwartet hätte. Ich bin froh, dass wir noch jung sind und noch so viel Zeit haben. Denn dann kann sich dieser Schachbrett- oder Zinseszinseffekt am besten entfalten und wir werden reich!«, erwidert Berti.

»Genau, so machen wir es«, bestätigt Fritz und fragt zurück: »Und was hat dir am besten gefallen?«

»Am spannendsten fand ich den Professor. Denn er ist so unscheinbar mit seinen 80 Jahren und doch kann man so unendlich viel von ihm lernen. Außerdem war ich erstaunt, dass Aktien so sicher und rentabel sind. Fast jeder stellt sie als ›Teufelszeug‹ und schlimmstes Spekulationsobjekt dar, obwohl durch eine langfristige Investition mehr Reichtum entstehen kann als bei jeder anderen gewöhnlichen Sparform. Schade, dass wir nicht alles, was wir heute gehört haben, behalten können. Ich konnte nur einen kleinen Teil mitschreiben.«

»Kein Problem«, sagt der freche und clevere Fritz, »ich habe mit meinem Handy alles aufgezeichnet, wir können uns also alles noch einmal in Ruhe anhören.«

»Nein, wirklich? Du bist genial!«, sagt Berti und klopft seinem Bruder lobend auf die Schulter. Sie schlendern weiter und tauschen sich noch ausführlich über die Erlebnisse aus und kommen irgendwann gegen Abend wieder zu Hause an. Die beiden öffnen die Haustür. Susi erwartet sie schon.

»Und Jungs? Wie war's?«, fragt sie.

»Mama, es war großartig! Wir haben viel Spaß gehabt und dazu noch einiges gelernt«, antwortet Fritz.

Susi reagiert etwas verdutzt. »Gelernt? Wie meint ihr das?«, fragt sie irritiert. Sie war davon ausgegangen, dass die beiden im Wald beim Schnitzen und Baden waren und den alten Mann besucht haben. Berti wird sofort klar, dass sie jetzt die Katze aus dem Sack lassen müssen. Denn ihre geheime Mission haben sie schließlich mit Bravour gemeistert, und Lügen wären an dieser Stelle fehl am Platz. Es stellt sich nur noch die Frage, wie sie das Mama und Papa beibringen sollen.

So antwortet er: »Wir waren im Wald und an einem See, das ist richtig. Dort haben wir gestern, wie bereits erwähnt, den alten Mann kennengelernt, der Fritz so gut versorgt hat. Er hat sich als Facharzt für Geld entpuppt und wird ›Professor Money‹ genannt. Er wohnt in einem Haus direkt am See. Das Gespräch mit ihm war höchst interessant. Er hat uns alles über Wirtschaft und Geldanlage erzählt.«

»Wie kommt ihr denn auf dieses Thema?«, fragt Susi.

Berti schaut Fritz fragend an und beichtet, dass sie das Gespräch ihrer Eltern über die Finanzen mitbekommen hatten. »Wir haben alles mitgehört, als du mit Papa über die Finanzen gesprochen hast und auch wie du geweint hast. Es war nicht zu übersehen in den letzten Tagen und Wochen, dass ihr beide deswegen sehr frustriert seid und fast immer schlechte Laune hattet. Wir wollen auf keinen Fall, dass ihr später das Haus verkaufen müsst oder euch trennt. Deshalb haben wir uns entschlossen, eine Lösung für euch und für uns zu suchen. Nach etlichen Gesprächen und der Sucherei im Internet sind wir durch Zufall auf Professor Money gestoßen.«

Berti und Fritz erzählen ausführlich, wie es zum Kennenlernen von Professor Money und der alles entscheidenden Wette kam. »Nun waren wir einen Tag bei Professor Money und er hat uns so viel Wissen vermittelt, dass unsere finanzielle Zukunft gesichert sein wird«, schildert Berti.

Susi ist überwältigt von der Geschichte ihrer Söhne und will mehr über das Gespräch mit dem Professor wissen. Die drei gehen auf die Terrasse und setzen sich. In diesem Augenblick kommt auch Fred von der Arbeit heim – völlig entnervt. Es gab wieder einmal Stress mit dem Chef. Da dies nichts Außergewöhnliches ist und Fred weiß, dass Susi seine Beschwerden nicht mehr hören kann, hält er sich diesmal gleich zurück. Er holt sich ein Bier aus dem Kühlschrank und setzt sich zu seiner Familie an den Terrassentisch.

»Und Jungs, wie war euer Tag heute?«, fragt er seine beiden Söhne.

»Blendend!«, antwortet Berti freudestrahlend.

Und Susi ergänzt: »Du glaubst nicht, was unsere zwei Jungs heute erlebt haben. Sie haben eine Lösung für unsere finanziellen Probleme. Auch sie treibt die Angst um, wir könnten unser Haus verlieren oder würden uns wegen unserer finanziellen Sorgen trennen.«

Berti und Fritz erzählen zusammen von ihrem erlebnisreichen Tag.

Fred ist überrascht und gleichzeitig skeptisch. Er fragt: »Und wer soll dieser Professor Money sein? Woher wollt ihr wissen, dass er euch keinen Mist erzählt hat?«

»Es klang alles sehr plausibel und deckt sich mit den Strategien, die wir bei zwei anderen Herren kennengelernt haben«, antwortet Berti selbstbewusst.

»Welche zwei anderen Herren denn?«, fragt Fred.

Berti schildert Mama und Papa nun, wie es überhaupt zum Treffen mit dem Professor kam und was alles bis dahin geschah.

»Verstehe ich das richtig? Ihr habt eine Unterhaltung mit unserem Nachbarn Reiner gehabt und anschließend einen Termin bei einem Reporter? Der hat euch dann zu Felix von Freudenreich geschickt, weil er nicht mehr weiterwusste? Dann habt ihr euch geprügelt und auf der Suche nach jemanden, der Fritz verarztet, habt ihr dann den Professor kennengelernt?«, resümiert Fred etwas ungläubig und stellt daraufhin folgende Frage: »Was hat er euch denn alles erzählt?«

»Es ist schwer, das alles in Kürze zu erklären«, sagt Berti. »Ihr hättet dabei sein müssen. Dann wärt ihr genauso überzeugt wie wir und müsstet euch über eure finanzielle Zukunft keine Sorgen mehr machen. Der Professor hat uns vorgerechnet, dass sich Bausparverträge, Sparbücher und Lebensversicherungen für die Kunden meistens nicht rentieren und in deinem Fall durch Umschichtung über 50.000 Euro mehr herauskommen können.«

»Woher will er denn wissen, ob sich meine Lebensversicherung rentiert oder nicht?«, fragt Fred.

»Ich habe mir erlaubt, die Zahlen der Versicherung mitzunehmen und noch ein paar andere Sachen, damit uns der Professor gleich seine Meinung dazu sagen kann«, antwortet Berti.

»Wie bitte?«, ruft Fred laut. »Ihr habt einfach unsere persönlichen Daten einem fremden Mann gegeben? Was habt ihr euch nur dabei gedacht? Das könnt ihr doch nicht machen!«

Fred und Susi sind sichtlich verärgert. Berti merkt kleinlaut an, dass sie es doch nur gut gemeint hätten und aufgrund der Tatenlosigkeit ihrer Eltern nach einer Lösung suchten.

»Wir wollten nur nicht, dass ihr wegen uns das Haus verliert«, rechtfertigt er sich.

»Wie kommt ihr darauf, dass wir wegen euch das Haus verlieren könnten?«, fragt Susi. »Wir haben mitbekommen, wie ihr über die monatlichen Ausgaben gesprochen habt, und dass wir so viel Geld kosten«, erwidert Fritz.

»Das war doch nicht so gemeint. Ihr könnt doch für unsere Situation nichts. Euch trifft keine Schuld«, sagt Susi entschlossen. »Ihr könnt allerdings auch nicht einem wildfremden Menschen unsere Daten weitergeben«, schimpft sie.

»Es tut uns leid, wir wollten nur helfen und hatten keine bösen Absichten«, entschuldigt sich Berti.

Fred und Susi beruhigen sich wieder. Sie akzeptieren die Tatsache nun, dass sie die Geschehnisse ohnehin nicht rückgängig machen können.

Berti und Fritz ziehen sich in ihr Zimmer zurück. Sie können es nicht ganz nachvollziehen, warum sich Papa so aufregt. Schließlich sind es doch nur ein paar Zahlen. Fritz hingegen erinnert sich, dass der Professor erwähnt hat, dass es ihren Eltern nicht gefallen wird, die Daten ohne Einverständnis entwendet zu haben. »Wie dem auch sei«, denken sie sich, »geschehen ist geschehen und alles hat irgendwie seinen Sinn.«

Fred und Susi unterhalten sich noch eine halbe Nacht lang über die entwendeten Daten und darüber, was der Fremde wohl damit anstellen könnte.

»Schon allein aus diesem Grund müssen wir den Herrn kennenlernen, damit er keinen Unfug mit unseren Daten anstellt. Ich rufe ihn morgen gleich mal an und kläre die Sache«, sagt Fred und beendet die Unterhaltung.

MERKE:

Erstens kommt es anders und zweitens als man denkt. Es führen viele Wege zum Ziel. Manchmal auch über nicht gewollte Umwege. Vertraue dem Prozess. Egal wie du auf dieses Buch aufmerksam geworden bist: Es hat einen Weg zu dir gefunden und hat einen tieferen Sinn. Was machst du daraus?

Ein Wiedersehen mit dem Professor

Voller Tatendrang recherchiert Fred am nächsten Morgen mithilfe seiner beiden Jungs nach Professor Moneys Adresse und seiner Telefonnummer. Er ruft an und bittet um ein Treffen, da seine Söhne ohne Einverständnis seine persönlichen Daten weitergegeben haben.

Der Professor hat mit diesem Anruf schon gerechnet. Ihm war klar, dass er den beiden Jungs noch einmal helfen muss. Er erzählt Fred am Telefon, dass er in diesen Tagen sowieso noch ein paar Besorgungen in der Stadt erledigen will und bei dieser Gelegenheit gern auf einen Tee vorbeikommen kann.

Fred willigt ein und bedankt sich für den spontanen Entschluss des Professors und seine überraschende Freundlichkeit. Als die Jungs davon erfahren, dass der Professor zu Besuch kommt, freuen sie sich riesig. Sie fassen den Entschluss, dem Professor an besagtem Tag eine Freude zu machen und seine geliebten Schokokekse zu backen.

Schon am nächsten Tag klingelt es nachmittags an der Tür. Berti und Fritz öffnen in freudiger Erwartung. Sie begrüßen den Professor, der die beiden Jungs gleich herzlich an sich drückt. Inzwischen sind sie ihm ans Herz gewachsen.

Berti und Fritz bitten den Professor freundlich herein und stellen ihm ihre Mama und ihren Papa vor.

»Mama und Papa«, verkündet Berti stolz, »darf ich euch Professor Money vorstellen?«

»Guten Tag zusammen und herzlichen Dank für die Einladung zum Tee«, begrüßt der Professor Fred und Susi.

18

Das Ehepaar ist sichtlich überrascht über die sympathische Ausstrahlung des alten Mannes mit seiner netten Fliege, die er um den Hals trägt. Fred und Susi geben sich allerdings vor Ehrfurcht ein wenig schüchtern.

Ihre Söhne hatten beim Frühstück erzählt, was dieser Mann schon alles erlebt und auf die Beine gestellt hat. Sie bitten ihn, Platz zu nehmen und schenken ihm eine Tasse Tee ein.

Fritz bietet ihm sofort die selbst gebackenen Schokokekse an. »Probieren Sie die mal.«

Der Professor grinst und greift gern zu. »Das ist aber eine leckere Überraschung. Ihr habt gut aufgepasst. Das ist sehr aufmerksam von euch!« Dann wendet er sich den Eltern zu: »Sie haben großartige Kinder. Die Burschen gefallen mir. Sie sind mutig und wissbegierig. Sie haben einen klaren Sachverstand und ein sehr gutes Bauchgefühl.«

Susi läuft rot an, so viel ehrlich gemeintes Lob über ihre beiden Jungen hat sie bisher nur selten gehört.

»Oh, vielen Dank für die Blumen«, antwortet sie.

Fred, noch etwas misstrauisch, plagt nach wie vor die Tatsache, dass der Professor weiß, wie viel er verdient, wie hoch seine Schulden sind, welche Rente er zu erwarten hat und wie groß sein Vermögen ist et cetera.

Der Professor spürt das und spricht ihn direkt darauf an: »Ich kann sehr gut verstehen, wie unangenehm es für Sie sein muss, dass ich nun Ihre persönlichen Daten und Zahlen kenne und mit Ihren Söhnen gemeinsam einiges durchgerechnet habe. Als ich von den heimlich entwendeten Zahlen erfuhr, habe ich klar und deutlich gesagt, dass Ihnen dies gar nicht gefallen wird und es womöglich Ärger deswegen geben wird.«

»Sie haben sie aber dennoch als Grundlage für Ihre Berechnungen genommen, oder?«, fragt Fred.

»Jawohl, das habe ich und wenn ich Ihre Privatsphäre damit verletzt habe, tut es mir sehr leid. Ich habe das aus drei Gründen getan: Erstens, weil die Jungs es gut meinen und helfen wollen. Zweitens, weil ich eine Wette verloren habe, und drittens, weil Sie tatsächlich Unterstützung brauchen können. Deshalb habe ich mich von meinem guten Bauchgefühl leiten lassen. Machen Sie sich keine Sorgen. Ich bin 80 Jahre alt, und alles, was wir durchgerechnet haben, hat ausschließlich Berti aufgeschrieben. Ich habe Ihre Daten weder irgendwo notiert noch habe ich sie in meinem Computer gespeichert. Sie müssen von mir auch keine Werbung fürchten.«

Der Professor grinst und fährt fort: »Denn ich bin schon lange aus dem aktiven Arbeitsleben ausgeschieden. Alles, was im Leben passiert, hat seinen Sinn, auch wenn wir ihn nicht gleich sehen können. Ich hoffe, Sie nehmen mir das nicht übel. Ich will Ihnen bestimmt nichts verkaufen. Damit habe ich heute nichts mehr zu tun. Wenn Sie wollen, helfe ich Ihnen, weil sich die Jungs so viel Mühe gegeben haben, eine Lösung für Ihre finanzielle Situation zu finden. Sonst wäre der ganze Aufwand umsonst gewesen. Falls nicht, trinke ich meinen Tee aus und gehe wieder. Es liegt an Ihnen, jegliche Entscheidung ist für mich in Ordnung«, sagt der Professor lächelnd.

Nun liegt der Ball bei Fred. Er hadert mit sich, weil das Treffen auf eine so seltsame Art zustande kam. Andererseits sucht er schon lange nach einer Lösung. Bis jetzt ohne Erfolg. Es wäre eigentlich die Chance, endlich alle Informationen zu bekommen, um die ungeklärten finanziellen Fragen loszuwerden und sich sogar kostenlosen Rat zu holen. Auch die Bedenken zur Weitergabe seiner persönlichen Daten haben sich aufgelöst, denn was soll ein 80-Jähriger schon damit anfangen?

Nun ergreift Susi das Wort: »Wissen Sie, Professor Money, Berti und Fritz haben bestimmt schon erzählt, dass uns das Thema Geld und Rente schon länger im Magen liegt und wir noch keinen Ausweg gefunden haben. Als Experte machen Sie einen vertrauenswürdigen Eindruck, und allein wegen der begeisterten Erzählungen meiner Jungs haben Sie bei mir einen Bonus. Von mir aus dürfen Sie gerne bleiben und uns mehr erzählen.« Sie schaut zu Fred hinüber und wartet auf seine Antwort.

Nach leichtem Zögern stimmt er schließlich zu. »In Ordnung, so machen wir es. Wir können zunächst ja nur an Wissen gewinnen«, sagt Fred.

»Gut«, meint der Professor und fragt nach Fred und Susis Wünschen und Zielen.

»Na ja«, sagt Fred. »So genau wissen wir das nicht. Eigentlich haben wir alles. Wir wollen zumindest unseren Lebensstandard wie bisher erhalten, weiterhin in den Urlaub fahren und auf jedem Fall unser Haus nicht verkaufen müssen.«

Susi ergänzt: »Wir wollen einfach mal einen Haken machen an das leidige Thema Finanzen, das wir schon ewig vor uns herschieben und immer verdrängt haben. Wissen Sie, Herr Professor, wenn wir uns jetzt und auch später keine finanziellen Sorgen mehr machen müssten, wären wir schon glücklich.«

Professor Money hat aufgrund seiner jahrzehntelangen Erfahrung mit einer solchen Antwort gerechnet und erwidert: »Verstehe. Einen Haken machen an das unbeliebte Thema Geld. Das wollen die meisten. In Ordnung, dann gehen wir die Thematik mal Schritt für Schritt an.«

Nach ein paar einleitenden Worten zu Zinslosigkeit, Altersarmut und veralteten Sparformen rechnet Professor Money Fred und Susi vor, wie hoch die Nettoverzinsung ihrer Lebensversicherung ist, wenn sie kräftig weiterzahlen wie bisher.

»Sofern Ihre Versicherung die Überschüsse bezahlt, liegt die Verzinsung Ihrer Versicherungspolice bei knapp 1,6 Prozent pro Jahr bis zum Ende der Laufzeit in 24 Jahren. Zahlt die Versicherung nur die Garantiesumme, liegt die Verzinsung nur noch bei 0,5 Prozent pro Jahr. Sie zahlen in 37 Jahren also 66.600 Euro ein und bekommen 73.000 Euro wieder ausgezahlt.«

Fred und Susi war schon vorher klar, dass es schlecht aussieht mit dieser Versicherung. Es jetzt schwarz auf weiß mit der katastrophalen Verzinsung vorgerechnet zu bekommen, ist für sie aber noch viel schlimmer.

Fred wendet ein: »Aber wenn man kündigt, macht man doch Verlust, oder?«

Der Professor erklärt: »Den Verlust, mein Lieber, haben Sie bereits beim Abschluss gemacht, nicht bei der Kündigung. Denn egal, ob Sie den Vertrag beitragsfrei stellen, kündigen oder ob Sie Ihre Prämien weiter einzahlen. Es ist sowieso kein üppiges Guthaben vorhanden. Betrachten Sie die letzten 13 Jahre Einzahlung, haben Sie bisher mehr einbezahlt, als Sie zurückbekommen können. Ein Grund mehr, sich den Vertrag noch genauer anzuschauen. Es kommt also darauf an, wie lange der Vertrag noch läuft, und nicht, wie lange er schon gelaufen ist. Denn Sie leben jetzt und in der Zukunft, nicht in der Vergangenheit.«

»Und wie verhält es sich mit dem Hinterbliebenenschutz für meine Familie, wenn ich kündige?«, fragt Fred.

»Da gibt es eine Alternative – und die heißt Risikolebensversicherung statt Kapitallebensversicherung. Für eine günstige Risikolebensversicherung müssen Sie nur ein paar Euro aufwenden, sofern Sie gesund sind. Damit ist der Versicherungsschutz im Todesfall wieder hergestellt«, antwortet der Professor.

»Aha, ich verstehe«, bemerkt Fred nickend und fragt weiter: »Und wie wird das Geld aus der Versicherung dann angelegt? Es gibt doch keine Zinsen mehr?«

Dem Professor wird klar, dass er nun etwas weiter ausholen muss, um Fred und Susi die Investmentidee näherzubringen. Es vergeht eine Stunde, bis die beiden alle Antworten auf ihre Fragen erhalten haben, um den Zusammenhang zu verstehen.

Fred und Susi kennen sich mit dem Thema Geldanlage so gut wie nicht aus. Ihre beiden Jungs haben nach dem Tag mit Professor Money schon einen großen Wissensvorsprung. Nachdem Professor Money alternative, sichere und rentablere Geldanlagen erläutert hat, müssen sie auch über die Weiterführung des Sparbuchs und des Bausparvertrags nicht mehr diskutieren.

Während Professor Money zur Hochform aufläuft und das zukünftige Konzept vorstellt, sind Fred und Susi sprachlos.

»500.000 Euro brauchen wir für eine auskömmliche Rente? Wie sollen wir nur auf diese große Summe kommen?«, fragt Susi. Der Professor antwortet: »Der Schlüssel zu Ihrer Tür ins Rentenparadies heißt ›Depot‹. Sie machen es den Reichen und Vermögenden dieser Welt nur nach. Nicht mehr und nicht weniger. Sie zahlen 300 Euro monatlich aus den Umschichtungen der Lebensversicherung, des Bausparvertrages und des Sparbuches. Des Weiteren haben Sie aus der Reduzierung der Ausgaben noch 280 Euro abzüglich 20 Euro für die Risikolebensversicherung und 60 Euro für das Spaßkonto. Das sind dann 500 Euro monatlich. Davon ziehen wir 100 Euro monatlich als Puffer ab, weil es bisher etwas knapp war. Also 400 Euro. Dann hätten Sie 100 Euro jeden Monat mehr zur Verfügung als vorher. Laut ihren Jungs planen Sie, Ihren Teilzeitjob aufzustocken und verdienen mehr. Dadurch könnten Sie 200 Euro mehr sparen. Insgesamt also 600 Euro monatlich, ohne die Gesamtausgaben zu erhöhen. Zusätzlich schichten Sie das freigewordene Guthaben aus den alten Verträgen um. Das sind 38.000 Euro aus der Lebensversicherung, dem Bausparvertrag und dem Sparbuch.«

»Und wir können das Haus wirklich behalten?«, fragt Susi ungläubig.

»Ja, das können Sie«, bestätigt Professor Money. »Sie müssen sich nur dafür entscheiden und die besprochenen Schritte konsequent umsetzen. Das erfordert ein wenig Papierkram, ein gutes Bauchgefühl und ein bisschen Mut, neue Wege zu gehen. Um das Haus zu behalten und den bisherigen Lebensstandard einigermaßen zu erhalten, sind die besprochenen monatlichen Beiträge nötig. Ansonsten müssten Sie mit deutlich weniger Rente auskommen. Dann wird es schwer, am kulturellen Leben teilzunehmen und den Lebensabend zu genießen.«

»Was heißt das genau?«, fragt Susi. Der Professor klärt auf: »Jeder Mensch hat sich im Laufe seines Arbeitslebens einen gewissen Lebensstandard aufgebaut. Mit Freunden einen Kinofilm anschauen, mit der Familie ins Restaurant gehen, zweimal im Jahr Urlaub zu machen, hochwertige Bio-Lebensmittel kaufen, hin und wieder eine Massage buchen, einen Qualitätswein nach Hause liefern lassen, und vielleicht steht ja sogar ein Cabriolet auf dem Wunschzettel. All diese Dinge kosten Geld, die man mit seinem Einkommen bezahlt. Halbiert sich dieses Einkommen im Rentenalter, ist der Alltag mit den gewohnten Ausgaben für all diese Dinge leider nicht mehr möglich. Jeder weiß: Wenn man sich an gewisse Dinge gewöhnt und sich in seiner Komfortzone gemütlich eingerichtet hat, tut man sich mental sehr schwer, all diese lieben Gewohnheiten abzulegen und sein Leben zu verändern. Vom körperlichen Zustand im Alter von 67 Jahren ganz zu schweigen. Je älter, desto unflexibler wird man. Ich spreche aus Erfahrung. Ich wünsche jedem ein langes und gesundes Leben. Aber die Konsequenz, nicht genug zum Leben zu haben, sollte jeder einmal dringend durchdenken. Ein unschönes Gefühl.« Professor Money beendet damit seine Ausführungen.

Susi reagiert etwas bedrückt und gibt leise zur Antwort: »Wie recht Sie haben, Herr Professor. Das geht mir auch durch den Kopf und dennoch verdränge ich es. Der Alltag ist schon schwer genug, und das Hamsterrad läuft gefühlt immer schneller, sodass man oft nur noch an Morgen denken kann. Sonst wird man verrückt.«

Fred, der mittlerweile immer mehr von den Fakten überzeugt ist, ruft energisch dazwischen: »Susi, ich mache mir gar nicht mehr so große Sorgen. Außerdem habe ich noch eine Sache, die ich Euch noch gar nicht erzählt habe.«

»Welche Sache denn?«, fragt Susi. »Ich habe euch doch neulich erzählt, dass ich einen Bonus von meiner Firma bekomme, sage und schreibe 5.000 Euro! Außerdem bekomme ich in zwei Monaten eine Gehaltserhöhung von 300 Euro monatlich«, verkündet Fred stolz.

»Wirklich, Schatz? Das ist ja super!«, ruft Susi völlig überrascht. Von dem Bonus wusste sie. Sie wusste nur nicht, wie hoch er sein würde. Von der Gehaltserhöhung hat Fred aber noch nichts erzählt. Liebevoll mit dem Kosenamen ›Schatz‹ angesprochen zu werden, darüber freut sich Fred ganz besonders. Er kann sich gar nicht mehr erinnern, wann sie ihn zuletzt so genannt hat. Gleichzeitig denkt er sich, dass auch er wieder mehr auf Susi zugehen sollte.

Laut fragt er: »Was können wir denn mit den 300 Euro monatlich zusätzlich anfangen?«

»Nichts«, entgegnet Professor Money.

»Das Geld legen Sie vorerst besser auf ein Tagesgeldkonto, bis sich Einnahmen und Ausgaben eingependelt haben. Damit können Sie besser durchatmen. Wenn aber im Laufe der Zeit mehr als drei Nettogehälter auf dem Tagesgeldkonto liegen, dann schichten Sie den Überschuss lieber in Ihr Depot um. Denn in ein Depot kann man jederzeit Geld zusätzlich einzahlen, monatliche Beträge flexibel verändern und auch jederzeit Auszahlungen vornehmen. Können Sie Ihre zukünftige Strategie nachvollziehen?«

»Jawohl, vielen Dank, Professor Money. So werde ich es machen. Und was kann ich mit den 5.000 Euro anstellen?«, fragt Fred. »Die können wir zusätzlich sofort mit anlegen. Die bringen in 24 Jahren circa 20.000 Euro mehr Vermögen.«

»Wow! Das klingt vielversprechend!«, ruft der mittlerweile überzeugte Fred und holt sich aus der Küche ein Bier. »Darf ich Ihnen auch ein Bier anbieten?«, fragt er.

»Nein, danke, ich muss noch nach Hause laufen«, antwortet der Professor grinsend.

Alle am Tisch lachen. Die Stimmung hat sich mittlerweile verbessert. Für die Umsetzung der Strategie und die Frage, welche Fonds in das Depot gekauft werden sollen, empfiehlt der Professor der Familie eine Internetseite. Dort können sie in Ruhe stöbern und ganz einfach ein Depot mit fertigen Strategien eröffnen. Außerdem rät er dem Elternpaar, auch gleich zwei Depots für ihre sparwilligen Jungs einzurichten. Denn schließlich verdanken sie ihnen diesen Lernprozess.

»Eine Frage hätte ich da noch, Herr Professor. Es klingt alles so einfach, logisch und nachvollziehbar. Warum machen es denn nicht alle so?«, fragt Fred.

Professor Money antwortet mit einer Gegenfrage: »Warum haben Sie es denn nicht bereits umgesetzt?«

Fred und Susi überlegen und erwidern: »Wir hatten keine Ahnung, dass es so einfach und vor allem so sicher ist!«

»Das verstehe ich gut, die meisten wissen es einfach nicht besser und haben leider auch wenig Interesse, sich mit dem spannenden Thema Geld ausführlich auseinanderzusetzen. Es muss ja nicht gleich eine Woche am Stück sein. Eine moderne Haltung zum Thema Geld ist in jedem Fall notwendig, wie auch immer man dazu kommt. Weiterhin haben viele Menschen hierzulande schon einmal schlechte Erfahrungen mit Beratern gemacht oder schon viel Geld verloren. Die daraus resultierende Resignation und das große Misstrauen sind ebenfalls Gründe für die weithin verbreitete Tatenlosigkeit. Das hat sich die Finanzbranche unter anderem selbst zu verdanken. Denn wie soll ein Laie einen seriösen Anbieter von einem unseriösen unterscheiden können, wenn er selbst von der Geldanlage kaum etwas versteht?«

»Das ist auch wieder wahr«, sagt Fred zustimmend. »Wissen Sie, Herr Professor, da es anscheinend nicht nur uns so geht, sondern über 80 Prozent der Menschen in Deutschland, wäre es doch wünschenswert, wenn es noch mehr ehrliche, hilfsbereite und vor allem wirklich kompetente Menschen von Ihrer Sorte geben würde. Eigentlich müssten Sie ein Buch darüber schreiben, um die Sparer in Deutschland wachzurütteln und finanziell auszubilden. Damit wäre der Mehrheit sicher geholfen, und Sie würden einen sehr wertvollen Beitrag für die ganze Gesellschaft leisten.« Und er setzt grübelnd hinzu: »Die historische Wahrheit, um es mit Ihren Worten zu sagen, würde zweifellos auch meinen kritischen Freund Leo überzeugen.«

Der Professor schmunzelt, bedankt sich für die netten Worte und die Gastfreundlichkeit und lässt Fred und Susi mit ihren Gedanken allein. Er verabschiedet sich, lobt Berti und Fritz noch einmal für ihren Mut und ihre Initiative und macht sich auf den Heimweg in sein kleines, selbst erschaffenes Paradies.

MERKE:

Mit vorgefertigten Anlagestrategien kannst du deinen finanziellen Spielraum in der Zukunft signifikant erhöhen, ohne dich im Detail auskennen zu müssen. Nimm von den alten Ansichten Abschied und begrüße das Neue. Die Kutsche aus dem Mittelalter hat ausgedient, obwohl sie zu ihrer Zeit hilfreich war. Heute benutzen wir Automobile. Die Modernisierung nimmt ihren Lauf, mit dir oder ohne dich. Bedenke dies auch bei deiner Geldanlage. Gehe voller Vertrauen deiner finanziellen Zukunft entgegen. Die Welt dreht sich ohnehin immer weiter. Werde zum Teilhaber und Nutznießer der konsumierenden Gesellschaft.

Der Lohn von Mündigkeit, Mut und Handlung

Ruhig und zufrieden wie schon lange nicht mehr schläft Fred diese Nacht in seinem Bett. Er setzt in seiner persönlichen Finanzgeschichte einen Meilenstein – und das nicht nur für sich, sondern für seine ganze Familie. Es vergehen einige Tage, bis die Familie ihre Strategie im Internet in die Tat umgesetzt hat, da Fred noch die eine oder andere Frage eingefallen ist, die er zuvor noch einmal mit dem Professor telefonisch klären wollte.

Als die Finanzen aber geordnet und der Vermögensaufbau in die richtigen Bahnen gelenkt sind, verschwinden nach und nach die finanziellen Sorgen und die bedrückende Grundstimmung der Familie. Fred hat nun wieder einen freien Kopf und kann endlich einen Haken an das nervige Thema Finanzen machen, das regelmäßig zur Diskussion stand. Auch sein Verhältnis zu Susi wird wieder besser, weil nun zumindest dieser Streitpunkt vom Tisch ist.

Fred übernimmt zu Hause zusätzlich einen Teil der Hausarbeit, um Susi zu entlasten. Auch Berti und Fritz helfen mit. Sie saugen regelmäßig Staub in der Wohnung und bringen den Müll raus. Wie durch ein Wunder geschehen plötzlich Dinge im Leben der Familie, mit denen vor einigen Wochen niemand gerechnet hätte.

Auch am Arbeitsplatz erhält Fred völlig überraschend immer mehr Anerkennung. Durch die kleinen effektiven und wertvollen Alltagstipps, die Professor Money so bereitwillig gegeben hatte, dreht sich seine Grundstimmung nun ins Positive. Ein Tipp bestand in der Verwendung der drei magischen Wörter »danke«, »bitte« und »Entschuldigung«. Fred ist nun dankbarer als je zuvor und zieht sowohl im geschäftlichen als auch im privaten Umfeld immer mehr Menschen mit ähnlich entspanntem Gemütszustand an. Ihm wird allmählich klar, dass gerade finanzielle Sorgen die Gedanken lähmen und den Gemütszustand dauerhaft negativ beeinflussen. Das kann sich auf alle anderen Lebensbereiche wie die Beziehung, die Gesundheit, den Beruf und die Freizeit schädlich auswirken.

Der Zorn auf seine Jungs wegen der entwendeten Daten wandelt sich in Stolz, Respekt und Dankbarkeit. Immer, wenn er daran denkt, kauft Fred für seine beiden Buben eine Kleinigkeit und lobt sie, wo er nur kann.

Als er nach ein paar Monaten mit Susi durch die Stadt schlendert, sticht ihm in der Auslage eines Schaufensters ein Buch ins Auge: *Hilfe, wir sparen uns arm!*

Er geht neugierig in den Buchladen und schaut nach, wer das Buch geschrieben hat. »Professor Money« steht auf der Titelseite. Fred ist fast ein wenig gerührt und kann es kaum fassen, dass der Professor seine Idee, ein Buch zu schreiben, tatsächlich umgesetzt hat. Seine Gedanken schweifen für einen Moment ab, und er erinnert sich wieder an die abschließenden Worte des Professors aus dem letzten Gespräch:

»Um erfolgreich Geld anzulegen, ist es notwendig, bisherige Gewohnheiten aufzugeben und das ewig vor sich hergeschobene Thema Geldanlage endlich anzupacken. Dabei darf jeder seine persönliche Vergangenheit mit allen emotionalen Verstrickungen hinter sich lassen und akzeptieren. Denn vergangen ist vergangen und das Zurückliegende kann nicht mehr rückgängig gemacht werden. Jeder lebt im Hier und Jetzt, kann seine finanzielle Zukunft auf gesunde Beine stellen und sich gerade in diesem Bereich modernisieren. Wir tragen fast alle modische Kleidung, besitzen moderne Smartphones und verbinden uns virtuell in sozialen Netzwerken. Im Finanzbereich dagegen leben wir noch wie im Mittelalter. Jeder Mensch braucht zumindest in unserer zivilisierten Welt für das Alter ein sechsstelliges Vermögen, um seinen Lebensabend wirklich genießen zu können. Mit der Entnahmeregel können pro 250.000 Euro Vermögen rund 1.000 Euro monatlich entnommen werden. Wer sich damit immer noch nicht wohl fühlt und Angst hat, dass sein Vermögen im Laufe der Jahre weniger wird, entnimmt einfach weniger Geld monatlich. Die Sparer in Deutschland sind sehr fleißig, arbeiten sehr hart für ihr Geld und zahlen kräftig Steuern. Wer sich dessen bewusst ist, sollte wenigstens sein Geld auf Weltreise schicken, damit es viele Nachkommen erzeugen kann und mit vielen Enkelkindern zurückkehrt. Auf dem Sparbuch tut es das auch, aber nicht zum Vorteil des Sparers. Im Alltag bleibt fast keine Zeit mehr, um darüber nachzudenken, wie man die verdienten Euros intelligent investieren kann. Allerdings lohnt sich genau das. Denn es beschert jedem Einzelnen später ein arbeitsfreies Einkommen und ein sorgloses Leben. Der größte Feind einer erfolgreichen Geldanlage ist augenscheinlich das bequeme Sofa, die täglich wiederkehrenden TV-Sendungen und die vermeintlich lebenswichtigen Mitteilungen in sozialen Netzwerken. Die wirklich wahren Werte und wichtigen Dinge des Lebens spielen oft nur eine Nebenrolle. Es ist Zeit, aufzuwachen und eine neue Perspektive einzunehmen, bevor die eigene Couch zum faulen Leben verführt. Eigenverantwortung wird hierbei großgeschrieben, und jeder Einzelne ist aufgefordert, sein Glück, natürlich auch sein finanzielles Glück, zu schmieden und das Beste aus seinem Leben zu machen. Manche Menschen glauben offenbar, sie würden ewig leben. Sie verschwenden ihre kostbare Zeit. Stattdessen kann man Tag für Tag mit nur kleinen Verbesserungen mehr Zufriedenheit und Gelassenheit erreichen. Möchten Sie am Ende Ihres Lebens sagen müssen: ›Ich habe tolle Ideen gehabt, aber jetzt ist es zu spät.‹ Oder möchten Sie sagen: ›Ich habe tolle Ideen gelebt und zwar in jeder Stunde meines Lebens.‹? Natürlich läuft nicht immer alles nach Plan. Alles, was geschieht, so schlimm es auch sein mag, hat am Ende seinen Sinn. Ob wir ihn erkennen oder nicht, steht auf einem ganz anderen Blatt. Der Mensch und sein Leben sind unvollkommen, und das ist auch gut so. Durch Erfahrungen lernt er und entwickelt sich weiter. Aber wenn er nicht handelt, bleiben seine Gedanken bedeutungslos. Was bleibt, sind nur die Taten. Folgen Sie deshalb Ihrem gesunden Menschenverstand und vertrauen Sie auf Ihr Bauchgefühl. Es sind noch immer die besten Indikatoren für die wichtigsten Entscheidungen Ihres Lebens.«

Fred schießen voller Stolz kleine Glückstränen in die Augen. Mit einem erhabenen und erfüllten Gefühl schlendert er mit Susi weiter die Straße entlang und genießt jeden einzelnen Augenblick.

Jetzt liegt es an dir.
Setze nun das erlangte Wissen in die Tat um und werde zum ausgeschlafenen Geldanleger. Gib dieses Wissen auch an alle Menschen weiter, die dir am Herzen liegen.

Persönliche Tipps

Der erste Schritt ist immer der schwerste, und du hast ihn bereits gemeistert. Herzlichen Glückwunsch und vielen Dank, dass du dir die Zeit genommen hast, meine Gedanken durch das Lesen dieses Buches nachzuvollziehen. Ich hoffe, es hat dir Spaß gemacht und dein Wissen über die Themen »Wirtschaft« und »Geldanlage« erweitert. Das Lesen dieses Buches ist aber nur ein erster, wenngleich entscheidender und wichtiger Schritt. Den größten Nutzen erzielst du erst dann, wenn du das Gelernte in die Tat umsetzt.

Sicher wirst du einmalig etwas Zeit investieren müssen. Aber was sind schon 30 bis 60 Minuten Einsatz, um 500.000 Euro oder mehr Vermögen zu erreichen? Nur zum Vergleich: Die Urlaubsplanung nimmt bei Weitem mehr Zeit in Anspruch und kostet vor allem Geld. Allein aus Umschichtung von bestehendem Guthaben und unrentablen Verträgen kannst du je nach Vertrag in 20 bis 30 Jahren schon einen nennenswerten Mehrwert von 50.000 Euro, 100.000 Euro oder mehr erreichen, ohne einen einzigen Cent mehr zu investieren.

Du setzt jeden Tag deine wertvolle Zeit und Arbeitskraft ein und verdienst damit deinen Lebensunterhalt. Später ersetzt du deine Arbeitszeit und Arbeitskraft durch dein Vermögen und lebst von den Erträgen. Die Weichen dafür musst du aber *jetzt* stellen, damit das Geld zum entsprechenden Zeitpunkt auch auf dein Konto fließen kann. Die Sicherung deiner finanziellen Existenz und die daraus resultierende Lebensqualität sollten es dir allemal wert sein. Im Ruhestand jeden Euro umdrehen zu müssen, macht garantiert keinen Spaß.

Daher stellt sich die Frage, wie du das gelernte Wissen ganz einfach und möglichst schnell selbst umsetzen kannst, ohne auf einen Berater angewiesen zu sein. Ich lade dich herzlich ein, mich auf *www.professor-money.de* zu besuchen. Alles, was du dort findest, ist mit dem Wissen dieses Buches im Hinterkopf sehr einfach zu verstehen und zu bedienen. Nutze gern die untenstehende Anleitung und gib in den Renten- und den Vermögens-Rechner einmal deine eigenen Zahlen ein. Damit wirst du Schritt für Schritt zum ausgeschlafenen Geldanleger.

Professor Moneys Online-Plattform:

www.professor-money.de

Du möchtest Dein Geld vermehren? Dann bist Du hier goldrichtig!
In wenigen Schritten zu Deiner neuen Geldanlage
1. Renten-Rechner – Wird Dein Vermögen im Ruhestand ausreichen?
Zum Renten-Rechner
2. Vermögens-Rechner – Wie erreichst Du Dein Zielvermögen?
Zum Vermögens-Rechner
3. Fondsshop – Welche Lösung gibt es für Deine Geldanlage?
Zum Fondsshop
Investiere Dein Geld, nicht Deine Zeit
Fragen melde Dich gerne bei uns unter 0821 20 93 82 58 oder
Du bist Dir unsicher, ob Du investieren sollst? Dann lies gerne mein Buch
Ab Januar über den Buchhandel erhältlich

In wenigen Schritten zum ausgeschlafenen Geldanleger

1. Professor Moneys Renten-Rechner:
   Wird dein Vermögen im Ruhestand ausreichen?
2. Professor Moneys Vermögens-Rechner:
   Wie erreichst du dein Zielvermögen?
3. Professor Moneys Fondsshop:
   Welche Lösung gibt es für deine Geldanlage?

Rechne mit
Professor Money.

1. Professor Moneys Renten-Rechner: Wird dein Vermögen im Ruhestand ausreichen?

Mit dem Renten-Rechner kannst du, wie im Buch beschrieben, einen ungefähren Schätzwert für deine Rente vor und nach Steuern und Sozialabgaben ausrechnen. Darüber hinaus zeigt der Rechner die Versorgungslücke im Alter – also die Lücke, die sich zwischen deinen derzeitigen Nettoeinkünften und den voraussichtlichen Rentenbezügen auftut. Du musst dafür lediglich dein Alter, das Jahr deines Berufseinstiegs sowie dein Brutto- und Nettoeinkommen eingeben. Mithilfe dieser Daten errechnet dir das Programm, welches Zielvermögen du im Alter brauchst. Bei Fred und Susi sind es beispielsweise über 500.000 Euro, wie du dich bestimmt erinnern kannst. Hast du dein Zielvermögen ausgerechnet, gehst du weiter zum Vermögens-Rechner.

www.professor-money.de/renten-rechner

Professor Moneys Renten-Rechner:

www.professor-money.de / renten-rechner

stand ausreichen?
gslücke und Dein Zielvermögen.
43
32
3.200 €
2.300 €
West
getrennt
1.137 €
970 €
1.330 €
2.138 €
513.224 €
Weiter zum Vermögens-Rechner
Zeit
oder info@professor-money.de
lies gerne mein Buch
hältlich

2. Professor Moneys Vermögens-Rechner: Wie erreichst du dein Zielvermögen?

Um zu erfahren, wie viel Geld du monatlich beziehungsweise einmalig investieren musst, um dein Zielvermögen zu erreichen, benötigst du den Vermögens-Rechner. Durch Eingabe des einmaligen und monatlichen Betrages, der Renditeerwartung und des Anlagezeitraumes bist du in der Lage herauszufinden, wie viel Vermögen du in deiner Situation tatsächlich erreichen kannst. Wenn du weißt, welche Einmalsumme und welchen monatlichen Betrag du investieren kannst, gehst du weiter zum Fondsshop.

www.professor-money.de/vermoegens-rechner

Professor Moneys Vermögens-Rechner:

www.professor-money.de / vermoegens-rechner

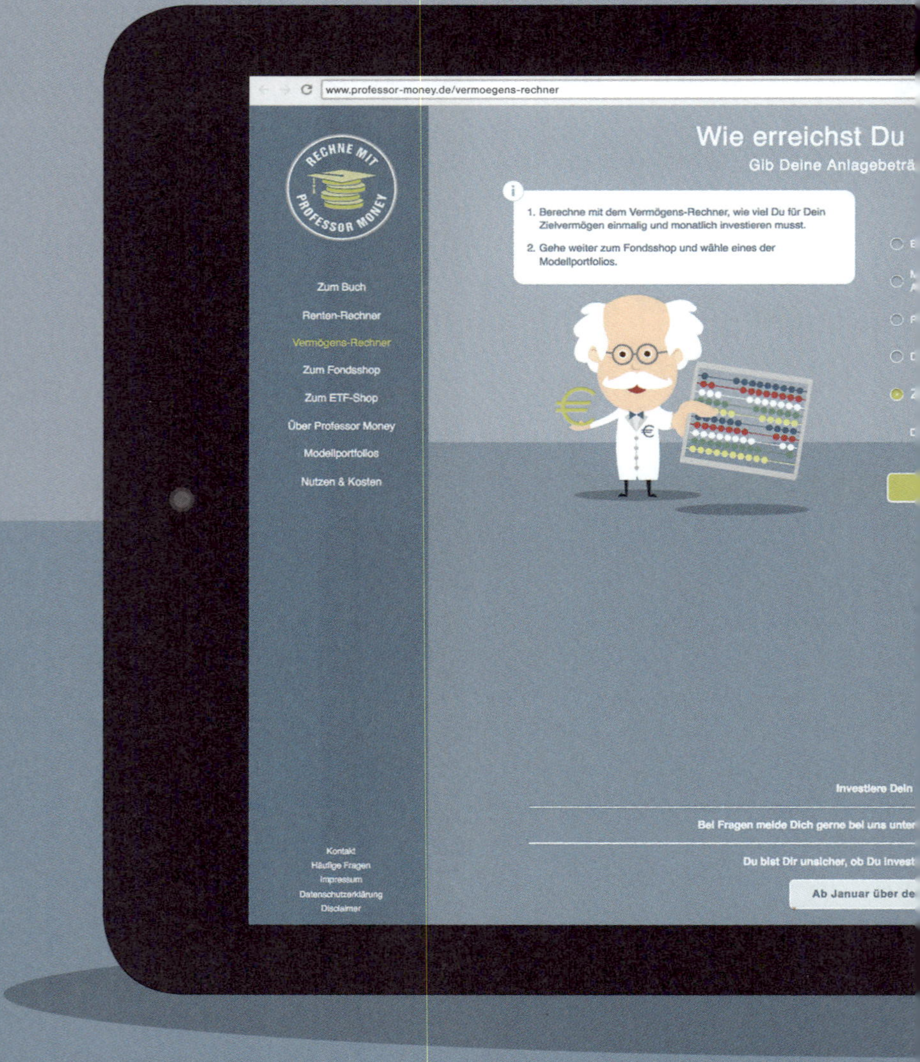

lvermögen?
nd Dauer ein.
Anlage mit 0,1% p.a. zum Vergleich
27.350 € 27.350 €
100 € 100 €
6,0 % 0,1 %
27 Jahre 27 Jahre
210.823 € 60.941 €
+ 149.882 €
Zum Fondsshop
der info@professor-money.de
lies gerne mein Buch
hältlich

3. Professor Moneys Fondsshop: Welche Lösung gibt es für deine Geldanlage?

Bevor du in den Fondshop gelangst, bekommst du zwei Fragen zu deinem Anlegerprofil gestellt. Direkt im Anschluss wird dir ein Anlagevorschlag angezeigt, und du wirst zum Fondsshop weitergeleitet. Du kannst nun ohne Kaufgebühren (Ausgabeaufschläge) entweder in eines von vier fertigen Modellportfolios investieren oder alternativ unter dem Menüpunkt »Einzelfonds« ein individuelles Depot nach deinen eigenen Wünschen zusammenstellen. Die vier Modellportfolios, die zur Wahl stehen, sind jeweils mit zehn Premium-Fonds bestückt. Du kannst verschiedene Anlagestrategien mit unterschiedlichen Renditen und Schwankungsbreiten auswählen, in den Warenkorb legen und im Anschluss dein Depot eröffnen. Dieses Prinzip kennst du wahrscheinlich von anderen Online-Portalen. Es ist sehr einfach.

www.professor-money.de/fondsshop

Welche Lösung gibt es für deine Geldanlage?

MODELLPORTFOLIO
»OFFENSIV«
MODELLPORTFOLIO
»SPEKULATIV«
GEN

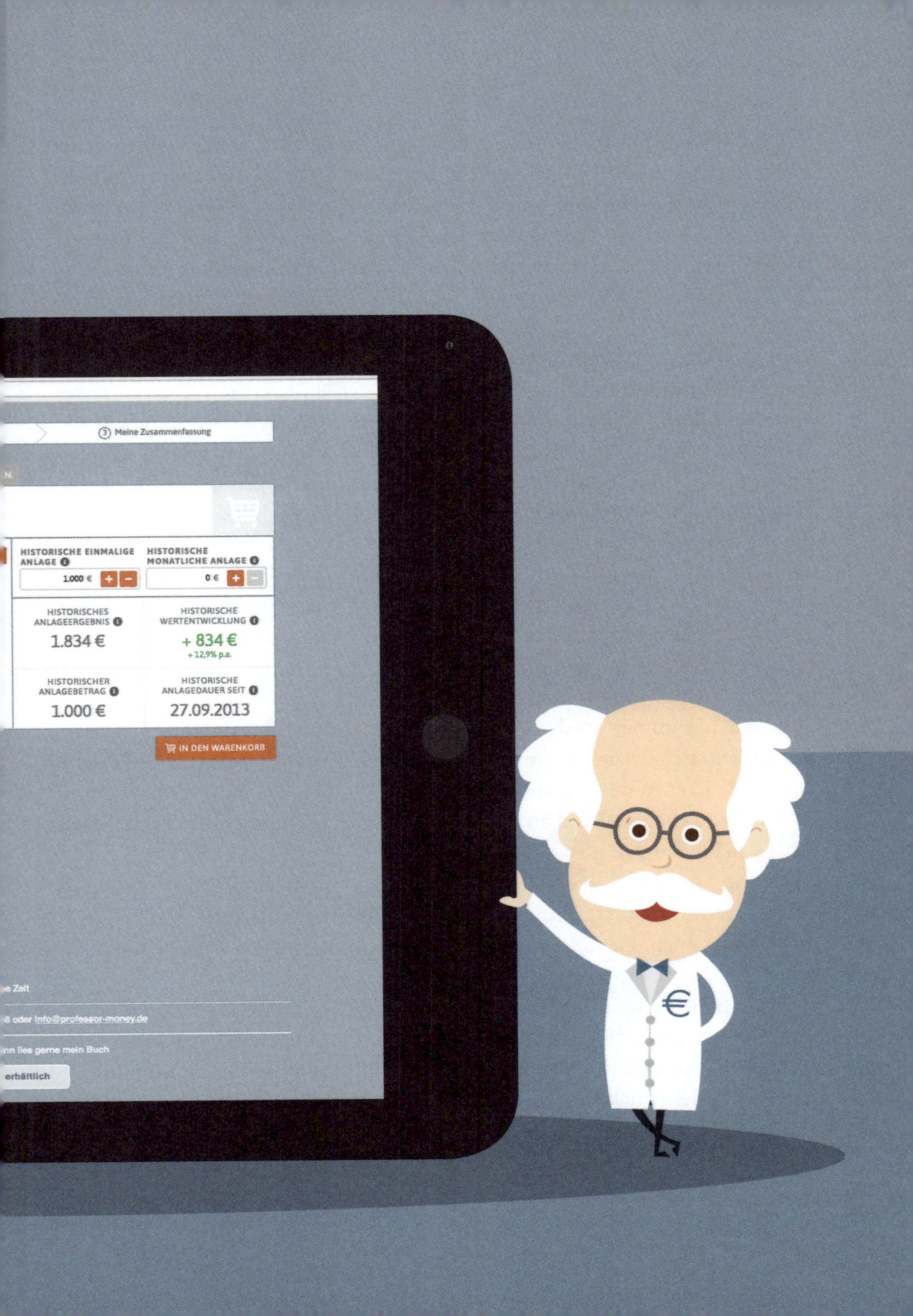
③ Meine Zusammenfassung
HISTORISCHE EINMALIGE ANLAGE
1.000 €
HISTORISCHE MONATLICHE ANLAGE
0 €
HISTORISCHES ANLAGEERGEBNIS
1.834 €
HISTORISCHE WERTENTWICKLUNG
+ 834 €
+ 12,9% p.a.
HISTORISCHER ANLAGEBETRAG
1.000 €
HISTORISCHE ANLAGEDAUER SEIT
27.09.2013
IN DEN WARENKORB
info@professor-money.de
erhältlich

Solltest du Hilfe bei der Bedienung benötigen, findest du auf der Webseite eine Telefonnummer und E-Mail-Adresse, unter der du mich und mein Team erreichst. Wenn du darüber hinaus Fragen zu deinem jetzigen Depot oder zu deinen bestehenden Verträgen wie Lebensversicherungen und Bausparverträgen hast, kannst du dich hierzu gerne telefonisch melden oder uns eine E-Mail schreiben. Wir bieten einen neutralen und nachvollziehbaren Rentabilitäts-Check an.

Solltest du dich damit schwertun, das Thema anzupacken, weil du dir unsicher bist – sei unbesorgt. So geht es den meisten Menschen. Die Ursache dieses Verhaltens liegt im Kopf. Meist sind in einer solchen Situation noch nicht alle Fragen zur vollen Zufriedenheit beantwortet. Oder du tust dich wie viele andere Zeitgenossen auch grundsätzlich schwer mit Veränderungen oder dem Thema Finanzen. Falls dich noch offene Fragen beschäftigen, findest du einige Antworten auf meiner Webseite: *https://www.professor-money.de/haeufige-fragen*. Sollte dennoch eine Frage offen sein, schreib uns einfach eine E-Mail an *info@professor-money.de*. Wir helfen dir gerne. Wenn du dich ungerne veränderst oder dem Thema Finanzen gar nichts abgewinnen kannst, empfehle ich dir, über deinen Schatten zu springen, auch wenn es schwerfällt. Nur wer eine Veränderung einleitet, kann eine Verbesserung herbeiführen. Das Geld- und Rententhema wird dich ohnehin immer wieder einholen. Irgendwann ist der richtige Zeitpunkt gekommen, sich darum zu kümmern. Was auch immer du tust und für welche der Möglichkeiten du dich entscheidest, es ist immer eine gute Wahl. Denn es ist deine Entscheidung und im Augenblick für dich bestimmt die richtige. Mach dir also keine Sorgen.

Und wenn du wieder einmal nachdenkst, was du einem Freund oder einer Freundin zum Geburtstag schenken kannst, bereichere die betreffende Person mit diesem Buch. Denn von diesem Wissen profitiert sie wahrscheinlich am längsten.

»Was haben andere davon, dass es mich gibt?« Diese Frage darfst du dir ruhig stellen. Du verfügst jetzt über einen sehr kostbaren Wissensschatz, der nur einem Bruchteil der Menschen in Deutschland bekannt ist. Wie du in diesem Buch gelesen hast, liegen aktuell über 4.200 Milliarden Euro auf Sparkonten und in Lebens- und Rentenversicherungsverträgen brach, das Geld verzinst sich minimal bis gar nicht. Angenommen, viele Sparer werden durch die Lektüre dieses Buches zu ausgeschlafenen Geldanlegern und investieren auch nur

Für alle deine Fragen:
info@professor-money.de

1.000 von den 4.200 Milliarden Euro in Fonds oder ETFs, anstatt sie in klassischen Sparprodukten zu belassen: Dann landen bei angenommenen 5 Prozent Mehrrendite pro Jahr im Durchschnitt 50 Milliarden Euro Jahr für Jahr mehr auf den Konten der Verbraucher.

Dadurch sind die Betroffenen später in der Lage, mehr Geld auszugeben. Das bedeutet, es fließt durch Konsum wieder mehr Geld in die Wirtschaft. Die Unternehmen generieren daraus Umsätze und Gewinne. Und die Gewinne fließen wieder an diejenigen zurück, die sich daran beteiligt haben. Sprich an uns, die ausgeschlafenen Anleger. Deshalb ist es so wichtig, diesen Wissensschatz durch die Weitergabe dieses Buches zu verbreiten. Es ist bereits fünf nach zwölf und allerhöchste Zeit für einen finanziellen Aufbruch in Deutschland.

Verliere also keine Zeit und gib das Buch Menschen, die dir am Herzen liegen. Sprich mit ihnen darüber, poste einen Beitrag auf Facebook oder bei anderen sozialen Netzwerken. Für einen guten Tipp ist jeder dankbar. Gerne kannst du dich mit uns auf Xing oder Facebook vernetzen und auf »Gefällt mir« klicken, um viele weitere kostbare Geld-Tipps zu erhalten. Darüber hinaus kannst du meinen YouTube-Kanal »Rechne mit Professor Money« abonnieren und viele unterhaltsame und zugleich lehrreiche Videos von mir anschauen.

XING:
https://www.xing.com/profile/Sandro_Fetscher5/cv

FACEBOOK:
https://www.facebook.com/professor-money

YouTube:
Rechne mit Professor Money

Dein Vermögen verdoppelt sich bei einer Rendite von …

Rendite pro Jahr	**0,1 %**	**1,0 %**	**2,0 %**	**3,0 %**	**4,0 %**
Jahre für Verdoppelung	694 Jahre	72 Jahre	36 Jahre	24 Jahre	18 Jahre
Rendite pro Jahr	**5,0 %**	**6,0 %**	**7,0 %**	**8,0 %**	**9,0 %**
Jahre für Verdoppelung	14,4 Jahre	12 Jahre	10,3 Jahre	9 Jahre	8 Jahre

Aus 100 Euro monatlich wird ein Vermögen von …

Rendite pro Jahr	0,1 %	3,0 %	6,0 %	9,0 %
nach 5 Jahren 6.000 € eingezahlt	6.015 €	6.474 €	6.984 €	7.532 €
nach 10 Jahren 12.000 € eingezahlt	12.061 €	13.980 €	16.331 €	19.120 €
nach 20 Jahren 24.000 € eingezahlt	24.243 €	32.768 €	45.577 €	64.385 €
nach 30 Jahren 36.000 € eingezahlt	38.547 €	58.018 €	97.953 €	171.543 €
nach 40 Jahren 48.000 € eingezahlt	48.974 €	91.952 €	191.750 €	425.225 €
nach 50 Jahren 60.000 € eingezahlt	61.527 €	137.556 €	359.726 €	1.025.783 €
nach 60 Jahren 72.000 € eingezahlt	74.206 €	198.844 €	660.546 €	2.447.521 €

Anmerkung: In dieser Rechnung sind weder Steuern noch Gebühren berücksichtigt. Es handelt sich hier um eine einfache Zinseszinstabelle und keine Empfehlung. Vergangenheitswerte sind keine Garantie für die Zukunft.

Aus 250.000 Euro und 1.000 Euro monatlicher Entnahme verbleiben bei …

Anmerkung: In dieser Rechnung sind weder Steuern noch Gebühren berücksichtigt. Mit entscheidend ist auch, welche Schwankungsintensität und Rendite das Depot mit sich bringt. Die Rendite in diesem Beispiel ist linear berechnet, was nicht der Realität entspricht. Das Vermögen kann durch Schwankungen größer oder kleiner sein.

	2 % Rendite p.a.	3 % Rendite p.a.	4 % Rendite p.a.	5 % Rendite p.a.
nach 20 Jahren	76.760 €	123.844 €	182.702 €	255.787 €
nach 30 Jahren	nach 27 Jahren aufgebraucht	26.633 €	123.248 €	261.627 €
nach 40 Jahren		nach 33 Jahren aufgebraucht	35.242 €	271.140 €
nach 50 Jahren			nach 44 Jahren aufgebraucht	286.636 €

Aus 1.000 Euro heute werden aufgrund des Kaufkraftverlustes künftig …

	2 % Inflation	3 % Inflation	4 % Inflation
nach 10 Jahren	817 €	737 €	665 €
nach 20 Jahren	688 €	544 €	442 €
nach 30 Jahren	545 €	401 €	294 €
nach 40 Jahren	445 €	296 €	195 €
nach 50 Jahren	364 €	218 €	130 €

NACHWORT

Aufbruch in eine neue Welt voller Chancen

»Es muss ein Ruck durch Deutschland gehen.« So formulierte es einst der ehemalige deutsche Bundespräsident Roman Herzog. Ich möchte mich diesem Zitat nicht nur anschließen, sondern allen besorgten Sparern zumindest zum »finanziellen Aufbruch« verhelfen. Dies kann nur gelingen, wenn die betroffenen Bürger bereit sind, für sich und ihre Familien Verantwortung zu übernehmen. Aber was ist unter Verantwortung überhaupt zu verstehen? Der *Duden* definiert sie als die »Verpflichtung, dafür zu sorgen, dass alles einen möglichst guten Verlauf nimmt, das jeweils Notwendige und Richtige getan wird und möglichst kein Schaden entsteht«. Für den Großteil der Sparer stellt sich jedoch die Frage, ob sie bereits das jeweils Notwendige und Richtige tun, damit der Schaden der bisherigen Geldentwertung für sie und ihre Familien keine existenziell bedrohenden Ausmaße annimmt.

Die Welt ist immer so, wie du sie sehen willst. Die einen leben in einem selbst erschaffenen Paradies, die anderen in der Hölle auf Erden. Täglich werden wir mit Glück und Leid, Hoffnung und Enttäuschung, Reichtum und Armut, Gewinn und Verlust konfrontiert. Das ist pures Leben. Auf was lenkst du deinen Fokus? Es liegt in deiner Hand, wie du dich und die Welt der Finanzen wahrnimmst, ob für dich dein Glas halbleer oder halbvoll ist. Wir Deutschen tendieren zum Jammern und Meckern, obwohl wir stolz auf unsere Leistung und unsere Wirtschaftskraft sein könnten. Mindestens jedoch könnten wir dankbar sein für jeden gelebten Tag in Frieden, mit einem Dach über dem Kopf, einer warmen Mahlzeit und noch vielen kleinen Annehmlichkeiten mehr. Der mittel- bis langfristige Aufstieg in die nächste Vermögensklasse liegt förmlich vor uns.

Bildung im Allgemeinen und finanzielle Bildung im Speziellen gepaart mit entschlossenem Handeln sehe ich als Schlüssel auf dem Weg ins Rentenparadies.

Doch im Alltag werden wir buchstäblich von Informationen aller Art überflutet und auch verunsichert. Gerade im Finanzbereich können wir oft das Wichtige weder vom Unwichtigen unterscheiden noch es richtig interpretieren. Wir sollten deshalb auf unseren gesunden Menschenverstand und unser Bauchgefühl vertrauen, denn langfristig haben doch sehr wenige äußere Umstände direkte Auswirkungen auf unsere zukünftige Lebensqualität.

Wir leben in einer Zeit voller sozialer, ökologischer, gesellschaftlicher, politischer und wirtschaftlicher Umbrüche. Denn nichts ist so beständig wie der Wandel. Populismus schafft Feindbilder und liefert keine nachhaltigen Lösungen. Wir sollten mit Respekt aufeinander zugehen, auf Augenhöhe miteinander kommunizieren und zum Wohle aller kooperieren. Denn Protektionismus sichert lediglich Privilegien für wenige, eine intelligente Globalisierung hingegen eröffnet Chancen für sehr viele Menschen, ob arm oder reich. Natürlich werden nie alle in vollem Maße profitieren können, aber wir sollten zumindest danach streben. Die Welt wäre heute ohne Globalisierung eine deutlich ärmere, obwohl die Ungleichheit zwischen Arm und Reich gerade in den entwickelten Industrienationen zugenommen hat. Deshalb wird insbesondere bei uns im Westen die Globalisierung kritisch wahrgenommen. Die aufstrebenden Länder, allen voran China, sind die großen Gewinner der internationalen Arbeitsteilung der letzten Jahrzehnte.

Die weltweite Bevölkerung als Basis für unsere Konsumwirtschaft wächst – von aktuell rund 7,5 Milliarden Menschen auf voraussichtlich über 8 Milliarden im Jahr 2030 und über 10 Milliarden Menschen im Jahr 2060. Das Bevölkerungswachstum spiegelt sich auch im Wachstum der Weltwirtschaft wieder, die seit rund zehn Jahren mit im Schnitt 3 Prozent pro Jahr floriert. Je mehr Menschen es auf der Welt gibt, desto mehr müssen auch versorgt werden. Die höhere Produktion von Waren und Dienstleistungen führt zu einer steigenden Zahl an Beschäftigungsverhältnissen und zu höheren Einkommen, wovon ein Teil auf die hohe Kante gelegt werden kann: Allein 2,5 Milliarden Menschen verfügen nach Abzug ihrer Schulden über ein Geldvermögen von rund 3.000 Euro. Um die Jahrtausendwende waren es gerade einmal 250 Millionen Menschen, die im Besitz von rund 3.000 Euro waren. Wir sprechen also von zehnmal so viel Menschen wie 1999. Bereits 2030 könnten 3 Milliarden Menschen in den aufstrebenden Ländern der Vermögensmittelklasse (Vermögen zwischen 7.600 und 45.600 Euro) angehören. Noch nie konnten so viele Menschen in so kurzer Zeit verbesserte Lebenschancen für sich in Anspruch nehmen.

Mit großer Zuversicht sehe ich die Weltwirtschaft langfristig wachsen und damit auch die Lebenschancen von Milliarden von Menschen. Noch im Jahr 2000 haben die reichsten 10 Prozent über 90 Prozent des weltweiten Vermögens besessen. Ende 2017 besaßen diese 10 Prozent »nur noch« 79 Prozent des Vermögens. Mit Ausnahme der ärmsten und der reichsten Bevölkerungsschicht konnte die breite Mittelschicht ihren Anteil am globalen Vermögenskuchen weiter steigern. Allein in den letzten beiden Jahrzehnten profitierten 600 Millionen Menschen von offenen Märkten und freiem Handel, indem sie in die Vermögensmittelklasse aufstiegen. Die Globalisierung hat, im Gesamtkontext gesehen, einen positiven Effekt, wenngleich der Weg zu mehr Verteilungsgerechtigkeit noch sehr weit ist. Im globalen Maßstab können aber immer mehr Menschen am weltweit gewachsenen Wohlstand teilhaben.

Auf dem Weg in eine neue digitalisierte und dadurch hoffentlich attraktivere Welt werden Themen wie das Internet der Dinge, Künstliche Intelligenz, Robotik und vieles mehr nicht nur Gefahren, sondern vor allem Wachstumstreiber sein. Selbst bei einem kurzfristigen Rückgang einzelner Volkswirtschaften wird allein die Volksrepublik China für eine langfristig überdimensionale Nachfrage an Rohstoffen, Produkten und Dienstleistungen sorgen. Sie will bis zu ihrem 100. Geburtstag im Jahr 2049 die größte Industrienation der Welt sein. Mit dem mächtigsten Infrastrukturprojekt aller Zeiten werden gigantische 900 Milliarden Dollar in über 900 Entwicklungsprojekte investiert. Ich spreche von der Initiative »Neue Seidenstraße«, die von China bis nach Rotterdam Flughäfen, Straßen, Schienen, Häfen, Pipelines und einiges mehr wie ein Spinnennetz miteinander verbinden wird. Daraus will China 2,5 Billionen Dollar neues Handelsvolumen mit den 65 beteiligten Ländern generieren. Saubere Energie und ein ressourcenschonender Einsatz müssen hierbei eine Führungsrolle einnehmen.

Von einem Thema werden die gigantischen Chancen und positiven Entwicklungen immer wieder überschattet: den Schulden. In unserem Schuldgeldsystem basiert die Welt nun einmal auf Schulden und diese haben weltweit einen neuen Rekordstand erreicht: 221 Billionen Euro – bestehend aus den Gesamtschulden von Staaten, Unternehmen und privaten Haushalten. Diese Zahl hört sich beängstigend an. Es ist richtig, dass zu hohe Schulden zu Zahlungsschwierigkeiten führen können, vor allem wenn es sich um hohe Konsumschulden in Form von Studenten-, Gebrauchsartikel- und Autokrediten handelt.

Investitionsschulden hingegen sind Verbindlichkeiten, denen ein realer Wert, wie zum Beispiel eine Immobilie gegenübersteht. Diese sind im Vergleich deutlich sinnvoller, wenngleich auch hier stark zwischen der Art der Schulden und der Quelle, aus welcher sie tatsächlich bedient werden, differenziert werden sollte. Richtigerweise ist daher festzuhalten, dass den Schulden auch das Vermögen entgegengestellt werden muss, um die Situation vollständig einschätzen zu können. Eben genanntem Schuldenstand von 221 Billionen Euro steht folglich gegenüber: eine jährliche globale Wirtschaftsleistung von 62 Billionen Euro, eine Marktkapitalisierung (alle börsengehandelten Aktiengesellschaften) von 69 Billionen Euro, Gold im Wert von 5,5 Billionen Euro, ausstehende Anleihen im Wert von 87 Billionen Euro, land- und forstwirtschaftliche Nutzfläche im Wert von 24 Billionen Euro, Gewerbe- und Wohnimmobilien in Höhe von 27 und 150 Billionen Euro. Außerdem haben die privaten Haushalte ein Netto-Geldvermögen von 128 Billionen Euro auf der hohen Kante. Es gilt auch hier, nicht nur die eine, sondern alle Seiten zu beleuchten. Die Welt ist nicht so schwarz wie es der ein oder andere vielleicht wahrnimmt.

Eine vereinfachte Darstellung des deutschen Staatshaushalts weist folgende Zahlen auf: Wir haben Schulden in Höhe von knapp 2 Billionen Euro bei einer Wirtschaftsleistung von rund 3,3 Billionen Euro jährlich. Das entspricht einer Verschuldung von 64 Prozent des Bruttoinlandproduktes. Das öffentliche Finanzvermögen Deutschlands hingegen beträgt 932 Milliarden Euro. Somit läge die Netto-Verschuldung nur noch bei 31 Prozent, und das sogar ohne Berücksichtigung des Grundstücks- und Immobilienbesitzes der öffentlichen Hand. Das Haftungsvolumen Deutschlands gegenüber den südeuropäischen Nachbarländern sollte hierbei ebenfalls nicht vergessen werden. Gerade bei diesen Ländern mit höherer Verschuldung wäre ein Blick auf die einzelnen Vermögenswerte hilfreich, um den Staatshaushalt wieder zukunftsfähig aufzustellen.

Wir haben freilich viele Herausforderungen zu meistern, aber mit den richtigen politischen Entscheidungen kann ein großer Schaden für alle abgewendet werden. Ob das Glas mit Blick in die Zukunft nun halb leer oder halb voll ist, bleibt jedem selbst überlassen. Es gibt so viele Wahrnehmungen, wie es Menschen gibt. Ich persönlich sehe deutlich mehr Chancen als Risiken und habe mich für eine positive Grundhaltung entschieden. Denn sowohl für mich als auch für andere in meinem Umfeld führt sie zu einer größeren Bereicherung. Aus diesem Grund will ich jeden ermutigen, voller Vertrauen eine auf Chancen ausgerichtete Grundhaltung, insbesondere zum Thema Wirtschaft und Geldanlage einzunehmen, um den größtmöglichen Nutzen für sich und seine Familie daraus zu ziehen. Je mehr Menschen sich für einen »finanziellen Aufbruch« entscheiden, desto gerechter wird das Vermögen in Zukunft verteilt sein.

Und zum Schluss: Bleib aufmerksam und pass auf dich auf. Du wirst noch gebraucht. Ich wünsche dir ein glückliches, finanziell erfolgreiches und gesundes Leben. Vielleicht lernen wir uns eines Tages persönlich kennen, das würde mich freuen. Alles Gute!

Sandro Fetscher

Streue breit
und habe Geduld.
Denn Zeit ist Geld.

Quellen- und Abbildungsverzeichnis

Das böse Erwachen

Der stürmische Besuch von Oma Frieda

Gesetzliche Bruttorente: 778 Euro, Nettorente: circa 700 Euro, **Quelle:** www.daserste.de; Rentenrechner: Näherungswerte, eigenes Beispiel, Berechnung nach Norbert Heydorn; Bruttorente aus der betrieblichen Altersvorsorge 180 Euro, netto circa 150 Euro, **Quelle:** www.verbraucherzentrale.de; Betriebs-Rentengesetz

Fred auf der Suche nach seinen Zahlen

Gesetzliche Bruttorente Fred: circa 1.100 Euro; Rahmenbedingungen: Bruttolohn 3.200 Euro, Nettolohn 2.300 Euro, Alter bei Berufseinstieg 32 Jahre, bei Renteneintritt 67 Jahre; Gesetzliche Bruttorente Susi: circa 400 Euro; Rahmenbedingungen: Bruttolohn 1.100 Euro, Nettolohn 900 Euro, Alter bei Berufseinstieg 32 Jahre, bei Renteneintritt 67 Jahre, **Quelle:** https://www.professor-money.de/renten-rechner; Auszahlung Lebensversicherung: 90.000 Euro; Guthaben Bausparvertrag: 10.000 Euro; Guthaben Sparbuch: 10.000 Euro, **Quelle:** Eigene Beispiele aus Erfahrungswerten

Die Mission beginnt

Das Internet: Fluch und Segen

Anzahl Lebens- und Rentenversicherungsverträge 2017: rund 90 Millionen Stück; in Sichteinlagen, auf Tagesgeldkonten und Sparbüchern geparktes Vermögen 2017: rund 2.400 Milliarden Euro, **Quelle:** Statistisches Bundesamt; Einer 63-jährigen Frau bleiben noch 95 Euro monatlich zum Leben, **Quelle:** Fernsehbeitrag von Peter Hahne vom 01.04.2017 »Angst vor Altersarmut – Wenn die Rente nicht mehr reicht ...«

Zu Besuch bei Nachbar Reiner Redlich

Anzahl der Pflegebedürftigen in Deutschland 2017: rund 3 Millionen Menschen, **Quelle:** Statistisches Bundesamt

Die schockierenden Fakten des Reporters Rudi Rastlos

Geburtenrate in Deutschland 2016: 1,5 Kinder im Durchschnitt, **Quelle:** Frankfurter Neue Presse, Geburtenrate in Deutschland, 16.05.2017; Die schockierenden Altersrenten von Millionen Arbeitnehmern, **Quelle:** Bundesarbeitsministerium, Bild (Rentenschocktabelle); (Berechnungsannahmen: aktuelle Rechtslage, Vollzeit, keine Kindererziehungs- und Pflegezeiten, keine zusätzliche Vorsorge, keine künftigen Lohn- und Rentensteigerungen, keine Anhebungen des Grundsicherungsbedarfs berücksichtigt)

Der geheimnisvolle Fremde

Die entscheidende Wette – Berti geht aufs Ganze

Die Schachbrettaufgabe, **Quelle:** *https://de.wikipedia.org/wiki/Sissa_ibn_Dahir*, 2017; Die Weltproduktion der Reisernte im Jahr 2016, **Quelle:** *http://www-hm.ma.tum.de/ws1213/lba1/erg/erg07.pdf*, 2017

Ein Tag mit Professor Money

Der geprellte und resignierte Anleger von heute

Das Geldvermögen der Deutschen 2017, **Quelle:** Deutsche Bundesbank; Deutsche mit geringster Finanzbildung in Europa, **Quelle:** Studie der ING-Diba aus dem Jahr 2013

Wie Reiche und Arme denken

Beschriebene Einstellung »Wie Reiche und Arme denken«, **Quelle:** *So denken Millionäre* von Harv T. Eker, Wilhelm Heyne Verlag München, 2. Auflage, 2010; Pro-Kopf-Geldvermögen (netto) in ausgewählten Ländern weltweit (2017), **Quelle:** Allianz Global Wealth Report 2018, Credit Suisse Global Wealth Report 2017; Wie groß ist die Chance, im Lotto zu gewinnen? 1 : 140 Millionen, **Quelle:** *Süddeutsche Zeitung*, 11.05.2010, Wie hoch ist die Wahrscheinlichkeit, vom Blitz getroffen zu werden? 1 : 6 Millionen, **Quelle:** *www.unwetter.de*; Das reichste Prozent der Bevölkerung besitzt über die Hälfte des Vermögens, **Quelle:** Oxfam

Der Gewohnheitssparer – ein ewiger Verlierer

53 Prozent der Deutschen halten ihre Finanzbildung für gering. Deutschland belegt damit den vorletzten Platz in Europa; 78 Prozent fordern mehr Finanzbildung an Schulen, **Quelle:** Studie der ING-Diba aus dem Jahr 2013; Entgangene Gewinne durch die Niedrigzinsphase von 2008–2017, circa 500 Milliarden Euro, **Quelle:** Flossbach von Storch Institut, Fachmagazin *Position*, Ausgabe März 2018; 52 Prozent der Deutschen besitzen ein Sparbuch, **Quelle:** *Handelsblatt* vom 02.12.2016, Liebling der Deutschen – und Geldvernichter; 78 Prozent der Befragten sind unzufrieden mit ihren Erträgen, **Quelle:** JP Morgan Asset Management, *Anlegerhandbuch* 2017; Inflation, Geldmengenwachstum und Verbraucherpreisindex, **Quelle:** Statistisches Bundesamt, Deutsche Bundesbank, EZB; Die deutschen Familien spüren die wahre Inflation; Preissteigerungen Vergnügungsparks, **Quelle:** Infografik *Die Welt* / Die deutschen Familien spüren die wahre Inflation; Die Inflationslüge, Irrtum 3: Die Berechnung, **Quelle:** *Focus*; Verbraucherpreisindex Deutschland, Berechnung, **Quelle:** Statistisches Bundesamt; Preise für Bier, Eis, Tageszeitungen von 1987 und 2017: **Quelle:** *https://www.was-war-wann.de/historische_werte/bierpreise.html*; Wirtschaftswachstum circa 1,5 Prozent pro Jahr während der vergangenen 20 Jahre, **Quelle:** Statistisches Bundesamt; Durchschnittseinkommen der vergangenen 30 Jahre: 1986 rund 1.500 Euro und 2016 rund 3.000 Euro, **Quelle:** Deutsche Rentenversicherung; Das Dauerzinstief bleibt uns noch lange erhalten, **Quelle:** JP Morgan Assetmanagement 2017, *Anlegerbuch*, S. 12

Der Investor – mit Strategie zum Sieg

Wertentwicklung einer Einmalanlage von 10.000 Euro 1988 bis 2017, **Quelle:** Fundsanalyzer DAX, REX, Gold in Euro, Wohnimmobilienpreisindex Bulwiengesa Inflationsausgleich 2 Prozent pro Jahr, Sparbuch 1,5 Prozent pro Jahr; Der Ursprung der Investmentidee, Gründung Niederländische Ostindien-Kompanie 1602, **Quelle:** G. Louisa Balk, Frans van Dijk, Diederick J. Kortlang: The Archives of the Dutch East India Company; Breite Streuung bringt mehr Sicherheit, **Quelle:** Eigene Darstellung; die dargestellten Marken sind Eigentum des jeweiligen Unternehmens; 140 Milliarden Euro p. a. geben Deutsche für Lebensmittel aus, **Quelle:** SWR Fernsehbeitrag: Aus der Sendung vom 03.04.2008: Dem Lebensmittelbetrug auf der Spur

Gier frisst Hirn – eine Anomalie der Geschichte

Börsencrashs, **Quelle:** *www.planet-wissen.de*; Börsencrashs und Börsenturbulenzen, **Quelle:** André Kostolany, Geld und Börse

Garantie als Pseudo-Sicherheit – die größte (Ent-)Täuschung der Sparer

Eine Garantie war noch nie sicher. Die Verlierer der Währungsreform von 1948; Reale Werte bleiben krisenresistent. Die Gewinner der Währungsreform von 1948; Hintergründe zur Hyperinflation von 1923, **Quelle:** Das Geld gegen Extreme absichern, *Focus* 23/2010; Christoph Buchheim: *Die Währungsreform 1948 in Westdeutschland*; Claus-Dieter Krohn: *Die große Inflation in Deutschland 1918–1923*; DAX-Rendite von 4,6 Prozent pro Jahr von 1948 bis 1954, **Quelle:** Die Rendite deutscher Blue-Chip-Aktien in der Nachkriegszeit – Rückberechnung des DAX für die Jahre 1948 bis 1954, unveröffentlichtes Manuskript, Berlin 1999. Stehle/Wulff/Richter

Die historische Wahrheit

Die Wertentwicklung des DAX von 1948 bis 2017, **Quelle:** Deutsches Aktieninstitut, Performanceindex mit Dividenden; Rückberechnung des DAX für die Jahre 1955 bis 1987, Stehle/Huber/Maier, *Kredit und Kapital* 1996, S. 277-304. Stehle/Wulff/Richter, *Die Rendite deutscher Blue-Chip-Aktien in der Nachkriegszeit – Rückberechnung des DAX für die Jahre 1948 bis 1954*, unveröffentlichtes Manuskript, Berlin 1999; Die Wertentwicklung des Dow Jones von 1900 bis 2017, Kursindex ohne Dividenden, **Quelle:** *www.boerse.de*; Die DAX Jahresrenditen von 1988 bis 2017, **Quelle:** *www.boerse.de*; Die Verlustwahrscheinlichkeit bei einer Haltedauer von fünf, zehn, zwanzig und dreißig Jahren, **Quelle:** Eigene Berechnung

Vermögensaufbau ohne Baldriantropfen

Die Rendite unterschiedlicher Anlageklassen, **Quelle:** JP-Morgan Assetmanagement, *Anlegerhandbuch* 2017, boerse.de, finanzen.net, Fundsanalyzer, www.tagesgeldvergleich.net Zinsentwicklung Tagesgeld, Statista, Entwicklung der durchschnittlichen Zinssätze 2016 und 2017 Schätzung; Anmerkung: Dieser Anlagemix ist keine Empfehlung. Es handelt sich nur um eine Illustration. Folgende Gewichtung ist hierbei gewählt: DAX 20 Prozent (Performanceindex), DOW JONES 20 Prozent (Kursindex), MSCI Emerging Markets 10 Prozent, REX 20 Prozent, Gold in Euro 15 Prozent, WTI-Öl in Euro 5 Prozent, Tagesgeld 10 Prozent

Das »Finger-weg-Programm« für private Anleger

Informationen über geschlossene Beteiligungen, **Quelle:** Bafin, Helge Petersen & Collegen

Die kapitalvernichtende Lebensversicherung

Repräsentativer Schnitt aus über 1.000 selbstgeprüften Versicherungsverträgen, **Quelle:** Eigene Darstellung; Aufteilung Beitrag Kapitallebensversicherung aus über 1.000 selbst geprüften Altverträgen, **Quelle:** Eigene Darstellung; Aufteilung des Sparanteils der Kapitallebens- und Rentenversicherung, **Quelle:** Gesamtverband deutscher Versicherungswirtschaft; Lohnt sich der Ausstieg aus einer Lebensversicherung?, **Quelle:** Eigene Darstellung; Anmerkung: Die Rentabilitätsberechnung der Lebensversicherung bezieht sich ausschließlich auf den im Buch zur Illustration dargestellten Vertrag. Außerdem wurde vorausgesetzt, dass Fred keine gesundheitlichen Einschränkungen hat, um eine neue Risikolebensversicherung zu bekommen. Weiterhin wurde mit einer angenommenen Wertentwicklung von 6 Prozent pro Jahr gerechnet. Vergangenheitswerte sind keine Garantie für die Zukunft. Es handelt sich hierbei ausschließlich um eine Modellrechnung. Jeder einzelne Vertrag muss individuell geprüft werden, da die Lebensumstände und Versicherungsbausteine explizit berücksichtigt werden müssen. Es ist ratsam, diesbezüglich eine Beratung in Anspruch zu nehmen und nicht voreilig zu handeln.

Bausparen – Das Tal der Tränen

Lohnt sich Bausparen wirklich?, **Quelle:** Originalangebot einer großen deutschen Bausparkasse von 2017; Anmerkung zur Fonds-Alternative: Unter Annahme einer Nettorendite nach Kosten von 5 Prozent p.a. wird auf 15 Jahre hochgerechnet. Die Abgeltungssteuer und der Solidaritätszuschlag von insgesamt 26,375 Prozent sind beim Guthaben nach 15 Jahren berücksichtigt. Der Sparerpausch ist nicht berücksichtigt.

Wo sind nur meine Zinsen geblieben?

Historische Hypothekenzinsen für zehn Jahre Zinsbindung, **Quelle:** Deutsche Bundesbank; Effektivzins für Hypothekendarlehen in Deutschland in den Jahren 1994 bis 2017; Die Entwicklung der Staatsverschuldung und der zehnjährigen Staatsanleihen in Deutschland, **Quelle:** Statistisches Bundesamt und JP Morgan Asset Management; Staatsverschuldung in Prozent vom Bruttoinlandsprodukt nach ausgewählten Ländern 2017, **Quelle:** Internationaler Währungsfonds; Die 20 Länder mit der höchsten Staatsverschuldung im Jahr 2017 in Relation zum Bruttoinlandsprodukt; Anzahl der Staatspleiten in den letzten 200 Jahren, **Quelle:** *Dieses Mal ist alles anders: Acht Jahrhunderte Finanzkrisen,* Carmen Reinhart, Kenneth Roggoff, FinanzBuch Verlag

Status quo – wo stehst du wirklich?

Freds und Susis notwendige Ziel-Vermögens-Rechnung, **Quelle:** Eigene Darstellung; Anmerkung: Die Berechnung beruht auf einer Schätzung der voraussichtlichen gesetzlichen Bruttorente und der daraus resultierenden Nettorente mit 67. Die echten Zahlen können von den dargestellten Renten abweichen. Bei der Versorgungslücke im Rentenalter von 67 wurde die langfristige Inflation von 2 Prozent pro Jahr laut Statistischem Bundesamt berücksichtigt. Beim Zielvermögen wurde davon ausgegangen, mindestens 20 Jahre bei 0 Prozent Rendite davon entnehmen zu können. Je höher die Rendite, desto länger sind Entnahmen möglich. Es handelt sich hier um eine Modellrechnung. Vergangenheitswerte sind keine Garantie für die Zukunft.

Die Qual der Wahl bei der Geldanlage

Beschreibungen zu ETFs, **Quelle:** https://www.verbraucherzentrale.de/Welche-Anbieter-von-ETFs-gibt-es-in-Deutschland; **Quelle:** https://aktienrebell.

de/nachteile-von-etfs-risiken/; **Quelle:** http://www.focus.de/finanzen/experten/boerse-geldanlage-mit-etfs-so-geht-es_id_6146459.html; Aktive Fonds versus passive Fonds, **Quelle:** *Morningstar* Stand 30.06.2017; https://www.moneymeets.com/news/aktive-fonds-besser-als-etfs/

Von Generationen für Generationen

Wertentwicklung des AGI-Fondak von 1.300 Euro von November 1950 bis Mai 2018, **Quelle:** Allianz Global Investors; Diese zehn Konzerne lenken deinen Einkaufswagen, **Quelle:** Oxfam

Nachwort

Die Neue Seidenstraße, **Quelle:** HSBC und *FAZ*, 26.09.2018; So viel ist alles Vermögen der Welt wert, **Quelle:** *manager magazin*, 27.01.2016; **Quelle:** Allianz Global Wealth Report 2018; Credit Suisse Global Wealth 2017; Ein Schuldenberg von circa 233 Billionen Dollar, **Quelle:** *FAZ*, 15.01.2018 und Institute of international Finance; Entwicklung der Weltbevölkerung, **Quelle:** US-Government

Über den Autor

Den Grundstein für seine Karriere legte Sandro Fetscher mit dem Studium der Betriebswirtschaftslehre Fachrichtung Marketing und Banken an der Fachhochschule Pforzheim. In seiner 17-jährigen Erfahrung im Finanzvertrieb führte er mehrere Tausend Gespräche mit interessierten Sparern. Zudem brachte er in über 1.000 Seminaren und Vorträgen mehr als 30.000 Teilnehmern in einer sehr anschaulichen und einfachen Form die komplexe Welt der Finanzen näher. Sein großes Anliegen ist die Weiterbildung der Sparer und damit das Vertrauen in sich selbst, eigenständig die richtigen Entscheidungen zu treffen. Sein Motto lautet: »*Geld ist nicht wichtig, aber es wird zu wichtig, wenn wir zu wenig davon haben*«.